职业教育新形态
财会精品系列教材

成本
核算与管理

吴希慧 ◆ 主编

潘意青 金阳 ◆ 副主编

**Cost Accounting
and Management**

人民邮电出版社
北 京

图书在版编目（CIP）数据

成本核算与管理 / 吴希慧主编. -- 北京：人民邮
电出版社，2023.8
职业教育新形态财会精品系列教材
ISBN 978-7-115-61470-4

Ⅰ．①成… Ⅱ．①吴… Ⅲ．①成本计算－高等职业教
育－教材 Ⅳ．①F231.2

中国国家版本馆CIP数据核字(2023)第054984号

内 容 提 要

本书以成本会计岗位的实际工作流程为指引，将工作内容分为认知成本核算与管理、成本核算、
成本预测、成本决策、成本计划、成本控制、成本分析、成本考核八个项目进行介绍。每个项目围绕
"岗课赛证深度融合"的培养模式，将知识点与岗位工作技能点、初级会计师考试重难点、学生技能竞
赛考点相结合，以便增强学生的岗位胜任力，促进学生职业判断能力和成本管理思维的形成，为上岗
就业做好准备。

本书内容系统全面，难度适宜，适合作为高等职业院校大数据与会计、大数据与财务管理专业的
教材，也适合会计从业人员参考学习。

◆ 主　　编　吴希慧

副主编　潘意青　金　阳

责任编辑　崔　伟

责任印制　王　郁　彭志环

◆ 人民邮电出版社出版发行　　北京市丰台区成寿寺路 11 号
邮编　100164　　电子邮件　315@ptpress.com.cn
网址　https://www.ptpress.com.cn
山东华立印务有限公司印刷

◆ 开本：787×1092　1/16
印张：12.75　　　　　　　2023 年 8 月第 1 版
字数：349 千字　　　　　　2023 年 8 月山东第 1 次印刷

定价：47.00 元

读者服务热线：(010)81055256　印装质量热线：(010)81055316
反盗版热线：(010)81055315
广告经营许可证：京东市监广登字 20170147 号

FOREWORD

############### 前　言 ###############

本教材按照教育部发布的《关于加强高职高专教育教材建设的若干意见》和《高职高专规划教材编写的指导思想、原则和特色》，以及财政部颁布的《企业产品成本核算制度（试行）》（2014年起施行）的要求，遵循"以应用为目的，以够用为原则"，系统地介绍了成本会计实务的基本原理、基本技能及基本方法。党的二十大报告指出，统筹职业教育、高等教育、继续教育协同创新，推进职普融通、产教融合、科教融汇，优化职业教育类型定位。为适应高等职业院校财经类专业课程教学的需要，我们编写了本教材。

本教材从项目引导出发，通过任务引入相应知识点，同时对实操技巧进行了详细讲解，体现出如下特色。

1. 内容适用，对接标准

本教材基于工作过程，按制造企业生产过程中成本会计人员所要完成的典型工作任务为主线，以成本核算和分析为核心，在仿真的职业环境中，通过任务导入、实例训练，实现了教材内容与会计职业标准的对接、教学过程与成本会计工作过程的对接、学历证书教育与会计职称考试的对接、职业教育与终身教育的对接。

2. 结构合理，体系规范

在结构安排上，本教材采用"项目引领、任务驱动、实操技能培养"的编写方式，力求结构严谨、层次分明；在表述安排上，本教材力求语言平实简练、通俗易懂；在内容安排上，项目后的技能训练是结合每个任务的技能要求而编写的，以使学生在学习每一项目内容时做到有的放矢，增强学习效果。

3. 突出应用，注重实操

本教材从高等职业教育的教学规律出发，在注重必要理论的同时，强化实践运用。本教材中所采用的成本核算资料都来源于实践工作，以此引导学生"学中做"和"做中学"，一边学知识，一边将知识加以应用，实现理论和实践一体化。

4. 课程资源，配套丰富

为了配合课堂教学，编者精心设计和制作了教学课件、技能训练参考答案、课程教学大纲、模拟试卷等资源，读者可通过人邮教育社区（www.ryjiaoyu.com）免费下载。

本教材由长期从事成本核算与管理教学、科研的骨干教师，以及想念食品股份有限公司、厦门网中网软件有限公司的负责人共同编写，由河南工业职业技术学院吴希慧任主编，潘意青、金阳任副主编，马迪、杜媛媛、马雪及想念食品股份有限公司董事长孙君庚、厦门网中网软件有限公司校企合作总监徐建宁参编。具体分工如下：项目一和项目三由吴希慧编写；项目二由潘意青编写；项目四由金阳编写；项目五由马雪编写；项目六由杜媛媛编写；项目七由马迪编写；项目八由孙君庚和徐建宁编写；最终由吴希慧负责全书的修改定稿。

在编写本教材的过程中，我们借鉴和参考了相关书籍，在此谨向相关作者一并表示衷心的感谢。虽然本教材各编者通力合作，力求做到精益求精，但由于编者水平有限，书中难免存在不足之处，恳请读者批评指正，使之日臻完善。

编者
2023 年 6 月

CONTENTS

项目一
认知成本核算与管理

引例

小米科技有限责任公司（简称小米）面对苹果、三星、华为等强有力的竞争对手时，开始着手实施成本企划、精简成本战略。成本企划要求将产品成本的重心由传统的生产阶段追溯至开发、设计阶段，在保证产品主要功能与价值的前提下尽量削减成本。另外，在供应商整合方面，小米通过与物料供应方及电信运营商建立长期的战略合作伙伴关系，提升自身议价能力来实现采购成本的降低。再者，小米利用网络平台销售模式，实现了"按需定制的零库存"，降低了物料储存成本。

通过以上手段，小米实现了精简成本战略，在智能手机领域推出的多款产品，其售价维持在3 000元左右。正是由于小米手机的配置是行业里性价比较高的，因此小米的"高配低价"吸引了大批的消费者，帮助小米在智能手机市场上站稳了脚跟。

成本对一个企业来说至关重要，甚至是企业的经济命脉，成本管理人员要精准核算产品成本，通过规模经济、整合上下游产业链、提升生产能力利用率等方式努力降低产品成本，这不仅可以为企业带来经济效益，也有利于实现个人的人生价值。

模块一　成本核算与管理的内容

任务一　认知成本的内涵

【任务描述】理解成本的含义。

01

一、成本的含义

成本作为一个价值范畴，是商品经济生产发展到一定阶段的产物。马克思在《资本论》中对成本的概念进行了界定，他在科学地分析了资本主义商品生产后指出，按照资本主义生产方式生产的每一个商品的价值（W），如果从中减去剩余价值（m），那么在商品中剩下的，只是一个在生产要素上耗费的资本价值（$c+v$）的等价物或补偿价值。商品价值的这个部分，即补偿所消耗的生产资料价格和所使用的劳动力价格的部分，只是补偿商品使资本家自身耗费的东西，所以对资本家来说，这就是成本价值。

在上述论述中，马克思既从耗费角度指明了成本是由物化劳动和活劳动中必要劳动的价值所组成的，同时又从补偿角度指出了成本是补偿"商品使资本家自身耗费的东西"，由此可知，成本是商品价值最重要的组成部分，是耗费和补偿的统一体，它既是生产中耗费的反映，又是生产过程中补偿的尺度。如果企业在生产过程中所发生的成本不能得到补偿，则企业不仅不能进行扩大再生产，就连简单再生产都无法进行下去。

马克思的商品价值理论，其基本原理同样适用于社会主义市场经济，只是其内涵由于所有制的不同而有了新的内容。社会主义市场经济条件下的产品价值由以下三部分组成：一是生产经营过程中耗费的物化劳动价值（c）即已耗费的生产资料转移价值；二是劳动者为自己劳动所创造的价值（v）即活劳动消耗中的必要劳动部分（归个人支配的部分，主要是以工资形式支付给劳动者的劳动报酬等）；三是劳动者为社会劳动创造的价值（m）即归社会支配的部分，包括税金和利润等。产品价值的前两部分是形成产品成本的基础，是成本包括内容的客观依据。所以，产品成本就其实质来说，是产品价值中的物化劳动的转移价值和劳动者为自己劳动所创造价值的货币表现。这就是社会主义制度下的成本经济内涵，也称为"理论成本"。

实际成本是成本核算后计算出来的产品成本。实际成本与理论成本是有区别的。马克思关于商品成本的论述是从理论上对成本内涵的高度概括，是进行成本核算的理论依据，但是，因为成本的开支范围应该根据国家制定的会计准则、成本核算制度来确定，因此理论成本与实际工作中所确认的成本有一定差别。有些耗费实际上并不是实际成本，但根据相关会计准则、成本核算制度也计入了产品的实际成本。例如，为了防止财产损失而付出的保险费、缴纳的保障性职工福利基金、不形成产品价值的损失性支出等，都属于劳动者为社会创造的价值，也计入了产品的实际成本。有些耗费虽属于理论成本，但由于不易确认归属的具体成本计算对象，如各项期间费用，就没有计入产品的实际成本。

二、成本的作用

（一）成本是补偿生产耗费的尺度

为了保证再生产的不断进行，企业必须用生产经营成果对生产耗费进行补偿，而成本就是衡量这一补偿数额大小的尺度。企业取得销售收入后，首先要能够补偿生产耗费，否则企业资金就会缺乏，再生产就无法进行，更谈不上扩大再生产了。在收入一定的前提下，成本越低，企业获得的利润就越多。可见，成本作为生产耗费的补偿尺度，对企业在成本管理水平的衡量方面有着重要的标杆作用。

（二）成本是综合反映企业工作质量的重要指标

成本同企业生产经营各个方面的工作质量和效果有着内在的联系。例如，劳动生产率的高低、固定资产的利用程度、原材料的使用合理性、产品产量的变动、产品质量的好坏、企业经营管理水平的高低等诸多因素都能通过成本直接或间接地反映出来。因此，成本是反映企业工作质量的综合性指标。

（三）成本是制定产品价格的重要依据

在市场经济条件下，产品价格虽然要受到供求关系、国家的价格政策、各种产品的比价关系、市场竞争的态势等因素的影响，但总体来说产品价格仍然是产品价值的货币体现。生产者制定产品价格首先必须考虑补偿生产耗费的需要，当然还要考虑产品能否为市场所接受。所以，成本是企业制定产品价格需要考虑的重要因素，但不是唯一因素。

（四）成本是企业进行决策的重要依据

在市场经济条件下，竞争日趋激烈，如何提升竞争能力，在竞争中立足，是企业经营者必须考虑的大事情。而要做到这一点，首先要进行生产经营决策。进行生产经营决策要考虑的因素有很多，成本就是要考虑的重要因素之一。因为企业只有通过努力降低成本，在市场中占有低成本的优势，产品的价值才能实现，生产耗费才能得到补偿，再生产才能继续进行。

任务二　成本核算与管理的内容

【任务描述】识别成本核算与管理的七大内容。

随着企业生产经营环境的变化，成本核算与管理的内容也在发生变化。从成本会计产生和发展的历程来看，早期的成本核算与管理主要是将企业生产经营过程中发生的各种资源消耗按照一定的方法、程序进行归集和汇总，然后分配给各种产品，最后计算出各种产品的总成本和单位成本，以便为企业存货计价和损益计算提供成本资料。早期成本核算与管理附属于财务会计，并纳入会计账簿体系，重点是成本核算。

随着经济的发展、科技的进步以及企业组织结构和管理思想的演变，成本核算与管理的内涵和外延都发生了拓展，与现代管理科学的结合越来越紧密，形成了成本预测、成本决策、成本计划、成本控制、成本核算、成本分析和成本考核等主要内容。

一、成本预测

成本预测是以现有条件为前提，在历史成本资料的基础上，根据未来可能发生的变化，利用科学的方法，对未来的成本水平及其发展趋势进行描述和判断的成本管理活动。企业在成本管理的许多环节都存在预测问题，如企业在建厂、改建、扩建、产品设计时的成本预测，编制成本计划前对目标成本和成本降低幅度的预测，成本执行过程中对成本发展趋势的预测等。成本预测是成本决策的基础，是进行成本核算与管理的前提。

二、成本决策

成本决策是在成本预测及有关成本资料的基础上，综合经济效益、质量、效率和规模等指标，运用定性和定量的方法对各个成本方案进行分析并选择最优方案的成本管理活动。企业在生产经营过程中存在许多方面的成本决策，如在产品投产前，对新产品设计成本、试制成本进行决策，以确定投产后的成本水平；在产品的生产过程中，对合理的生产批量、产品组合、零部件是自制还是外购、是否接受追加订货、亏损产品是否停产、产品是否转产等一系列成本问题进行决策。企业通过成本决策，选择最优方案，确定成本目标，从而为编制成本计划提供前提条件。

三、成本计划

成本计划是以营运计划和有关成本数据、资料为基础，根据成本决策所确定的目标，通过一定的程序，运用一定的方法，针对计划期企业的生产耗费和成本水平进行的具有约束力的成本筹划管理活动。企业成本计划一般包括生产费用预算、主要产品单位成本计划、全部商品产品成本计划、可比产品成本降低额和降低率等。成本计划是企业进行成本控制、成本核算、成本分析和成本考核的重要依据。

四、成本控制

成本控制是成本管理者根据预定的目标，对成本发生和形成过程以及影响成本的各种因素施加主动的影响或干预，把实际成本控制在预期目标内的成本管理活动。成本控制贯穿成本管理的全过程。成本控制的内容和方法很多，可以按不同的标准对成本控制进行划分，以满足成本管理的不同要求。按照成本控制的内容，可以将成本控制分为材料成本控制、人工成本控制和制造费用控制；按照成本控制依据的标准，可以将成本控制分为目标成本控制、定额成本控制、标准成本控制、作业成本控制等。

五、成本核算

成本核算是根据成本核算对象，按照国家统一的会计制度和企业管理要求，对营运过程中实际发生的各种耗费按照规定的成本项目进行归集、分配和结转，取得不同成本核算对象的总成本和单位成本，向有关使用者提供成本信息的成本管理活动。成本核算是成本信息的生成过程，是成本会计的基础。成本核算提供的资料可以反映企业成本计划的完成情况，为存货的计价和企业损益的计算提供直接资料。成本核算也是制定产品价格的重要依据。

六、成本分析

成本分析是利用成本核算提供的成本信息及其他有关资料，分析成本水平与成本构成的变动情况，查明影响成本变动的各种因素和产生的原因，并采取有效措施控制成本的成本管理活动。通过成本分析，相关人员可以深入、细致地了解成本变动的规律，查明影响成本的因素，不断地挖掘企业降低成本的潜力；相关人员可以将成本核算资料与计划成本、上年历史成本、同类产品或服务的国内先进水平进行比较，了解成本计划的完成情况和成本变动趋势，为改进成本管理工作、降低成本水平提供依据和建议。成本分析还可以为下一会计期间的成本预测、决策和计划的编制提供必需的资料。

七、成本考核

成本考核是对成本计划及其有关指标实际完成情况进行定期总结和评价，并根据考核结果和责任制的落实情况，进行相应奖励和惩罚，以监督和促进企业加强成本管理责任制，提高成本管理水平的成本管理活动。成本考核是对成本实行目标管理的重要手段，其目的在于加强成本管理责任制，提高成本管理水平。

需要注意的是，成本核算与管理的各项内容是相互联系的，它们互为条件、相辅相成，削弱任何一项内容，都不利于加强成本会计工作。成本预测是成本核算与管理的第一个环节，它是成本决策的基础。成本决策是成本核算与管理的重要环节，在成本核算与管理中居中心地位，它既是成本预测的结果，又是制订成本计划的前提条件。成本计划是成本决策的具体化。成本控制是

01

对成本计划的实施进行监督，是实现成本决策既定目标的保证。成本核算是成本核算与管理最基本的职能，提供企业管理所需的成本信息资料，是发挥其他职能的基础，同时也是对成本计划是否实现的最后检验。成本分析和成本考核是实现成本决策目标和成本计划的有效手段，只有通过成本分析，查明原因，改进和完善企业管理的措施，才能有效降低成本；只有通过正确评价与考核各责任单位的工作业绩，才能调动各部门和全体职工的积极性，进行有效控制，为切实执行成本计划，实现既定目标提供动力。成本核算与管理的内容如图1-1所示。

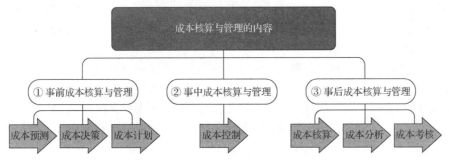

图 1-1　成本核算与管理的内容

【任务实操】 识别成本核算与管理的内容。

业务资料：想念食品股份有限公司（以下简称"想念公司"）2022年6月发生如下业务。

要求：根据所学内容，将图1-2左边的经济业务与右边的成本核算与管理的内容连线。

图 1-2　想念公司 2022 年 6 月经济业务

模块二　成本核算与管理的基本要求

任务一　正确划分各种费用

【任务描述】 明确各种费用的划分标准。

企业的经营活动是多方面的，费用的用途也是多种多样的。为了正确地进行成本核算与管理，财务人员必须正确划分各种费用。

一、正确划分生产经营性支出与非生产经营性支出

企业在其生产经营活动中会发生多种性质的支出，如资本性支出、收益性支出、福利性支出、所得税支出、营业外支出和利润分配性支出等，各种支出的用途是不同的，有的用于生产经营管理活动，有的则用于生产经营管理活动以外的其他方面。在实际工作中，我们通常把以上各种支出划分为生产经营性支出与非生产经营性支出两大部分，生产经营性支出可理解为费用，又可进一步分为生产费用和期间费用。

因此，在成本核算时，我们首先应该区分各种支出，即正确划分生产经营性支出与非生产经营性支出。划分的原则是：用于产品生产和销售、组织和管理生产经营活动以及筹集生产经营资金的各种费用即收益性支出，应计入生产经营性支出；对于资本性支出或不是由于企业日常生产经营管理活动而发生的费用支出，如企业购建固定资产支出、对外投资的支出、固定资产盈亏和清理损失、非正常原因的停工损失和自然灾害损失、被没收的财物损失，支付的滞纳金、违约金、罚款，以及企业的捐赠、赞助支出等，则应计入非生产经营性支出。

二、正确划分生产费用与期间费用

生产经营性支出包括生产费用和期间费用。为了正确计算产品成本和期间费用，还应正确划分生产费用与期间费用。生产费用主要是指用于产品生产的原材料费用、生产工人的薪酬费用和制造费用等，应直接或间接计入产品成本。期间费用是指用于产品销售、组织和管理生产经营活动以及为筹集生产经营资金而发生的费用，不计入产品成本，而是直接计入当期损益。正确划分生产费用和期间费用，是保证正确计算产品成本和核算各期损益的基础。因此，在成本核算过程中，要防止将应计入产品成本的费用列入期间费用，或将期间费用列入产品成本，借以调节各会计期间成本、费用的错误做法。

三、正确划分各期费用

为了按月分析、考核产品成本和期间费用，正确计算各期损益，还应将应计入产品成本的生产费用以及期间费用在各月之间进行划分，即企业应当根据权责发生制原则正确划分各期费用。划分的基本要求是：应由本月负担的费用都应在本月入账，计入本月的产品成本和期间费用；不应由本月负担的费用，一律不得列入本月的产品成本和期间费用。根据这项要求，在成本核算过程中，凡本月发生的费用，都要在本月入账，既不允许将其延至下月记账，也不得提前入账。另外，对应由本月和以后月份负担的长期待摊费用，要根据其受益期限，分别摊提到本月和以后月份，以便正确反映各月的成本、费用水平。正确划分各期费用是准确计算各月产品成本和期间费用的基础，应该防止利用费用待摊办法人为调节各月的成本、费用和损益的错误做法。

四、正确划分各种产品的费用

由于企业往往不止生产一种产品，因此，对于生产两种及两种以上产品的生产企业，还应将计入产品成本的生产费用在各有关产品之间进行划分，以便分析和考核各种产品成本计划或成本定额的执行情况。这种划分的基本要求是：属于某种产品单独发生、能够直接计入该种产品成本的生产费用，应该直接计入该种产品的成本；属于几种产品共同发生、不能直接计入某种产品成

01

本的生产费用，则应采用适当的分配方法，分配计入这几种产品的成本。要如实反映各种产品的耗费，不能人为地在不同产品之间，特别是在亏损产品与盈利产品、可比产品与不可比产品之间任意转移生产费用。要防止以盈补亏、掩盖亏损产品亏损额或虚报产品成本、掩盖利润的错误做法。

五、正确划分本期完工产品与期末在产品的费用

通过以上费用界限的划分，能确定各种产品本月应负担的生产费用。为了分期确定损益，及时提供有关成本资料，企业一般需要分期计算产品成本。期末计算产品成本时，除本期已完工产品外，还可能存在未完工的产品即期末在产品。为了正确计算完工产品总成本和单位成本，就需要正确划分本期完工产品与期末在产品的费用，即应采用适当的方法将生产该种产品的累计生产费用在本期完工产品与期末在产品之间进行分配。当然，如果某种产品都已完工，该产品的累计生产费用就全部是完工产品成本；如果某种产品都未完工，该产品的累计生产费用就全部是期末在产品成本。在这两种情况下都不存在累计生产费用在本期完工产品与期末在产品之间分配的问题。也就是说，只有本月既有完工产品又有未完工产品的情况下，月末才存在需要划分完工产品和月末在产品费用的问题。在划分本期完工产品与期末在产品的费用时，应选用合理的分配标准和合适的分配方法，要防止任意提高或降低月末在产品成本，人为调节完工产品成本的错误做法。

以上五个方面就是对各种费用的划分过程，也就是产品成本的计算和各项期间费用的归集过程。在这一过程中，应贯彻受益原则，即何者受益、何者负担费用，何时受益、何时负担费用，负担费用的多少应与受益程度的大小成正比。

企业在生产经营过程中的各项支出及费用概览如图 1-3 所示。

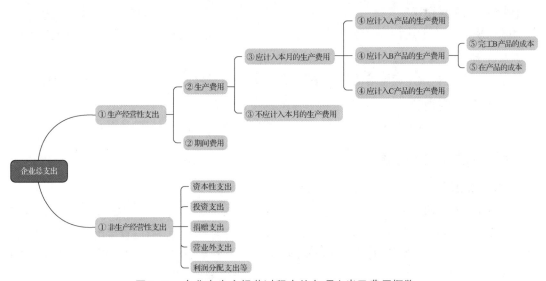

图 1-3　企业在生产经营过程中的各项支出及费用概览

任务二　费用的分类

【任务描述】区分支出、费用、成本之间的关系，完成费用的分类。

费用是指生产经营过程中发生的各种耗费或支出，可以按照不同的分类标准进行分类，其中最基本的是按费用的经济内容和经济用途进行分类。

01

一、费用按照经济内容分类

企业生产经营过程中发生的各种费用按照经济内容进行分类,可以分为劳动手段方面的费用、劳动对象方面的费用和活劳动方面的费用三大类。为了对成本费用进行明细分类核算,满足管理的需要,在此分类的基础上,将企业费用进一步划分为以下几个费用要素。

(一)外购材料

外购材料是指企业为进行生产经营活动而耗用的从外部购入的原料及主要材料、半成品、辅助材料、周转材料、修理用备件等。

(二)外购燃料

外购燃料是指企业为进行生产经营活动而耗用的一切从外部购入的各种燃料,包括固体、液体、气体燃料。

(三)外购动力

外购动力是指企业为进行生产经营活动而耗用的从外部购入的各种动力,如电力、热力等。

(四)职工薪酬

职工薪酬是指企业支付给职工的各种报酬或补偿。

(五)折旧费

折旧费是指企业按照规定计算的固定资产折旧费。

(六)修理费用

修理费用是指企业为修理固定资产而发生的费用。

(七)利息费用

利息费用是指企业应计入财务费用的借款利息等支出减去存款利息收入后的净利息支出。

(八)税金

税金是指企业按规定应缴纳的各种税款,包括房产税、城镇土地使用税、车船税、印花税等。

(九)其他费用

其他费用是指除以上各项费用以外的费用,如邮电费、差旅费、保险费等。

二、费用按照经济用途分类

费用按照经济用途分类,可分为生产费用和期间费用。

(一)生产费用

计入产品成本的各项生产费用,在生产过程中的用途有所不同,有的直接用于生产,有的间接用于生产。为了具体地反映计入产品成本的生产费用的各种用途,将生产费用进一步划分为若干项目即产品成本项目。

工业企业一般应该设立以下成本项目。

1. 直接材料

直接材料是指直接用于产品生产、构成产品实体的原材料和主要材料以及有助于产品形成的辅助材料。

2. 燃料及动力

燃料及动力是指直接用于产品生产的外购和自制的燃料及动力。消耗燃料及动力不多的企

01

业，也可以将该项目合并于直接材料项目。

3. 直接人工

在工业企业，职工薪酬也称为直接人工。

4. 制造费用

制造费用是指生产单位（车间）为组织和管理产品生产而发生的各项费用，如机物料消耗、辅助工人工资、车间厂房和机器设备折旧费、车间管理人员工资、办公费、劳动保护费等。

5. 废品损失

废品损失是指在生产过程中产生的不可修复废品的成本和可修复废品发生的修复费用。管理上不要求单独核算废品损失的，可以不设置该项目。

6. 停工损失

停工损失是指企业生产车间或车间班组在停工期间发生的各项费用。管理上不要求单独核算停工损失的，可以不设置该项目。

（二）期间费用

1. 销售费用

销售费用是指企业为销售产品而发生的费用，以及为销售本企业产品而专设的销售机构的经费。

2. 管理费用

管理费用是指企业行政管理部门为组织和管理生产经营活动而发生的各项费用。

3. 财务费用

财务费用是指企业为筹集生产经营资金而发生的各项费用。

综上所述，我们可以将常用的费用分类进行归纳总结，如图 1-4 所示。

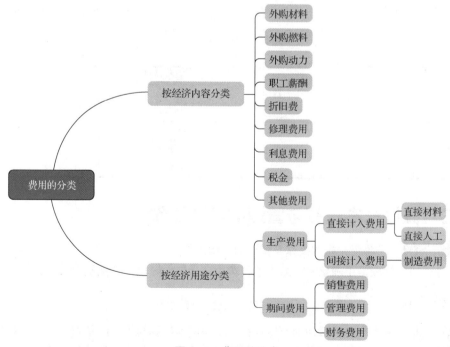

图 1-4 费用的分类

01

三、生产费用按与产品生产的关系分类

生产费用按与产品生产的关系，可分为直接计入费用和间接计入费用。

（一）直接计入费用

直接计入费用是指可以分清哪种产品所耗用、可以直接计入某种产品成本的费用。

（二）间接计入费用

间接计入费用是指不能分清哪种产品所耗用、不能直接计入某种产品成本，而必须按照一定标准分配计入有关产品成本的费用。

【任务实操】 完成费用的分类。

业务资料： 想念公司为一家生产挂面的企业。2022年6月支出如下：产品消耗面粉 160 000.00 元、食用盐 13 780.00 元、纯净水 216 740.00 元，车间用电 42 000.00 元，捐赠支出 100 000.00 元，厂部用电 28 350.00 元，车间生产工人工资 27 800.00 元，车间管理人员工资 38 960.00 元，厂长等管理人员工资 83 790.00 元，生产厂房、设备折旧费 8 270.00 元，办公用房折旧费 5 410.00 元，利息费用 9 670.00 元，销售展览费 6 300.00 元。

操作视频

要求： 根据业务资料，填写费用分类表，如表1-1所示。

表 1-1　　　　　　　　　　　　　　费用分类表

单位：元

费用的分类	分类内容		金额
按经济内容分类	外购材料		
	外购动力		
	职工薪酬		
	折旧费		
	利息费用		
	其他费用		
按经济用途分类	生产费用	直接材料	
		直接人工	
		制造费用	
	期间费用	销售费用	
		管理费用	
		财务费用	

任务三　做好成本核算与管理的基础工作

【任务描述】 了解企业成本核算与管理的基础工作。

为了进行成本管理，正确核算产品成本和费用，必须做好以下各项基础工作。

一、原始记录

原始记录是反映生产经营活动的原始资料，也是成本核算与管理的基础。所以，对在生产过程中材料的领用、工时和动力的耗费、半成品的内部转移、产品质量的检验和产品入库等都要做好真实的原始记录。只有这样，成本核算和成本分析才有据可依。

二、定额管理

定额是企业在正常的生产条件下，对人力、物力、财力的配备以及利用和消耗等所应遵守的标准或应达到的水平。定额按其反映的内容不同，分为工时定额、产量定额、材料消耗定额等。企业要根据当前的设备条件和技术水平，对定额进行及时的修订，这样才能发挥定额的作用。

三、财产物资的计量、收发、领退和盘点

为了正确地进行成本核算，必须建立健全财产物资的计量、收发、领退和盘点制度。在财产物资的计量、收发、领退和盘点过程中，严格执行这些制度，做到手续齐备。

四、内部结算

计划管理基础较好的企业，应制定厂内计划价格，对原材料、燃料、半成品和厂内各部门相互提供的劳务按计划价格进行内部结算。这样做，有利于分析和考核企业内部各单位成本计划的完成情况，消除不可比因素的影响，合理评价各部门的成本管理业绩。

模块三　认知智能化成本管理

【任务描述】了解智能制造背景下成本管理的特点。

一、智能制造背景下成本管理的特点

在智能制造、大数据、云计算等背景下，传统成本核算工作普遍存在以下问题。①基础资料大量缺失，数据的真实性很难保证，难以了解企业生产管理的真实状况。②生产计划不准：生产计划排期不准确，导致承诺客户的交期经常出现延误。③物料管理杂乱：物料管理非常随意，数据不统一，没有编码规则，一物多料号。④生产成本核算不准：成本算不清楚，每个产品的贡献利润不知道。⑤生产过程难以管控：车间生产过程不透明，车间工序执行无序，订单交付周期愈发不可控。

因此，制造企业在新时代发展中努力实现智能化的成本管理就显得尤为重要。智能制造背景下成本管理的特点如下。

（1）全局信息共享。支持物料、客户、供应商、组织业务、核算、报表信息等内容的全局共享。

（2）供需计划精准。可以实现库存数量实时更新，在途数据随时跟踪，采购任务即时跟踪，并支持自动计算物料需求等功能。

（3）生产计划有序。合理安排生产任务，实时跟踪生产进度，准时交货保证客户满意度。

（4）生产成本准确核算。能够基于订单、商品、批次等多模式实现精细化的成本核算，快速完成费用分摊，并自动计算产品成本。

二、智能化成本管理蓝图

智能化成本管理蓝图将在计划排程、生产执行、仓储物流、质量管理、设备管理、能源管理等方面，帮助制造企业实现制造全流程贯通，各业务环节高效协同，快速响应，提升交付能力。

智能化成本管理蓝图如图 1-5 所示。

图 1-5 智能化成本管理蓝图

（一）全局计划，产供销高效协同

在计划排程方面（见图 1-6），通过多组织集中协同、多层级的计划模式，企业可以实现多品种、小批量、定制化程度高的订单计划管理，驱动多工厂、车间、供应商高效协同，组织合适的资源（人、机、料）进行生产，保障交期，使库存合理化。

图 1-6 计划排程

01

（二）柔性制造提升准交率

在生产执行方面，企业可以围绕制造业务，构建柔性生产能力，资源灵活高效调度，过程精益透明管控，快速响应工艺变更、订单变化、过程异常，保障过程品质，提升生产效率，缩短制造周期。

（三）智能仓储物流保障准时化生产

在仓储物流方面，企业可以实现出入库、上下架、调拨、盘点、分拣、拆包、数据统计、KPI分析等业务的实时协作，并通过与仓储控制系统（WCS）和机器人控制系统（RCS），控制智能立库、电子料仓、智能料架、电子标签和 AGV 等智能化设备，实现物料和产品的上下架、出入库无人化作业。软硬一体，实现原料仓、成品仓和生产车间的智能化作业。

（四）全程质量精细管控、精确追溯

在质量管理方面，企业可以构建来料-生产-出货全流程质量精细管控体系，有效控制并改善产品质量。

（五）设备生命周期管理

在设备管理方面，企业可以实现档案有效归集、日常运行管理、维修维护管理、备品备件管理、设备全生命周期系统化管控，确保设备始终处于可靠、稳定状态，保障生产连续、稳定运行。

（六）节能降耗

在能源管理方面，企业可以采集各个能耗监测点的能耗和运行信息，实时呈现各项能耗（如水、电、气等）状况，快速掌握能耗分布情况、异常情况，基于实时能耗数据对能源进行统一调度，从而实现"节能管理，绿色能效"。

随着"中国制造 2025"规划的实施，在"互联网+"、大数据和云计算等现代移动技术的支撑下，智能制造正在快速地推进实体经济与虚拟世界的融合，产品的销售方式也不断发生显著的变化。作为经济发展的重要工具，智能制造能够促进企业增值服务能力的提升，使商业模式实现持续创新，为成本管理与控制拓展成长空间。传统的成本管理由于受技术手段与会计制度规范的约束，主要计量与控制的是企业购买或雇佣生产要素的实际支出，体现的是显性成本的本质特征。在智能制造的环境下，以往难以计量与控制的一些隐性成本，如企业所有者自己提供的资本、自然资源和劳动的机会成本，也能够通过智能化的成本管理加以充分体现。从智能制造到智能管理，再到智能化成本管理，体现的是物质流、价值流与信息流的整合效应；智能制造情境下的"互联网+""绿色环保"等创新要素进一步丰富了成本管理的新内涵，并给当前中国特色的管理会计体系建设带来新的动力与活力。

技能训练

一、单项选择题

1. 下列各项中，属于产品生产成本项目的是（   ）。
   A. 折旧费用　　　　B. 直接人工　　　　C. 外购动力　　　　D. 外购材料
2. 下列说法不正确的是（   ）。
   A. 成本预测是在成本决策之前进行的
   B. 进行成本决策是编制成本计划的前提

C. 成本考核是进行成本分析和成本控制的依据

D. 在成本会计工作的各个环节中，成本核算是基础

3. 下列不属于工业企业经营管理费用项目的是（　　　　）。

    A. 销售费用　　　　　B. 管理费用　　　　　C. 财务费用　　　　　D. 制造费用

4. 下列属于工业企业生产经营管理费用项目的是（　　　　）。

    A. 固定资产盘亏损失　　　　　　　　　　B. 销售费用

    C. 非常损失　　　　　　　　　　　　　　D. 非正常原因的停工损失

5. 辅助生产提供产品和劳务的主要目的是（　　　　）。

    A. 对外销售　　　　　　　　　　　　　　B. 为基本生产服务

    C. 为辅助生产服务　　　　　　　　　　　D. 以上都不对

6. 下列属于收益性支出项目的是（　　　　）。

    A. 支付的水电费　　　　　　　　　　　　B. 建造固定资产支出

    C. 固定资产的改良支出　　　　　　　　　D. 支付的开办费

7. （　　　　）是成本核算与管理最基本的职能。

    A. 成本预测　　　　　B. 成本决策　　　　　C. 成本核算　　　　　D. 成本考核

二、多项选择题

1. 下列费用项目中，属于产品成本的是（　　　　）。

    A. 直接材料　　　　　B. 管理费用　　　　　C. 直接人工　　　　　D. 制造费用

2. 下列费用项目中，属于期间费用的是（　　　　）。

    A. 制造费用　　　　　B. 销售费用　　　　　C. 管理费用　　　　　D. 财务费用

3. 现代成本会计的主要内容包括（　　　　）。

    A. 成本预测和决策　　　　　　　　　　　B. 成本计划和控制

    C. 成本核算　　　　　　　　　　　　　　D. 成本分析和考核

4. 事前成本管理阶段包括（　　　　）。

    A. 成本预测　　　　　B. 成本决策　　　　　C. 成本计划　　　　　D. 成本核算

5. 成本分析一般在期末进行，这个期末是指（　　　　）。

    A. 月末　　　　　　　B. 季末　　　　　　　C. 旬末　　　　　　　D. 年末

6. 下列项目发生的支出不属于企业日常生产经营活动所发生的，因而不应计入生产经营管理费用的有（　　　　）。

    A. 购置固定资产　　　B. 建造固定资产　　　C. 职工薪酬　　　　　D. 购买无形资产

7. 下列应计入工业企业生产费用项目的有（　　　　）。

    A. 财务费用　　　　　　　　　　　　　　B. 用于产品生产的原材料费用

    C. 生产工人职工薪酬　　　　　　　　　　D. 制造费用

8. 下列属于收益性支出，应计入生产经营管理费用项目的有（　　　　）。

    A. 原材料费用　　　　　　　　　　　　　B. 销售费用

    C. 组织和管理生产经营活动的费用　　　　D. 生产工人职工薪酬和制造费用

三、判断题

1. 企业在一定时期的生产费用等于其同一时期的产品成本。（　　　　）

2. 企业为购置固定资产、无形资产和其他资产的支出，不应计入产品成本。（　　　　）

3. 产品成本是企业在生产过程中已经耗费的、用货币表现的生产资料价值与劳动者通过自己劳动所创造的价值总和（相当于工资），这种成本可称为理论成本。（　　　　）

4. 废品损失是不形成产品价值的损失，因而不计入产品的成本。（　　）

5. 季节性和修理期间的停工损失，虽然不形成产品价值，但也应该计入产品成本。（　　）

6. 制造费用和管理费用均应作为期间费用处理，不计入产品成本。（　　）

7. 成本核算与管理通过成本核算、成本分析和成本考核三个环节来发挥其应有的作用。（　　）

8. 成本分析一般是在期中进行的。（　　）

9. 用于产品生产的原材料、燃料及动力、生产工人职工薪酬和制造费用，组成了产品成本项目。（　　）

10. 机物料消耗、辅助工人的职工薪酬和车间厂房折旧费用等均属于直接生产费用。（　　）

11. 本月支付的成本费用，都应计入本月产品成本。（　　）

12. 为了正确计算产品成本，必须正确划分完工产品与在产品的费用。（　　）

项目二

成本核算

【**学习目标**】 ↓

【知识目标】

1. 掌握企业成本数据的收集方法。
2. 掌握要素费用、综合费用和生产费用的归集和分配方法。
3. 掌握运用品种法、分批法、分步法核算产品成本的步骤。
4. 掌握生产成本账户和项目的设置方法。

【能力目标】

1. 能识别和收集有关成本单据和资料。
2. 能编制各种费用分配表。
3. 能运用品种法、分批法、分步法核算产品成本。
4. 能进行要素费用归集和分配的账务处理。

【素养目标】

1. 培养沟通协调能力和团队合作意识。
2. 培养认真细致的工作作风。
3. 树立严格遵守企业会计准则的工作原则。

👤引例

　　成立于1968年的美国西南航空公司在其他航空公司经营惨淡的情况下却连年盈利,所有飞机正常运营,全部职员正常工作,现金周转状况良好。美国西南航空公司取得如此骄人的业绩,其秘诀在于公司长期奉行独出心裁的成本管理理念和策略。

　　该公司拥有的客运飞机全部为波音737机型,这种状况对降低公司运营成本十分有益。相对而言,波音737是最省油的机型,公司所有飞机都是波音737,不仅可以大量节约燃油成本,而且可以实施较大批量的采购,增强采购过程中讨价还价的能力,降低飞机的采购价格,从而控制飞机的原始成本,减少公司经营过程中的折旧费用。此外,全部采用波音737飞机,既降低了公司驾驶员和维修人员的培养、培训成本,又提高了驾驶和维修的质量,还可以极大地降低航空公司零部件的储存成本。统一机型为公司的标准化管理提供了基础,既降低了公司的管理和运营成本,又提高了管理和服务的质量,有利于公司控制自己的经营品质,塑造自己的品牌形象。

模块一　成本核算的账户设置及账务处理程序

任务一　成本核算的账户设置

【任务描述】根据企业的经济业务，为企业开设合适的账户。

为了进行产品成本的归集，企业应根据生产特点和管理需求，设置"生产成本""制造费用""销售费用""管理费用""财务费用"等账户，如果需要单独核算废品损失和停工损失，还应设置"废品损失"和"停工损失"账户。

一、"生产成本"账户

"生产成本"账户核算企业进行工业性生产发生的各项生产费用，包括生产各种产品（包括产成品、自制半成品等）、自制材料、自制工具、自制设备等发生的各项生产费用。本账户应当按照基本生产成本和辅助生产成本进行明细核算。但企业实务中，为更方便核算，经常把"基本生产成本"和"辅助生产成本"直接作为一级账户。

（一）"基本生产成本"账户

"基本生产成本"用于核算企业基本生产车间进行工业性生产而发生的各项生产成本。该账户按产品品种（或批别、步骤）设置明细账，账内按成本项目设置专栏。

该账户借方登记进行基本生产而发生的直接及间接成本，贷方登记转出完工入库产品成本，账户余额在借方，表示基本生产车间的在产品成本。

（二）"辅助生产成本"账户

辅助生产车间为基本生产车间、企业管理部门和其他部门提供劳务和产品，为了归集辅助生产车间所发生的各种生产耗费，计算辅助生产成本，企业应按辅助生产车间、生产产品品种或劳务设置"辅助生产成本"明细账，账内按成本项目或费用项目分设专栏进行明细登记，期（月）末按照一定的分配标准分配给各受益对象。

该账户借方登记为进行辅助生产而发生的各种耗费，贷方登记转出的完工入库产品成本，账户余额在借方，表示辅助生产车间在产品的成本。

二、"制造费用"账户

制造费用是指企业为生产产品和提供劳务而发生的各项间接费用，需设置"制造费用"账户进行核算。该账户应按车间、部门设置明细账，账内按费用项目分设专栏进行明细登记，这些专栏包括材料费、低值易耗品、折旧费、薪酬、劳保费、水电费等。

该账户借方登记生产车间发生的各项间接成本，贷方登记分配转出的制造费用，账户通常月末无余额。

三、"废品损失"账户

需要单独核算废品损失的企业，应设置"废品损失"账户。该账户一般按产品品种设置明细账，并按成本项目设置专栏进行明细核算。

该账户借方登记不可修复废品的生产成本和可修复废品的修复成本，贷方登记废品残料回收的价值、应收的赔款以及转出的废品净损失，账户月末无余额。

废品损失也可不单独核算，相应费用等体现在"生产成本""原材料"等账户中。辅助生产车间一般不单独核算废品损失。

四、"停工损失"账户

需要单独核算停工损失的企业，应设置"停工损失"账户。该账户一般按车间设置明细账，并按成本项目设置专栏进行明细核算。

该账户借方登记停工期间应付职工薪酬、维护设备所消耗的材料费用、应负担的制造费用，贷方反映分配结转的停工损失，账户月末无余额。

同废品损失一样，如果企业不单独核算生产停工期间所发生的经济损失，则相应费用等体现在"生产成本""原材料"等账户中。

五、"销售费用""管理费用""财务费用"账户

这三个账户为期间损益账户，核算企业日常活动发生的不能计入特定核算对象的成本，借方登记实际发生的各项费用，贷方登记期末转入"本年利润"账户的费用。该类账户期末结转后无余额。这类账户，通常按费用项目设置专栏进行明细核算，比如可以设置广告费、人工费、差旅费、折旧费、水电费、办公费、修理费、招待费、利息费用、手续费、汇兑损益等。

【任务实操】根据企业经济业务，选择开设合适的账户。

业务资料：想念公司主要生产面粉和挂面。该公司设一个基本生产车间和机修、供电两个辅助生产车间，按照产品品种核算产品成本。

要求：将下列经济业务应开设的借方账户填写在表 2-1 所示的费用分类表中。

表 2-1 费用分类表

序号	经济业务	应开设的借方账户
1	基本生产车间领用面粉生产挂面	
2	基本生产车间领用润滑油用于一般性消耗	
3	计提机修车间生产工人职工薪酬	
4	计提基本生产车间生产工人职工薪酬	
5	计提基本生产车间管理人员职工薪酬	
6	计提行政管理人员职工薪酬	
7	基本生产车间领用小麦用于生产面粉	

任务二 成本核算的账务处理程序

【任务描述】根据企业的经济业务，进行成本核算的账务处理。

一、分配各项要素费用

分配各项要素费用，是指分配材料费用、燃料动力费用、职工薪酬、折旧费用、办公费用等要素费用，将要素费用记入核算对象的成本账户。

二、分配辅助生产成本

分配辅助生产成本，是指将某辅助生产车间归集的生产成本分配记入其他辅助生产车间的成

本账户、生产成本明细账户或制造费用明细账户。

三、分配制造费用

分配制造费用，是指用一定的分配方法，按核算对象来分配制造费用，计入产品成本。

四、分配废品损失和停工损失

对单独设置"废品损失"和"停工损失"账户的企业，还要将不可修复废品成本从"生产成本"账户转入"废品损失"账户，将废品净损失从"废品损失"账户转入"生产成本"账户单独核算。

五、分配生产费用计算完工产品成本

分配生产费用，是指采用一定的分配方法，将生产费用在完工产品和在产品之间进行分配，编制"产品成本计算单"，计算完工产品成本。

六、结转完工产品成本

结转完工产品成本，是指将完工产品成本从"生产成本"账户转入"库存商品"账户。

【任务实操】 完成企业成本核算账务处理。

要求：在图 2-1 中画出企业成本核算账务处理流程。

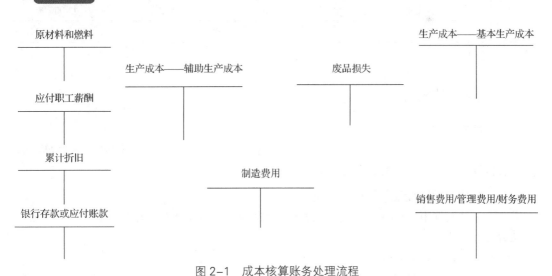

图 2-1 成本核算账务处理流程

模块二 产品成本构成要素归集和分配

任务一 材料费用归集和分配

【任务描述】 根据领料单，采用合理的分配方法，编制材料费用分配表，并完成材料费用归集与分配的账务处理。

一、归集汇总材料费用

（一）审核原始凭证

月末，成本核算人员先收集本月材料入库单、领料单、退料单或者仓库记录的发料汇总表（或材料出入库汇总表），然后审核这些原始凭证，监督材料支出的合法性和合理性，检查材料支出是否符合企业目标和成本计划，检查有无铺张浪费的行为发生，以改善经营管理，减小消耗。

（二）汇总原始数据

成本核算人员对审核无误的原始凭证进行分类汇总，形成材料收发汇总表。实务中，材料费用的归集和汇总通常使用 Excel 表格或会计软件辅助进行。材料收发汇总表通常由以下内容组成：材料编号、材料名称、单位、数量、单价、金额、领用部门以及生产用途，如表 2-2 所示。

表 2-2

材料收发汇总表

2023 年 3 月 31 日

领用部门：基本生产车间　　　　　　　　用途：生产素色毛巾　　　　　　　　金额单位：元

材料编号	材料名称	单位	数量	计划单价	金额
001	纱	吨	190	18 000.00	3 420 000.00
002	活性染料	袋	200	1 300.00	260 000.00
003	吊牌	个	180 000	0.07	12 600.00
004	水洗标	个	1 100 000	0.01	11 000.00
合计					3 703 600.00

审核：高云　　　　　　　　　　　　　　　　　　　　　　　　制单：温宁

二、材料费用的分配

（一）直接计入

企业所发生的生产费用，能确定由某一成本核算对象负担的，应当按照所对应的产品成本项目类别直接计入成本核算对象的产品成本。

（二）共同耗用材料分配计入

几种产品共同领用的材料，不能直接计入产品的成本，需要选择合理的分配标准，按照一定的方法分配计入成本。

1. 分配标准和分配方法

常见的分配标准主要有三类：第一类是成果类标准，比如产品的质量、体积、面积、产量等；第二类是消耗类标准，如生产工时、机器工时等；第三类是定额标准，如定额耗用量、定额成本、定额工时等。通常情况下，按照产品的产量、质量、体积等进行分配，当分配标准的资料不易取得时，或消耗定额的资料比较准确时，可以选用定额消耗量比例法或定额费用（成本）比例法。

分配共同耗费的资源时要先计算分配率，再计算某个特定成本核算对象应承担的费用。

① 费用分配率 $=\dfrac{共同耗用的费用}{分配标准合计}$

② 某分配对象应承担的费用 = 该分配对象的分配标准 × 费用分配率

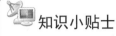知识小贴士

　　为保证分配后各对象承担费用之和与分配费用相等，在计算最后一个分配对象应承担的费用时，用"倒挤法"处理尾差，即用待分配的总费用减去已分配对象承担的费用之和。

2. 产量比例法

产量比例法是以产品产量为分配标准，分配原材料耗费的一种方法。这种方法一般在产品所耗用材料与产品产量有着密切关系的情况下采用。产量比例法的计算公式如下。

① 材料费用分配率 $=\dfrac{共同耗用的材料费用}{各产品产量之和}$

② 某种产品应分配的材料费用 = 该产品产量 × 材料费用分配率

3. 定额消耗量比例法

定额消耗量比例法是指以材料定额消耗量为分配标准，在多种受益产品之间分配材料费用的一种分配方法。其中消耗定额是指单位产品可以消耗的数量限额，定额消耗量是指在一定产量下按照消耗定额计算的可以消耗的数量。定额消耗量比例法的计算公式如下。

① 某种产品材料定额消耗量 = 该产品实际产量 × 单位产品材料消耗定额

② 材料费用分配率 $=\dfrac{共同耗用的材料费用}{各产品材料定额消耗量之和}$

③ 某种产品应分配的材料费用 = 该产品材料定额消耗量 × 材料费用分配率

4. 定额费用比例法

定额费用比例法是以直接材料定额成本为标准分配直接材料的一种方法，费用定额或定额费用是消耗定额或定额消耗量的货币表现。定额费用比例法的计算公式如下。

① 某种产品材料定额费用 = 该产品实际产量 × 单位产品材料定额费用

　　　　　　　　　　　　 = 该产品实际产量 × 单位产品材料消耗定额 × 材料单价

② 材料费用分配率 $=\dfrac{共同耗用的材料费用}{各产品材料定额费用之和}$

③ 某种产品应分配的材料费用 = 该产品材料定额费用 × 材料费用分配率

知识小贴士

　　材料费用分配"万能公式"如下。

$$材料费用分配率 =\dfrac{共同耗用的材料费用}{各产品分配标准之和}$$

某种产品应分配的材料费用 = 该产品分配标准 × 材料费用分配率

三、材料费用分配的账务处理

　　成本核算人员将直接计入和分配计入的材料费用汇总，编制出材料费用分配表，并根据材料的领用部门和用途填写记账凭证，再根据审核后的记账凭证，登记基本生产成本、辅助生产成本、制造费用、期间费用等明细账，如表2-3所示。

表 2-3　　　　　　　　　　　　　　　　材料费用分配的账务处理

耗用材料部门	用途	应借账户
基本生产车间	用于生产产品	"生产成本——基本生产成本"账户
	用于一般性消耗	"制造费用"账户
	用于修复废品	"废品损失"账户
辅助生产车间	用于生产辅助产品或提供劳务	"生产成本——辅助生产成本"账户
	用于一般性消耗	"生产成本——辅助生产成本"账户 （"辅助生产成本"明细账不设置"制造费用"成本项目）
		"制造费用"账户 （"辅助生产成本"明细账设置"制造费用"成本项目）
销售部门	用于销售活动	"销售费用"账户
行政管理部门	用于企业行政管理活动	"管理费用"账户

02

（一）基本生产车间耗用的材料

基本生产车间耗用的材料主要包括以下内容。

（1）生产产品直接耗用材料：生产产品直接耗用的材料。

（2）修复废品耗用材料：废品修复过程中耗用的材料。

（3）基本生产车间一般耗用的材料：基本生产车间为组织和管理生产，保证生产正常进行而耗用的那部分材料，如机物料消耗等。

（二）辅助生产车间耗用的材料

对辅助生产车间耗用的材料，也可按用途分为直接用于生产辅助产品（或提供劳务）的材料和一般耗用材料两部分。处理方法如下。

（1）直接用于生产辅助产品（或提供劳务）的材料，应记入"生产成本——辅助生产成本"明细账的"直接材料"成本项目。辅助生产车间一般耗用材料，先记入"制造费用"明细账进行归集，月末时分配记入"辅助生产成本"明细账的"制造费用"成本项目，这种处理方法与基本生产车间类似。

（2）如果辅助生产车间不对外提供产品，而且辅助生产车间规模较小，辅助产品或劳务单一时，为了简化核算工作，可不设"制造费用"账户，辅助生产车间耗用的材料均直接记入"生产成本——辅助生产成本"明细账。

（三）销售机构及产品销售过程中耗用的材料

销售机构及产品销售过程中耗用的材料不计入产品成本，而是记入"销售费用"明细账，作为期间费用转入"本年利润"账户，冲减当期损益。

（四）厂部行政管理部门耗用的材料

厂部行政管理部门耗用的材料，不计入产品成本，记入"管理费用"明细账，作为期间费用转入"本年利润"账户，冲减当期损益。

四、计划成本计价方式下发出材料成本确定

当材料按计划成本计价时，发出材料是按计划成本计算的，需要将发出材料的计划成本调整为实际成本，以便于产品实际成本的计算。为此，需要首先确定入库材料成本差异额和本月材料成本差异率。计算公式如下。

① 发出材料计划成本=发出材料数量×材料计划单价

② 入库材料成本差异额=入库材料实际成本-入库材料计划成本

③ 本月材料成本差异率=$\dfrac{月初结存材料成本差异额+本月入库材料成本差异额}{月初结存材料计划成本+本月入库材料计划成本}$×100%

根据发出材料计划成本和材料成本差异率，可以将本月发出材料计划成本调整为实际成本。

④ 发出材料应负担材料成本差异额=发出材料计划单价×材料成本差异率

⑤ 发出材料实际成本=发出材料计划成本+发出材料应负担材料成本差异额

【例2-1】南阳光学有限公司（以下简称"光学公司"）2022年9月生产短焦投影机和微型投影机共同耗用电器元件6 500套，每套105元。短焦投影机的实际产量为3 250台，单件产品材料消耗定额为1套/台；微型投影机的实际产量为4 020台，单件产品材料消耗定额为0.8套/台。

要求：分别运用产量比例法、定额消耗量比例法、定额费用比例法计算短焦投影机和微型投影机各自应负担的电器元件费用。

【解析】

（1）运用产量比例法的计算过程如下。

① 材料费用分配率=$\dfrac{6\,500\times105}{3\,250+4\,020}$=93.879 0（元/台）

② 短焦投影机应分配的材料费用=3 250×93.879 0=305 106.75（元）

③ 微型投影机应分配的材料费用=6 500×105-305 106.75=377 393.25（元）

（2）运用定额消耗量比例法的计算过程如下。

① 短焦投影机材料定额消耗量=3 250×1=3 250（套）

② 微型投影机材料定额消耗量=4 020×0.8=3 216（套）

③ 材料费用分配率=$\dfrac{6\,500\times105}{3\,250+3\,216}$=105.552 1（元/套）

④ 短焦投影机应分配的材料费用=3 250×105.552 1=343 044.33（元）

⑤ 微型投影机应分配的材料费用=6 500×105-343 044.33=339 455.67（元）

（3）运用定额费用比例法的计算过程如下。

① 短焦投影机材料定额费用=3 250×1×105=341 250（元）

② 微型投影机材料定额费用=4 020×0.8×105=337 680（元）

③ 材料费用分配率=$\dfrac{6\,500\times105}{341\,250+337\,680}$=1.005 3

④ 短焦投影机应分配的材料费用=341 250×1.005 3=343 058.63（元）

⑤ 微型投影机应分配的材料费用=6 500×105-343 058.63=339 441.37（元）

💻 **知识小贴士**

选用不同的分配方法，其分配结果会有所差异，因此选择分配标准时应遵循合理性和简便性原则，即所选择的分配标准应与所分配的费用有密切联系，并且作为分配标准的资料应容易取得。

【任务实操】运用定额消耗量比例法分配材料费用。

业务资料：想念公司2022年6月生产精制挂面和杂粮挂面分别为2 000 000千克和1 000 000千克，精制挂面的单位产品面粉定额消耗量为1，杂粮挂面的单位产品面粉定额消耗量为0.5。相关材料出库单和企业ERP系统中的材料出库列表如表2-4和表2-5所示。

操作视频

表 2-4   材料出库单

领料部门：生产部   编号：CLCK202100000100

出库类别：材料出库   2022 年 6 月 30 日   仓库：原材料库

材料				主计量单位	领用数量	备注
序号	编号	名称	规格			
1	000000101	面粉	散粉	千克	2 500 000	精制挂面、杂粮挂面共同耗用
2	000000304	杂粮粉	—	千克	500 000	用于杂粮挂面

制单人：丁晨   领料人：董琰   审核人：李鹤

表 2-5   材料出库列表

金额单位：元

序号	出库单号	出库日期	存货名称	规格型号	主计量单位	出库数量	领用部门	出库类型	不含税单价	金额
1	CLCK202100000100	2022-06-02	面粉	罐装	千克	2 500 000	生产部	材料出库	4.00	10 000 000
2	CLCK202100000100	2022-06-02	杂粮粉	—	千克	500 000	生产部	材料出库	15.00	7 500 000

要求：以定额消耗量为分配标准，计算精制挂面和杂粮挂面应分配的材料费用，将结果填写在材料费用分配表（见表 2-6）中，并在表 2-7 所示的记账凭证中完成账务处理。（分配率保留四位小数）

表 2-6   基本生产车间材料费用分配表

2022 年 6 月 30 日

产品类型	分配计入					直接计入/元	费用合计/元
	投产量/千克	单位材料消耗定额	总材料消耗定额/千克	分配率/（元/千克）	分配金额/元		
精制挂面							
杂粮挂面							
合计							

会计主管：张凝   审核：李鹤   制单：周悦

表 2-7   记账凭证（分配材料费用）

记 账 凭 证

日期：   年   月   日   第   号

摘要	总账科目	明细科目	借方金额											贷方金额											记账
			亿	千	百	十	万	千	百	十	元	角	分	亿	千	百	十	万	千	百	十	元	角	分	
合计																									

核准：   复核：   记账：   出纳：   制单：

附单据张

任务二　外购燃料及外购动力费用归集和分配

【任务描述】根据增值税发票，采用合理的分配方法，编制外购燃料或动力费用分配表，并完成外购燃料或动力费用归集与分配的账务处理。

一、归集汇总燃料和动力费用

燃料费用在产品成本中所占比重较小时，可将燃料当作一种材料，并入原材料和其他材料进行核算。燃料费用在产品成本中所占比重较大时，可以增设"燃料"账户，由企业的燃料仓库核算员对燃料耗费进行单独核算。

月末，成本核算人员收集本月燃料发料凭证，编制燃料发料汇总表，汇总出本月使用的燃料费用总和。

企业外购的动力，应按权责发生制原则，以计量仪器仪表所显示的用量乘以供应单价来确认本期耗费的外购动力费用。

二、燃料和动力耗费的分配

（一）直接计入

企业所发生的外购燃料或动力费用，能确定由某一成本核算对象负担的，应当按照所对应的产品成本项目类别直接计入成本核算对象的产品成本。

（二）共同耗用材料分配计入

几种产品共同耗用燃料或动力费用，成本核算人员应先根据燃料和动力耗费汇总表，按照一定的分配标准，计算燃料和动力耗费的分配金额，然后编制燃料和动力耗费分配表。计算公式如下。

① 燃料或动力费用分配率 $= \dfrac{\text{共同耗用的燃料或动力费用}}{\text{各产品分配标准之和}}$

② 某种产品应分配的燃料或动力费用 = 该产品分配标准 × 燃料或动力费用分配率

三、燃料和动力费用分配的账务处理

成本核算人员将直接计入和分配计入的燃料和动力费用汇总，编制出外购燃料或动力费用分配表，并根据耗用部门和用途填写记账凭证，再根据审核后的记账凭证，登记基本生产成本、辅助生产成本、制造费用、期间费用等明细账，如表2-8所示。

表2-8　　　　　　　　　　燃料或动力费用分配的账务处理

耗用材料部门	用途		应借账户
基本生产车间	用于生产产品	燃料和动力费用在产品成本中所占比重较小	"生产成本——基本生产成本"（"直接材料"成本项目）账户
		燃料和动力费用在产品成本中所占比重较大	"生产成本——基本生产成本"（"燃料及动力"成本项目）账户
	用于一般性消耗		"制造费用"账户
辅助生产车间	用于辅助产品生产或提供劳务		"生产成本——辅助生产成本"账户
	用于一般性消耗		"生产成本——辅助生产成本"账户（"辅助生产成本"明细账不设置"制造费用"成本项目）
辅助生产车间	用于一般性消耗		"制造费用"账户（"辅助生产成本"明细账设置"制造费用"成本项目）

续表

耗用材料部门	用途	应借账户
销售部门	用于销售活动	"销售费用"账户
行政管理部门	用于企业行政管理活动	"管理费用"账户

（一）基本生产车间耗用的外购燃料和动力

基本生产车间耗用的外购燃料和动力，直接用于产品生产的属于直接燃料及动力，应记入相应产品的"生产成本——基本生产成本"明细账。

（1）若燃料和动力费用在产品成本中所占比重较小，应记入"直接材料"成本项目。

（2）若燃料和动力费用在产品成本中所占比重较大，应增设并记入"燃料及动力"成本项目。

（二）基本生产车间照明、办公等用电

基本生产车间照明、办公等用电，应先记入"制造费用"明细账进行归集，月末时分配记入相应产品的"基本生产成本"明细账。

（三）辅助生产车间耗用的外购燃料和动力

辅助生产车间耗用的外购燃料和动力，直接用于辅助产品生产的，应记入"辅助生产成本"账户。

（四）辅助生产车间用于照明的用电

（1）若"辅助生产成本"明细账不设置"制造费用"成本项目，则记入"辅助生产成本"账户。

（2）若"辅助生产成本"明细账设置"制造费用"成本项目，则先记入"制造费用"账户进行归集，月末时分配记入"辅助生产成本"明细账的"制造费用"成本项目。这种处理方法与基本生产车间类似。

（五）销售机构、行政管理部门耗用的外购燃料和动力

销售机构、行政管理部门耗用的外购燃料和动力，不计入产品成本，而应分别记入"销售费用""管理费用"明细账，作为期间费用转入"本年利润"账户，冲减当期损益。

 知识小贴士

企业当月实际支付动力费用，应贷记"银行存款"科目。按照权责发生制要求，在当月所耗动力费用与当月实际支付费用不一致的情况下，当月应付外购动力费用通过"应付账款"科目核算。分配外购动力费用时，贷记"应付账款"科目；实际支付动力费用时，借记"应付账款"科目。

【例2-2】光学公司为各个部门单独配备了电表，用来监管每个部门的耗电量，其中生产使用的电为动力电，企业管理部门日常用电为照明电。2022年9月，该企业基本生产车间生产短焦投影机和微型投影机共同用电350 000千瓦时，电费每千瓦时0.64元。短焦投影机生产工时为3 120小时，微型投影机生产工时为2 670小时。

要求：运用实际工时比例法计算短焦投影机和微型投影机各自应负担的电费。

【解析】

（1）电费分配率 $= \dfrac{350\,000 \times 0.64}{3\,120 + 2\,670} = 38.687\,4$（元/时）

（2）短焦投影机应分配的电费 $= 3\,120 \times 38.687\,4 = 120\,704.69$（元）

（3）微型投影机应分配的电费=350 000×0.64−120 704.69=103 295.31（元）

【任务实操】运用实际工时比例法分配动力费用。

业务资料：想念公司 2022 年 9 月生产精制挂面和杂粮挂面的工时分别为 800 小时和 1 200 小时。相关电费增值税专用发票和各部门耗电量如图 2-2 和表 2-9 所示。

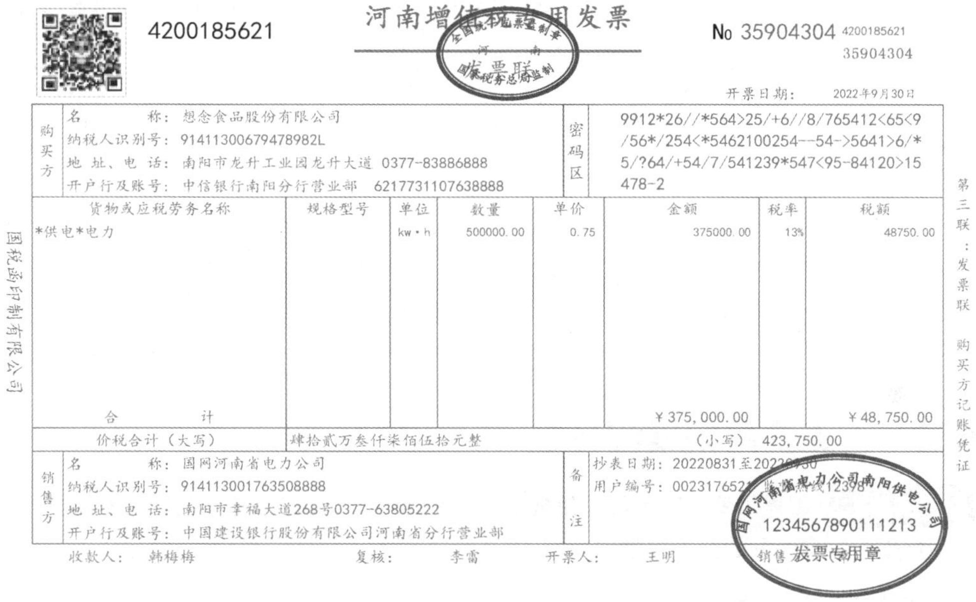

4200185621　河南增值税专用发票　No 35904304　4200185621　35904304

开票日期：2022年9月30日

购买方	名　称：想念食品股份有限公司 纳税人识别号：91411300679478982L 地址、电话：南阳市龙升工业园龙升大道 0377-83886888 开户行及账号：中信银行南阳分行营业部　6217731107638888			密码区	9912*26//*564>25/+6//8/765412<65<9/56*/254<*5462100254--54->5641>6/*5/?64/+54/7/541239*547<95-84120>15478-2		
货物或应税劳务名称	规格型号	单位	数量	单价	金额	税率	税额
*供电*电力		kw·h	500000.00	0.75	375000.00	13%	48750.00
合　计					¥375,000.00		¥48,750.00
价税合计（大写）	肆拾贰万叁仟柒佰伍拾元整				（小写）423,750.00		
销售方	名　称：国网河南省电力公司 纳税人识别号：914113001763508888 地址、电话：南阳市幸福大道268号0377-63805222 开户行及账号：中国建设银行股份有限公司河南省分行营业部			备注	抄表日期：20220831至2022… 用户编号：0023176521…		

收款人：韩梅梅　复核：李雷　开票人：王明　销售方（章）

第三联：发票联　购买方记账凭证

国税函印制有限公司

图 2–2　想念公司电费发票

表 2–9　想念公司各部门耗电量汇总表

2022 年 9 月 30 日

使用部门	用电量/千瓦时	用电单价/（元/千瓦时）	含税合计/元
基本生产车间	495 000	0.75	419 512.50
行政管理部门	3 600	0.75	3 051.00
销售部门	1 400	0.75	1 186.50
合计	500 000	0.75	423 750.00

要求：以实际工时为分配标准，计算精制挂面和杂粮挂面应分配的电费，填写在外购动力费用分配表（见表 2-10）中，并在表 2-11 所示的记账凭证中完成账务处理。（分配率保留四位小数）

表 2–10　外购动力费用分配表

2022 年 9 月 30 日

使用部门		分配计入			直接计入/元	费用合计/元
		生产工时/时	分配率/（元/时）	分配金额/元		
基本生产车间	精制挂面					
	杂粮挂面					
行政管理部门						
销售部门						
合计						

会计主管：张凝　审核：李鹤　制单：周悦

表 2-11　　　　　　　　　　　记账凭证（分配动力费用）

记 账 凭 证

日期：　　　年　　　　月　　　　日　　　第　　　号

摘　要	总账科目	明细科目	借 方 金 额										贷 方 金 额										记账
			亿	千	百	十	万	千	百	十	元	角	分	亿	千	百	十	万	千	百	十	元	角	分	
合　计																									

核　准：　　　　复　核：　　　　记　账：　　　　出　纳：　　　　制　单：

附单据　　张

任务三　人工费用归集和分配

【任务描述】根据工资结算单等原始凭证，采用合理的分配方法，编制职工薪酬分配表，并完成人工费用归集与分配的账务处理。

一、职工薪酬的内容

职工薪酬，是指企业为获得职工提供的劳务而给予职工的各种形式的报酬以及相关支出。职工薪酬主要包括以下内容。

（1）职工工资（包括奖金、津贴和补贴）。根据国家统计局发布的《关于工资总额组成的规定》，工资总额由六部分组成：计时工资、计件工资、奖金、津贴和补贴、加班加点工资、特殊情况下支付的工资。

（2）职工福利费。职工福利费指企业为职工提供的集体福利，如补助生活困难职工发生的支出等。

（3）社会保险费。社会保险费指医疗保险费、养老保险费、失业保险费、工伤保险费和生育保险费等。

（4）住房公积金。住房公积金指企业按照国家新修订的《住房公积金管理条例》规定的基准和比例，向住房公积金管理机构缴存的住房公积金。

（5）工会经费和职工教育经费。工会经费和职工教育经费指企业为了改善职工的文化生活、提高职工的业务素质，用于开展工会活动和职工教育及职业技能培训，并根据国家规定的基准和比例，从成本费用中提取的金额。

（6）非货币性职工福利。非货币性职工福利指企业以非货币性资产支付给职工的薪酬，主要包括企业以自产产品发放给职工作为福利、将企业拥有的资产无偿提供给职工使用、为职工无偿提供医疗保健服务等。

（7）辞退福利。辞退福利指企业因解除与职工的劳动关系给予职工的补偿。

（8）其他与获得职工提供的服务相关的支出。

二、职工薪酬的核算

为了正确地计算职工薪酬，企业应做好各项职工薪酬核算的基础工作。各单位应根据本企业生产、管理和职工薪酬制度的具体要求，建立健全所需的职工薪酬原始凭证。采用计时工资的企业，一般以考勤表作为原始凭证；采用计件工资的企业，一般以产量为原始凭证，比如工序进程单、工作班产量报告表等。

（一）计时工资计算

计时工资的计算一般有月薪制和日薪制两种。

1. 工资标准计算公式

$$日工资标准 = \frac{月标准工资}{月计薪天数}$$

2. 月薪制计算公式

$$应付计时工资 = 月标准工资+津贴+奖金+加班工资-事假天数×日工资标准-$$
$$病假天数×日工资标准×应扣比例$$

3. 日薪制计算公式

$$应付计时工资 = 实际出勤天数×日工资标准+津贴+奖金+加班工资+$$
$$病假天数×日工资标准×应发比例$$

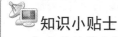
知识小贴士

（1）月计薪天数可以选择以下两种：①按每月平均工作 30 天计算；②按每月平均工作 21 天计算[（365-52×2-11）÷12=21]。

（2）出勤天数确定：①按 30 天计算日标准工资的，节假日应计算在出勤天数内；②按 21 天计算日标准工资的，节假日不计算在出勤天数内。

（二）计件工资计算

1. 个人计件工资计算公式

$$应付计件工资 = （完工产品合格品数量+料废品数量）×计件单价$$

2. 集体计件工资计算公式

（1）根据集体完成的工作量乘以计件单价，得出应付集体计件工资。

$$应付集体计件工资 = 该集体完成工作量×计件单价$$

（2）采用适当的方法，将集体计件工资在集体成员内部进行分配。例如集体实际工时比例法。

$$① \quad 工资分配率 = \frac{集体计件工资总额}{集体实际工时数}$$

② 个人应得计件工资 = 个人实际工时×工资分配率

三、归集汇总职工薪酬

月末，根据职工的考勤记录、产量记录等原始资料以及有关规定计算出职工个人的职工薪酬，并编制"工资结算单"（见表 2-12），筛选出"工资结算汇总表"（见表 2-13），将职工薪酬归集汇总起来。

表 2-12   工资结算单

金额单位：元

序号	姓名	基础工资	加班工时/时	加班费	请假工时/时	请假扣除	迟到/早退扣除	违规扣除	岗位补贴	其他补贴	社保扣除	其他扣除	应付工资	个人所得税	实发工资

表 2-13   工资结算汇总表

单位：元

车间/部门		应付工资	代扣款项	实发工资
一车间	生产工人			
	管理人员			
二车间	生产工人			
	管理人员			
机修车间				
供水车间				
行政管理部门				
销售部门				
合计				

四、职工薪酬的分配

生产工人工资中的计件工资属于直接计入费用，应直接记入产品成本明细账；计时工资及其他工资一般属于间接计入费用，应在各产品之间进行分配。分配标准通常是产品的生产工时（实际或定额工时）。计算公式如下。

① 生产工人职工薪酬分配率 = $\dfrac{\text{各产品生产工人职工薪酬总额}}{\text{各种产品生产工时（实际或定额工时）之和}}$

② 某种产品应分配的生产工人职工薪酬 = 该种产品生产工时 × 生产工人职工薪酬费用分配率

五、职工薪酬分配的账务处理

企业应按照职工薪酬耗费发生的部门（或地点）以及用途进行分配，计入产品成本或当期损益，如表 2-14 所示。

表 2-14　　　　　　　　　　　　　　职工薪酬分配的账务处理

职工所属部门	人员类别	应借账户
基本生产车间	直接从事产品生产的工人	"生产成本——基本生产成本"账户
	基本生产车间管理人员	"制造费用"账户
辅助生产车间	直接从事产品生产的工人	"生产成本——辅助生产成本"账户
	辅助生产车间管理人员	"生产成本——辅助生产成本"账户（"辅助生产成本"明细账不设置"制造费用"成本项目）
		"制造费用"账户（"辅助生产成本"明细账设置"制造费用"成本项目）
销售部门	销售人员	"销售费用"账户
行政管理部门	行政管理人员	"管理费用"账户

02

（一）基本生产车间人员的职工薪酬

基本生产车间人员的职工薪酬按用途可分为：直接从事产品生产的生产工人职工薪酬，记入"基本生产成本"明细账的"直接人工"成本项目；基本生产车间管理人员的职工薪酬（除产品生产工人以外其他人员的职工薪酬，如辅助工人的职工薪酬），先记入"制造费用"明细账进行归集，月末时分配记入"基本生产成本"明细账的"制造费用"成本项目。

（二）辅助生产车间人员的职工薪酬

辅助生产车间人员的职工薪酬，按用途也可分为直接从事产品生产的工人职工薪酬和车间管理人员的职工薪酬两部分。直接从事产品生产的工人职工薪酬，记入"辅助生产成本"明细账的"直接人工"成本项目；辅助生产车间管理人员的职工薪酬先记入"制造费用"明细账进行归集，月末时分配记入"辅助生产成本"明细账的"制造费用"成本项目。这种处理方法与基本生产车间类似。如果辅助生产车间未设置"制造费用"明细账，辅助生产车间管理人员薪酬可直接记入辅助生产成本中的"直接人工"成本项目。

（三）销售机构、行政管理部门人员的职工薪酬

销售机构、行政管理部门人员的职工薪酬，不计入产品成本，而应分别记入"销售费用""管理费用"明细账，作为期间费用转入"本年利润"账户，冲减当期损益。

【任务实操】运用实际工时比例法分配人工费用。

业务资料： 想念公司 2022 年 9 月生产精制挂面和杂粮挂面的工时分别为 800 小时和 1 200 小时，本月职工薪酬汇总表如表 2-15 所示。

表 2-15　　　　　　　　　　　　　　职工薪酬汇总表

单位：元

部门		实发工资汇总
生产车间	生产工人	1 700 000.00
	管理人员	150 000.00
行政管理部门		1 000 000.00
销售部门		300 000.00
合计		3 150 000.00

要求： 采用定额工时比例法分配工资费用，编制职工薪酬分配表（见表 2-16），并完成相关账务处理（见表 2-17）。（分配率保留四位小数）

表 2-16　　　　　　　　　　职工薪酬分配表

2022 年 9 月

部门	人员类别	分配对象	生产工时/时	分配率/（元/时）	分配金额/元
生产车间	生产工人	精制挂面			
		杂粮挂面			
		小计			
	管理人员				
行政管理部门					
销售部门					
合计					

会计主管：张凝　　　　　　　审核：李鹤　　　　　　　制单：周悦

表 2-17　　　　　　　　　　记账凭证（分配职工薪酬）

记 账 凭 证

日期：　　年　　　　月　　　　日　　　　第　　号

摘　要	总账科目	明细科目	借方金额											贷方金额											记账
			亿	千	百	十	万	千	百	十	元	角	分	亿	千	百	十	万	千	百	十	元	角	分	
	合　计																								

附单据　张

核　准：　　　　　复　核：　　　　　记　账：　　　　　出　纳：　　　　　制　单：

任务四　折旧费用归集和分配

【任务描述】根据企业固定资产卡片和固定资产登记簿，编制固定资产折旧计算表（或无形资产摊销计算表），并完成折旧费用归集与分配的账务处理。

一、归集汇总折旧费用

固定资产在长期使用过程中保持实物形态不变，但其价值随着使用和时间的推移会逐渐降低，这部分降低的价值就是固定资产折旧，它应以折旧费用的形式计入产品成本和期间费用。企业固定资产核算员负责进行固定资产取得、持有、处置等日常核算，月末成本核算人员查阅固定资产登记簿和固定资产卡片，核实有无新增资产、报废减少的资产，以及资产使用部门变更情况，根据核实后的信息编制固定资产折旧计算表（见表 2-18），并按部门和资产类别将本月折旧额进行汇总（见表 2-19）。

表 2-18　　　　　　　　　　　　固定资产折旧计算表

2022 年 9 月 30 日

金额单位：元

资产编号	资产名称	单位	资产类别	使用部门	资产原值	使用年限	月折旧率	月折旧额
001								
002								
003								
004								

表 2-19　　　　　　　　　　　　折旧费用汇总表

2022 年 9 月 30 日

单位：元

使用部门	月折旧额

二、折旧费用的分配及账务处理

　　企业的固定资产更多服务于多种产品，所以折旧费用一般属于间接费用，分配折旧费用时，一般按固定资产使用部门计入产品成本或期间费用，如表 2-20 所示。

表 2-20　　　　　　　　　　　　折旧费用分配的账务处理

使用部门	应借账户
基本生产车间	"制造费用"账户
辅助生产车间	"生产成本——辅助生产成本"账户 （"辅助生产成本"明细账不设置"制造费用"成本项目）
	"制造费用"账户 （"辅助生产成本"明细账设置"制造费用"成本项目）
销售部门	"销售费用"账户
行政管理部门	"管理费用"账户

（一）基本生产车间固定资产的折旧费

　　一般企业固定资产折旧费在产品成本中所占比重不大，且大多数企业固定资产的使用与多种产品有关，一种产品往往需要用多台机床加工，一台机床又可能加工多种产品。因此，为了简化成本核算工作，机器设备的折旧费和房屋建筑物的折旧费一样作为间接费用先归集记入"制造费用"明细账，月末随同其他间接费用一起分配记入"生产成本——基本生产成本"明细账。

（二）辅助生产部门固定资产的折旧费

　　辅助生产部门固定资产的折旧费同基本生产车间一样，也应记入辅助生产部门的"制造费用"明细账，月末随同其他制造费用一起分配计入相应辅助生产成本。如果辅助生产部门不单独核算制造费用，则其固定资产折旧费直接记入"生产成本——辅助生产成本"明细账。

（三）企业行政管理部门和专设销售机构固定资产的折旧费

企业行政管理部门所使用的固定资产，其折旧费记入"管理费用"明细账。专设销售机构所使用的固定资产，其折旧费记入"销售费用"明细账。

【任务实操】完成折旧费用的账务处理。

业务资料：想念公司 2022 年 9 月的折旧费用汇总表如表 2-21 所示。

表 2-21

折旧费用汇总表

2022 年 9 月 30 日

单位：元

使用部门	月折旧额
生产车间	1 500 000.00
行政管理部门	150 000.00
销售部门	350 000.00
合计	2 000 000.00

要求：在表 2-22 所示的记账凭证中完成想念公司 2022 年 9 月折旧费用的账务处理。

表 2-22

记账凭证（分配折旧费用）

记 账 凭 证

日期： 年 月 日 第 号

摘 要	总账科目	明细科目	借 方 金 额										贷 方 金 额										记账
			亿	千	百	十	万	千	百	十	元	角	分	亿	千	百	十	万	千	百	十	元	角	分	附单据张
合计																								

核 准： 复 核： 记 账： 出 纳： 制 单：

任务五　其他费用归集和分配

【任务描述】根据增值税发票、银行转账支票存根等各项费用的原始凭证，对其他费用的归集与分配进行账务处理。

一、归集汇总其他费用

要素费用中的其他费用是指上述各项费用以外的费用，包括修理费、差旅费、邮电费、保险费、劳动保护费、办公费、水电费、运输费、租赁费、技术转让费、业务招待费等。这些费用要根据使用部门和用途计入生产成本或期间损益。月末，企业财会部门费用人员或出纳，将费用报销的原始单据或记账凭证传递至成本核算人员，成本核算人员进行成本核算。会计人员编制其他费用汇总表（见表 2-23）。

表2-23　　　　　　　　　　　　　　　　其他费用汇总表

2022 年 9 月 30 日　　　　　　　　　　　　　　　　　　单位：元

使用部门	办公费	差旅费	劳动保护费	招待费	保险费	合计

02

二、其他费用的分配和账务处理

其他费用的分配应按照其发生的地点和用途，借记"管理费用""制造费用"等账户，贷记"库存现金""银行存款"等账户，如表 2-24 所示。

表2-24　　　　　　　　　　　　其他费用分配的账务处理

使用部门	应借账户
基本生产车间	"制造费用"账户
辅助生产车间	"生产成本——辅助生产成本"账户 （"辅助生产成本"明细账不设置"制造费用"成本项目）
	"制造费用"账户 （"辅助生产成本"明细账设置"制造费用"成本项目）
销售部门	"销售费用"账户
行政管理部门	"管理费用"账户

（1）基本生产车间发生的其他费用，例如基本生产车间发生的办公费、差旅费、劳动保护费等，作为车间发生的间接成本，应记入"制造费用"明细账。

（2）辅助生产车间发生的其他费用，应记入"生产成本——辅助生产成本"明细账。

（3）行政管理部门发生的其他费用，应记入"管理费用"明细账。

（4）销售过程及销售机构发生的其他费用，应记入"销售费用"明细账的有关项目。

【任务实操】完成其他费用的账务处理。

业务资料： 想念公司 2022 年 9 月发生如下经济业务，相关单据如表2-25、表2-26和表2-27所示。

（1）企业生产车间领用机物料，消耗 200 000 元。

表2-25　　　　　　　　　　　　　　　领料单

领料部门：生产车间　　　　　　　　　　　　　　　　　　　编号：CK202100000299

出库类别：机物料　　　　　　　　2022 年 9 月 30 日　　　　　　　仓库：五金仓库

材料				主计量单位	领用数量	备注
序号	编号	存货名称	规格型号			
1	003000033	配件1	121×37	个	100	
2	003000278	配件2	180×45	个	190	
3	003000169	配件3	256×12	个	70	
4	003000021	配件4	150×30	个	245	
5	003000082	配件5	220×60	个	50	
6	003000211	配件6	136×20	个	80	

表 2–26　　材料出库列表

金额单位：元

序号	出库单号	出库日期	存货名称	规格型号	主计量单位	出库数量	领用部门	出库类型	不含税单价	金额
1	003000033	2022-09-02	配件 1	121×37	个	100	生产车间	材料出库	130.00	13 000.00
2	003000278	2022-09-02	配件 2	180×45	个	190	生产车间	材料出库	100.00	19 000.00
3	003000169	2022-09-02	配件 3	256×12	个	70	生产车间	材料出库	200.00	14 000.00
4	003000021	2022-09-02	配件 4	150×30	个	245	生产车间	材料出库	380.00	93 100.00
5	003000082	2022-09-03	配件 5	220×60	个	50	生产车间	材料出库	410.00	20 500.00
6	003000211	2022-09-03	配件 6	136×20	个	80	生产车间	材料出库	505.00	40 400.00

（2）生产车间管理人员发生差旅费 9 430.00 元。

表 2–27　　差旅费报销单

部门		生产车间		出差人		高瀚、李想		出差日期		2022-09-13	
出差事由		前往北京参加培训									
交通费								出差补贴			
出发			到达			单据张数	金额	人数	补贴标准	天数	金额
月	日			日	地点						
9	13	南阳	9	13	北京	2	910.00	2	300.00	7	4 200.00
9	19	北京	9	19	南阳	2	910.00	其他费用			
								项目	摘要	单据张数	金额
								住宿费	标间 500 元/晚	1	3 000.00
								汽油费			
								市内车费		12	410.00
								办公用品费			
合　计							1 820.00	合计			3 410.00
报销总额		人民币（大写）		玖仟肆佰叁拾元整					小写		9 430.00

附单据 17 张

主　管：　　　　审　核：　　　　领款人：

要求：在表 2-28 和表 2-29 所示的记账凭证中完成以上其他费用的账务处理。

表 2–28　　记账凭证（材料出库）

记　账　凭　证

日期：　　年　　月　　日　　第　　号

摘　要	总账科目	明细科目	借方金额											贷方金额											记账
			亿	千	百	十	万	千	百	十	元	角	分	亿	千	百	十	万	千	百	十	元	角	分	
合 计																									

附单据　张

核　准：　　复　核：　　记　账：　　出　纳：　　制　单：

表 2-29　　　　　　　　　　　记账凭证（差旅费报销）

记 账 凭 证

日期：　　　　　年　　　　　月　　　　　日　　　　　第　　　号

摘　要	总账科目	明细科目	借方金额											贷方金额											记账
			亿	千	百	十	万	千	百	十	元	角	分	亿	千	百	十	万	千	百	十	元	角	分	
合　计																										

核　准：　　　　　复　核：　　　　　记　账：　　　　　出　纳：　　　　　制　单：

附单据　张

任务六　制造费用归集和分配

【任务描述】根据制造费用明细账，采用合理的分配方法，编制制造费用分配表，并对制造费用的分配进行账务处理。

一、归集汇总制造费用

制造费用主要包括机物料消耗，车间管理人员的薪酬，车间管理用房屋和设备的折旧费、租赁费、保险费、照明费、水费、取暖费、劳保费、设计制图费、试验检验费、差旅费、办公费，以及季节性及修理期间的停工损失等。为了减少费用项目，简化核算工作，可将性质相同的费用合并设立相应项目，如将用于产品生产的固定资产的折旧费合并设立"折旧费"项目。但是，为了使各期成本费用资料具有可比性，制造费用项目一经确定，不应任意变更。

企业发生的制造费用，按其发生的地点和用途，根据有关凭证归集于"制造费用"账户的借方及其所属明细账的有关费用项目，即根据"材料费用分配表""职工薪酬分配表""燃料及动力费用分配表""折旧费用分配表""其他费用分配表"等有关凭证登记制造费用明细账。制造费用明细账样式如表 2-30 所示。

表 2-30　　　　　　　　　　　制造费用明细账样式

2022年		凭证号		摘要	借方发生额							贷方发生额	余额
月	日	类别	号数		机物料消耗	职工薪酬	折旧费	水电费	其他	合计			

二、制造费用的分配

企业应当根据制造费用的性质合理选择分配方法。一般情况下，分配标准的选择需要考虑制造费用与产品的关系及制造费用与产量的关系，企业应选择与制造费用有密切联系、资料比较容易获取且易于正确计量的分配标准。

企业常用的制造费用分配方法有生产工时比例法、生产工人工资比例法、机器工时比例法和年度计划分配率分配法等。选择哪种分配方法，由企业自行决定。分配方法一经确定，一般不得随意改变。

（一）生产工时比例法

生产工时比例法指按照各种产品所耗生产工人工时的比例分配制造费用。该方法比较简便，生产工时可选择实际工时或定额工时。在实务中，采用生产工时比例法分配制造费用较为普遍。计算公式如下。

① 制造费用分配率 $= \dfrac{制造费用总额}{各产品生产工时之和}$

② 各产品应分配的制造费用 = 该产品生产工时 × 制造费用分配率

（二）生产工人工资比例法

生产工人工资比例法指按照各种产品的生产工人工资比例分配制造费用。该方法适用于产品生产的机械化程度大致相同的企业，否则会影响分配的合理性。计算公式如下。

① 制造费用分配率 $= \dfrac{制造费用总额}{各产品生产工人工资之和}$

② 各产品应分配的制造费用 = 该产品生产工人工资 × 制造费用分配率

（三）机器工时比例法

机器工时比例法指按照各种产品所用机器设备运转时间的比例分配制造费用。该方法适用于产品生产的机械化程度较高的企业，采用此方法时企业必须具备各种产品所用机械工时的原始记录。计算公式如下。

① 制造费用分配率 $= \dfrac{制造费用总额}{各产品机器工时之和}$

② 各产品应分配的制造费用 = 该产品机器工时 × 制造费用分配率

（四）年度计划分配率分配法

年度计划分配率分配法指按照年度开始前确定的全年度适用的计划分配率分配制造费用。该方法较为简便，适用于季节性生产的企业。因为在这种生产企业中，每月发生的制造费用相差不多，但生产的淡季和旺季产量相差悬殊，如果按实际费用进行分配，各月单位成本中的制造费用会忽高忽低，不利于后续的成本分析和成本考核工作。按年度计划分配率分配制造费用，有利于均衡各月的产品成本水平。但该方法要求企业必须有较高的计划管理工作水平，否则年度制造费用的计划数脱离实际数，会影响企业成本计算的准确性。计算公式如下。

① 制造费用分配率 $= \dfrac{年度计划制造费用总额}{年度各产品计划产量定额工时之和}$

② 各产品应分配的制造费用 = 该产品该月实际生产工时 × 制造费用分配率

采用该种方法时，制造费用明细账及总账可能会有月末余额（借方或贷方），各月月末余额不必处理，累积到年底。如果"制造费用"科目有年末余额，则该余额就是全年制造费用实际发生额与计划分配额的差额，一般应在年末调整计入 12 月的产品成本，借记"生产成本——基本生产成本"科目，贷记"制造费用"科目。如果实际发生额大于计划分配额，用蓝字补记；如果实际发生额小于计划分配额，用红字冲减。调整后，"制造费用"科目年末无余额。

三、制造费用分配的账务处理

月末按规定的成本核算办法，将企业归集汇总的基本生产车间制造费用分配计入各有关成本计算对象时，从"制造费用"科目的贷方转入"生产成本——基本生产成本"科目的借方。

【任务实操】运用生产工时比例法分配制造费用。

业务资料：想念公司 2022 年 9 月制造费用明细账归集的制造费用总额为 4 220 795.30 元，精制挂面和杂粮挂面的工时分别为 800 小时和 1 200 小时。

要求：运用实际工时比例法分配制造费用，将结果填写在制造费用分配表（见表 2-31）中，并完成相关账务处理（见表 2-32）。

表 2-31　　　　　　　　　　　制造费用分配表

2022 年 9 月

应记账户	产品名称	生产工时/时	分配率/（元/时）	分配金额/元
生产成本——基本生产成本	精制挂面			
	杂粮挂面			
合计				

表 2-32　　　　　　　　　　　记账凭证（分配制造费用）

记 账 凭 证

日期：　　　年　　　月　　　日　　　第　　　号

摘　要	总 账 科目	明 细 科目	借 方 金 额										贷 方 金 额										记账
			亿	千	百	十	万	千	百	十	元	角	分	亿	千	百	十	万	千	百	十	元	角	分	
合计																									

核　准：　　　　　复　核：　　　　　记　账：　　　　　出　纳：　　　　　制　单：

附单据　　张

任务七　生产损失的核算

【任务描述】根据废品通知单等原始凭证编制废品损失计算表，并对废品损失的归集与分配进行账务处理。

一、废品损失的含义

废品是指不符合规定的技术标准，不能按照原定用途使用或者需要加工修复后才能使用的在产品、半成品或产成品。废品按能否修复分为可修复废品和不可修复废品。可修复废品是指在技术上可以修复，并且在修复费用上经济合算的废品。不可修复废品是指在技术上不可修复，或者发生的修复费用在经济上不合算的废品。

废品损失是指由于生产原因产生废品而造成的损失。具体而言，不可修复废品损失是指不可修复废品的成本扣除回收的残料价值和应收责任人赔偿价值以后的净损失；可修复废品损失是指可修复废品在返修过程中发生的修复费用扣除回收的残料价值和应收责任人赔偿价值以后的净损失。

企业发生的废品损失应该计入合格产品的成本。

知识小贴士

有些产品发生损失时，不计入废品损失，而应计入管理费用。

（1）入库后的合格产品，由于保管不善等原因而发生损坏变质的产品。

（2）质量虽不符合规定标准，但经检验鉴定无须返修即可进行降价出售或使用的产品。

（3）实行产品包退、包修和包换的企业，在产品出售后发现废品所发生的损失等。

二、废品损失的核算

（一）可修复废品损失的核算

可修复废品损失是指在废品修复过程中所发生的修复费用，包括为修复废品所耗用的直接材料、直接人工和制造费用等。

（二）不可修复废品损失的核算

归集和分配不可修复废品损失，首先要计算截至报废时已经发生的废品成本。计算公式如下。

废品成本＝废品应负担的直接材料费用＋废品应负担的直接人工费用＋废品应负担的制造费用

不可修复废品在未发现其不可修复前是与合格产品一起投入生产的，因而各项费用也是和合格产品合并在一起计算的。因此，上述公式中的各项应负担的费用应当采用一定的分配方法，在合格产品和废品之间进行分配，计算出废品的实际成本，将其从生产总费用中分离出来。计算公式如下。

① 某项费用分配率＝$\dfrac{该项费用总额}{合格产品和废品的分配标准之和}$

② 废品应分配的该项费用＝废品的分配标准×某项费用分配率

三、废品损失的账务处理

在单独核算废品损失的企业中，废品损失应根据废品损失计算表和废品损失分配表等有关凭证，通过"废品损失"账户进行核算。"废品损失"账户应当按产品品种设置明细账进行明细核算。"废品损失"明细账应按成本项目分设专栏，以准确反映废品损失的构成情况。

"废品损失"账户借方登记可修复废品的修复费用和不可修复废品的生产成本；贷方登记回收的废品的残料价值和过失单位或个人的赔款；月末，应将废品损失净额从该账户的贷方转入"生产成本——基本生产成本"账户的借方，由当月合格产品负担。月末，将废品损失转入生产成本以后，"废品损失"账户应无余额。废品损失的账务处理如图2-3所示。

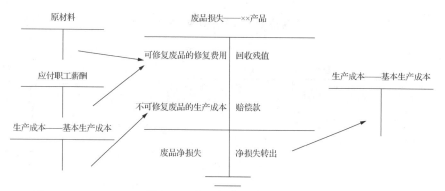

图 2-3　废品损失的账务处理

【任务实操】 完成可修复废品和不可修复废品的账务处理。

业务资料：（1）想念公司 2022 年 9 月生产杂粮挂面 1 000 000 千克，生产过程中发现 1 000 千克为可修复废品，当即进行修复，耗用原材料 800 元，支付工资 1 000 元，发生制造费用 120 元。另外，向过失责任人陈大勇索赔 500 元。

（2）想念公司 2022 年 9 月生产精制挂面 2 000 000 千克，生产过程中产生 1 800 千克不可修复废品，向过失责任人郭刚索赔 200 元。

要求：计算可修复废品和不可修复废品损失，并完成相关账务处理（见表 2-33 至表 2-39）。

表 2-33　　　　　　　　　记账凭证（归集可修复废品修复费用）

记 账 凭 证

日期：　　　年　　　月　　　日　　　　　第　　号

摘　要	总账科目	明细科目	借方金额										贷方金额										记账	
			亿	千	百	十	万	千	百	十	元	角	分	亿	千	百	十	万	千	百	十	元	角	分	
																									附单据　张
	合　计																								

核　准：　　　　复核：　　　　记　账：　　　　出　纳：　　　　制　单：

表 2-34　　　　　　　　　记账凭证（确认可修复废品抵减项目）

记 账 凭 证

日期：　　　年　　　月　　　日　　　　　第　　号

摘　要	总账科目	明细科目	借方金额										贷方金额										记账	
			亿	千	百	十	万	千	百	十	元	角	分	亿	千	百	十	万	千	百	十	元	角	分	
																									附单据　张
	合　计																								

核　准：　　　　复核：　　　　记　账：　　　　出　纳：　　　　制　单：

表 2-35　　　　　　　　　　　记账凭证（转出可修复废品净损失）

记 账 凭 证

日期：　　　年　　　月　　　日　　　　　　　第　　　号

摘　　要	总账科目	明细科目	借方金额											贷方金额											记账
			亿	千	百	十	万	千	百	十	元	角	分	亿	千	百	十	万	千	百	十	元	角	分	
合　计																										

核　准：　　　　　复　核：　　　　　　记　账：　　　　　出　纳：　　　　　制　单：

附单据张

表 2-36　　　　　　　　　　　不可修复废品损失计算表

产品：精制挂面　　　　　　　　　　2022 年 9 月 30 日

项目	产量/千克	直接材料/元	生产工时/时	直接人工/元	制造费用/元	赔偿款/元	合计/元
费用总额	2 000 000	13 145 153.33	800	1 000 000.00	1 413 948.43		15 559 101.76
费用分配率							
废品生产成本	1 800		0.72				
减：赔偿款							
废品损失							

表 2-37　　　　　　　　　　　记账凭证（确认不可修复废品损失）

记 账 凭 证

日期：　　　年　　　月　　　日　　　　　　　第　　　号

摘　　要	总账科目	明细科目	借方金额											贷方金额											记账
			亿	千	百	十	万	千	百	十	元	角	分	亿	千	百	十	万	千	百	十	元	角	分	
合　计																										

核　准：　　　　　复　核：　　　　　　记　账：　　　　　出　纳：　　　　　制　单：

附单据张

表 2-38　　　　　　　　　　　记账凭证（确认不可修复废品抵减项目）

记 账 凭 证

日期：　　　年　　　月　　　日　　　　　　　第　　　号

摘　　要	总账科目	明细科目	借方金额											贷方金额											记账
			亿	千	百	十	万	千	百	十	元	角	分	亿	千	百	十	万	千	百	十	元	角	分	
合　计																										

核　准：　　　　　复　核：　　　　　　记　账：　　　　　出　纳：　　　　　制　单：

附单据张

表 2-39   记账凭证（转出不可修复废品净损失）

记 账 凭 证

日期：   年   月   日   第   号

摘　要	总账科目	明细科目	借 方 金 额											贷 方 金 额											记账
			亿	千	百	十	万	千	百	十	元	角	分	亿	千	百	十	万	千	百	十	元	角	分	
合　计																									

核　准：   复　核：   记　账：   出　纳   制　单：

附单据张

模块三　产品成本核算

任务一　品种法核算产品成本

【任务描述】 根据企业当月的生产及生产费用情况，采用合理的分配方法，编制产品成本计算单，将当月生产费用在完工产品与在产品之间进行分配，并对分配后的结果进行账务处理。

一、在产品与完工产品的关系

（一）在产品的含义

在产品是指企业已经投入生产，但没有完成全部生产过程，不能作为商品销售的产品。在产品有狭义和广义之分。广义在产品是就整个企业的角度来说的，指产品生产从投料开始到最终制成产成品验收入库前的一切产品，包括正在车间加工中的在产品（包括正在返修中的废品）、已经完成一个或几个生产步骤但还需要继续加工的半成品（包括未经验收入库的产品和等待返修的废品），不包括对外销售的自制半成品。狭义在产品是就某个车间或某个生产步骤而言的，仅仅包括尚在车间或该生产步骤加工的在产品和车间已完工但尚未验收入库的产品，不包括车间或生产步骤完工的半成品。

（二）在产品数量的核算

要确定月末在产品成本，必须先确定月末在产品数量。对在产品数量进行核算的方法一般有两种：一是设置"在产品收、付、存账簿"，进行台账记录，反映在产品的结存数量；二是通过实地盘点方式确定月末在产品数量。

1. 在产品台账

为进行在产品收发结存的日常核算，应在车间内按产品的品种和在产品的品名设置"在产品收发结存账（或在产品台账）"（见表 2-40），用以反映车间各种在产品的转入、转出和结存的数量。根据生产工艺特点和管理的需要，必要时还需进一步按照加工工序组织在产品数量的核算。在产品在车间之间或车间内部的转移，应认真做好计量、验收的交接工作。在此基础上，根据领料凭证、在产品内部转移凭证、产品检验凭证和产品交库凭证，及时登记在产品收发结存账。

表2-40 在产品台账

生产车间：第一车间　　　　　　　　　在产品名称：微型投影机　　　　　　　　　计量单位：台

日期	凭证号	摘要	投产数量	完工转出数量		结存数量		
				合格品	废品	已完工	未完工	废品
2022-09-01		上月月末转入					90	
2022-09-02	记5	本月投产	1 815					
2022-09-05	记21	本月投产	1 360					
2022-09-10	记32	本月投产	800					
2022-09-27	记58	本月完工产品		1 902	3			
2022-09-30	记74	本月完工产品		2 118				
2022-09-30		合计	3 975	4 020		4 020	42	3

2. 在产品清查

在进行产品清查时，应根据实际盘点的实存数编制"在产品盘存单"，并以实存数与在产品收发结存账相核对，编制"在产品盘点盈亏报告表"，列明实存数、账面数、盘盈盘亏数，以及盘亏的原因和处理意见等，对于报废和毁损的在产品还要登记残值。成本核算人员应对在产品盘点盈亏报告表进行认真审核，并报有关部门审批，同时对在产品的盘盈、盘亏及时进行账务处理。

如果发生盘盈，按盘盈的在产品成本（一般按定额成本来计算），借记"生产成本——基本生产成本"账户，贷记"待处理财产损溢——待处理流动资产损溢"账户。经批准后，将"待处理财产损溢——待处理流动资产损溢"账户余额转入"制造费用"账户。

如果在产品发生盘亏和毁损，借记"待处理财产损溢——待处理流动资产损溢"账户，贷记"生产成本——基本生产成本"账户。取得的残料，应借记"原材料"等账户，贷记"待处理财产损溢——待处理流动资产损溢"账户。经批准处理时，应将"待处理财产损溢——待处理流动资产损溢"账户的余额分别转入相应账户，其中车间管理不善造成的损失，转入"制造费用"账户。

二、生产费用在完工产品和在产品之间分配

企业在生产过程中发生的应计入本月各种产品成本的生产费用，在各种产品之间进行归集和分配后，都已经集中在"生产成本——基本生产成本"账户及其所属各种产品成本明细账中。为了计算当月产品成本，还需要加上期初在产品成本，然后将其在本期完工产品与在产品之间进行分配，计算出本月产成品成本。

月末，如果本期生产产品全部完工，即没有在产品，则本月生产费用全部转为完工产品的总成本。

月末，如果本期生产产品全部未完工，则本月生产费用即为期末在产品总成本。

月末，多数情况下，企业既有完工产品，又有在产品，完工产品成本与在产品成本之间的关系如下。

月初在产品成本+本期发生生产费用=本月完工产品成本+月末在产品成本

显然，等式左边是已知数，可以通过查看"生产成本——基本生产成本"明细账获得。问题

在于，如何将生产费用总计在完工产品与在产品之间进行分配。主要分配方法如下。

（一）不计算在产品成本法

不计算在产品成本法是指虽然月末有结存在产品，但各月月末在产品数量很少，价值很低，从而可对月末在产品成本忽略不计的一种分配方法。

该方法的特点是有月末在产品，但不计算其应负担的生产费用。采用这种方法的条件是月末在产品数量很少，即使不计算其成本，对完工产品成本影响也很小。自来水生产企业、采掘企业、发电企业等可以采用这种方法。

若采用这种方法确定在产品成本，则本月完工产品成本就是本月发生的生产费用。

$$0+本期发生生产费用=本月完工产品成本+0$$

【例2-3】光学公司2022年10月生产甲产品，月初无在产品，本月发生直接材料费用51 260元，直接人工费用19 840元，制造费用10 250元。期末完工产品390台，在产品10台。期末按不计算在产品成本法进行核算。甲产品成本计算单如表2-41所示。

表2-41　　　　　　　　　　产品成本计算单（甲产品）

产品名称：甲产品　　　　　　　　　　　2022年10月

完工产品数量：390台　　　　　　在产品数量：10台　　　　　　　　金额单位：元

项目	直接材料	直接人工	制造费用	合计
月初在产品成本	0	0	0	0
本月发生生产费用	51 260	19 840	10 250	81 350
生产费用合计	51 260	19 840	10 250	81 350
完工产品成本	51 260	19 840	10 250	81 350
单位成本	131.44	50.87	26.28	208.59
月末在产品成本	0	0	0	0

（二）在产品按年初数固定计算法

在产品按年初数固定计算法是指对各月月末在产品按年初在产品成本计价的方法。这种方法适用于各月月末在产品结存数量少，或者虽然在产品结存数量较多，但各月月末在产品数量稳定、变化不大的产品。采用这种方法是因为各月月初、月末在产品成本差额不大，是否计算各月在产品成本对计算完工产品成本的影响较小，基于简化核算的考虑，同时为了反映在产品占用的资金，各月在产品成本按年初数固定计算。

该方法的特点是每年只在年末计算12月月末的在产品成本，在次年1月至11月，不论在产品的数量是否发生变化，都以固定的上年12月月末的在产品成本作为各月在产品成本。

采用这种方法的条件是各月的在产品数量是基本均衡的，而且单位产品成本变化较小，按固定成本作为月末在产品成本对完工产品成本计算的正确性影响不大。实务工作中，炼铁、化工等企业因在产品数量较稳定，可采用这种方法。

若采用这种方法确定在产品成本，则本月完工产品成本就是本月发生的生产费用。

$$年初数A+本期发生生产费用=本月完工产品成本+年初数A$$

【例2-4】光学公司2022年10月生产乙产品，本月发生直接材料费用31 620元，直接人工费用25 790元，制造费用17 340元。期末完工产品360台，在产品120台。月初在产品材料成本10 435元，人工成本8 420元，制造费用5 487元。期末按在产品按年初数固定计算法进行核算。乙产品成本计算单如表2-42所示。

表 2-42　　　　　　　　　　产品成本计算单（乙产品）

产品名称：乙产品　　　　　　　　　　2022 年 10 月

完工产品数量：360 台　　　在产品数量：120 台　　　　　金额单位：元

项目	直接材料	直接人工	制造费用	合计
月初在产品成本	10 435	8 420	5 487	24 342
本月发生生产费用	31 620	25 790	17 340	74 750
生产费用合计	42 055	34 210	22 827	99 092
完工产品成本	31 620	25 790	17 340	74 750
单位成本	87.83	71.64	48.17	207.64
月末在产品成本	10 435	8 420	5 487	24 342

（三）在产品按原材料费用计价法

在产品按原材料费用计价法是指月末在产品只计算所耗用的原材料费用，在产品耗用的人工费用和制造费用全部由完工产品负担的方法。

在产品所耗用的原材料费用，可以按照在产品和完工产品的数量比例分配。计算公式如下。

① 材料费用分配率 = $\dfrac{月初在产品的材料费用 + 本月发生材料费用}{完工产品数量 + 月末在产品数量}$

② 月末在产品成本 = 在产品耗用的材料费用 = 月末在产品数量 × 材料费用分配率

③ 本月完工产品成本 = 月初在产品成本 + 本期发生生产费用 - 月末在产品成本

采用这种方法需同时满足以下四个适用条件：①期末在产品数量较多；②各期在产品数量变化较大；③原材料费用在产品总成本中所占比重较大（不计算在产品应负担的人工费用与制造费用，对正确计算完工产品成本影响不大）；④原材料在生产开始时一次性投入。纺织、造纸、酿酒等企业常采用此种方法。

【例 2-5】光学公司 2022 年 10 月生产丙产品，本月发生直接材料费用 45 320 元，直接人工费用 21 970 元，制造费用 38 672 元。期末完工产品 860 台，在产品 200 台。月初在产品材料成本 12 640 元。期末按在产品按原材料费用计价法核算。丙产品成本计算单如表 2-43 所示。

表 2-43　　　　　　　　　　产品成本计算单（丙产品）

产品名称：丙产品　　　　　　　　　　2022 年 10 月

完工产品数量：860 台　　　在产品数量：200 台　　　　　金额单位：元

项目	直接材料	直接人工	制造费用	合计
月初在产品成本	12 640	0	0	12 640
本月发生生产费用	45 320	21 970	38 672	105 962
生产费用合计	57 960	21 970	38 672	118 602
完工产品成本	47 024.80	21 970	38 672	107 666.80
单位成本	54.68	25.55	44.97	125.19
月末在产品成本	10 935.20	0	0	10 935.20

（四）在产品按完工产品计算法

在产品按完工产品计算法是指将在产品视同完工产品分配生产费用的方法。它适用于在产品已经接近完工，或者已经完工只是尚未包装或尚未验收入库的产品。因为这种情况下的在产品已基本加工完毕或已加工完毕，单位在产品成本也就已经接近或等于单位完工产品成本，为了简化产品成本计算工作，可以把在产品视为完工产品，按在产品的数量和完工产品的数量比例分配各项费用（材料费用、人工费用和制造费用）。计算公式如下。

① 材料（或人工、制造）费用分配率＝

$$\frac{月初在产品的材料（或人工、制造）费用＋本月发生材料（或人工、制造）费用}{完工产品数量＋月末在产品数量}$$

② 完工产品材料（或人工、制造）费用＝完工产品数量×材料（或人工、制造）费用分配率

③ 月末在产品材料（或人工、制造）费用＝月末在产品数量×材料（或人工、制造）费用分配率

④ 完工产品成本＝完工产品材料费用＋完工产品人工费用＋完工产品制造费用

⑤ 月末在产品成本＝在产品材料费用＋在产品人工费用＋在产品制造费用

【例2-6】光学公司2022年10月生产丁产品，本月发生直接材料费用44 250元，直接人工费用38 726元，制造费用24 198元。期末完工产品790台，在产品160台，在产品都已经接近完工。月初在产品材料成本17 183元，人工成本14 578元，制造费用9 425元。期末按在产品按完工产品计算法进行核算。丁产品成本计算单如表2-44所示。

表2-44　　　　　　　　　产品成本计算单（丁产品）

产品名称：丁产品　　　　　　　　　　2022年10月

完工产品数量：790台　　　　　在产品数量：160台　　　　　　　　　　金额单位：元

项目	直接材料	直接人工	制造费用	合计
月初在产品成本	17 183	14 578	9 425	41 186
本月发生生产费用	44 250	38 726	24 198	107 174
生产费用合计	61 433	53 304	33 623	148 360
费用分配率	64.67	56.11	35.39	
完工产品成本	51 086.39*	44 326.48*	27 960.18*	123 373.05
单位成本	64.67	56.11	35.39	156.17
月末在产品成本	10 346.61	8 977.516	5 662.821	24 986.95

注：根据会计技能大赛的要求，计算过程中除有文字指明以保留指定位数的数据外，其余数据均以完整小数位引用计算，因此在电算化方式下的计算结果（与实务中相同）与表格中数据的实际计算结果有一定的误差。此类数据在下文中只标记*号，不再重复说明。

（五）约当产量法

采用约当产量法时，应将月末在产品数量按照完工程度或者投料程度折算为相当于完工产品的产量，即约当产量，然后将产品应负担的各项生产费用按照完工产品产量和月末在产品约当产量的比例进行分配，分别计算确定完工产品成本和月末在产品成本。例如月末在产品为100件，平均完工程度为60%，则100件在产品相当于60件完工产品。

这种方法适用于月末在产品数量较多，各月月末在产品数量变化较大，产品中各成本项目所占比重相差不大，在产品也没有将近完工的情况。这种方法适用范围较广，实务中大多数企业都采用约当产量法核算完工产品成本和月末在产品成本。计算公式如下。

① 月末在产品约当产量＝月末在产品数量×投料程度或完工程度

② 约当总产量＝本月完工产品数量＋月末在产品约当产量

③ 某项费用分配率＝$\dfrac{月初在产品该项费用＋本月发生该项费用}{约当总产量}$

④ 完工产品应负担的某项生产费用＝完工产品数量×该项费用分配率

⑤ 月末在产品应负担的某项生产费用＝在产品约当产量×该项费用分配率

⑥ 完工产品成本=∑本月完工产品应负担的各项生产费用

⑦ 月末在产品成本=∑本月在产品应负担的各项生产费用

知识小贴士

产品的成本主要分为材料、人工和制造费用三大类，每类成本投入产品中的方式是不同的，因此，同样数量的在产品其每类成本的约当折算标准不同，最后的约当产量也不相同。例如月末在产品 100 件，从材料角度看可能相当于 100 件完工产品，但从人工角度看可能只相当于 50 件完工产品。

通常，分配材料费用时以投料程度为折算标准计算在产品约当产量，分配人工和制造费用时以完工程度为折算标准计算在产品约当产量。

1. 约当产量法下材料费用核算——重点测算投料程度

月末在产品应负担的材料费用与投料程度密切相关。在产品投料程度是指在产品已投入材料（或各工序材料的消耗定额）占完工产品应投入材料（或完工产品材料的消耗定额）的百分比，也称投料比例或投料率。由于产品的生产工艺不用，因此不同产品的原材料投料方式主要有三种：一是在生产开始时一次性投入；二是分工序一次性投入；三是分工序陆续投入。针对不同的投料方式，投料程度的计算方法也有所区别。

（1）原材料在生产开始时一次性投入

如果某种产品所耗原材料是在生产开始时一次性投入，即在第一道工序开始时就将生产所需全部材料投入生产线，那么无论加工过程中产品的形状和质量如何变化，不论哪一道工序的在产品，其所耗的材料均与完工产品所耗用的材料相同。在这种投料方式下，企业所有在产品的投料程度均为 100%。计算公式如下。

月末在产品约当产量=月末在产品数量×在产品投料程度（100%）=月末在产品数量

【例 2-7】光学公司 2022 年 10 月生产戊产品，月初在产品材料成本 10 832 元，人工成本 4 189 元，制造费用 6 934 元。本月发生直接材料费用 38 965 元，直接人工费用 17 268 元，制造费用 25 243 元。期末完工产品 600 台，在产品 150 台。原材料于生产开始时一次性投入。戊产品成本计算单如表 2-45 所示。

表 2-45   产品成本计算单（戊产品）

产品名称：戊产品   2022 年 10 月

完工产品数量：600 台   在产品数量：150 台   金额单位：元

项目	直接材料	直接人工	制造费用	合计
月初在产品成本	10 832	4 189	6 934	21 955
本月发生生产费用	38 965	17 268	25 243	81 476
生产费用合计	49 797	21 457	32 177	103 431
完工产品产量	600	600	600	
在产品约当产量	150			
约当总产量	750			
费用分配率	66.40			
完工产品成本	39 837.60*			
单位成本	66.40			
月末在产品成本	9 959.40			

（2）原材料分工序一次性投入

由于各工序所需的原材料在本工序开始时一次性投入，同一工序内所有产品不论其是否完工，所耗用的原材料数量是相同的，因此该工序在产品的投料程度按该工序在产品的累计原材料投料定额除以完工产品原材料投料定额确定。计算公式如下。

① 各工序在产品投料程度 $= \dfrac{截至该工序累计投入材料}{完工产品投料定额} \times 100\%$

② 某工序在产品约当产量 = 某工序在产品数量 × 某工序在产品投料程度

③ 在产品约当产量 = ∑各工序在产品约当产量

【例2-8】光学公司2022年10月生产已产品，生产过程需要经过三道工序，原材料在每道工序开始时一次性投入，三道工序的材料消耗定额分别为100千克、60千克和40千克。月初在产品材料成本24 710元，人工成本15 132元，制造费用20 073元。本月发生直接材料费用51 983元，直接人工费用32 675元，制造费用44 362元。期末完工产品850台，各工序月末在产品分别为200台、150台和100台。已产品约当产量计算表和产品成本计算单如表2-46和表2-47所示。

表2-46　　　　　　　　　　　约当产量计算表（已产品）

单位：台

生产工序	投料程度	在产品数量	约当产量
1	100÷200×100%=50%	200	100
2	（100+60）÷200×100%=80%	150	120
3	（100+60+40）÷200×100%=100%	100	100
合计		450	320

表2-47　　　　　　　　　　　产品成本计算单（已产品）

产品名称：已产品　　　　　　　　　　　2022年10月

完工产品数量：850台　　　　　在产品数量：450台　　　　　金额单位：元

项目	直接材料	直接人工	制造费用	合计
月初在产品成本	24 710	15 132	20 073	59 915
本月发生生产费用	51 983	32 675	44 362	129 020
生产费用合计	76 693	47 807	64 435	188 935
完工产品产量	850	850	850	
在产品约当产量	320			
约当总产量	1 170			
费用分配率	65.55			
完工产品成本	55 717.14*			
单位成本	65.55			
月末在产品成本	20 975.86			

（3）原材料分工序陆续投入

原材料在各工序随加工步骤陆续投入，应分工序确定每道工序的在产品投料程度，即根据各工序在产品的累计材料消耗定额占完工产品材料消耗定额的比率计算确定在产品投料程度，其中，在产品在本工序的材料消耗定额可以按平均投料程度50%折算。计算公式如下。

① 各工序在产品投料程度 $= \dfrac{前面工序累计投入材料 + 本工序投料定额 \times 50\%}{完工产品投料定额} \times 100\%$

② 某工序在产品约当产量 = 某工序在产品数量 × 某工序在产品投料程度

③ 在产品约当产量=∑各工序在产品约当产量

【例2-9】光学公司2022年10月生产庚产品，生产过程需要经过三道工序，原材料在每道工序陆续投入，三道工序的材料消耗定额分别为200千克、150千克和150千克，在产品在每道工序的材料消耗定额可以按平均投料程度50%折算。月初在产品材料成本12 763元，人工成本5 012元，制造费用6 580元。本月发生直接材料费用28 734元，直接人工费用11 076元，制造费用14 595元。期末完工产品450台，各工序月末在产品分别为140台、100台和60台。庚产品约当产量计算表和产品成本计算单如表2-48和表2-49所示。

表2-48　　　　　　　　　　　　　约当产量计算表（庚产品）

单位：台

生产工序	投料程度	在产品数量	约当产量
1	（200×50%）÷500×100%=20%	140	28
2	（200+150×50%）÷500×100%=55%	100	55
3	（200+150+150×50%）÷500×100%=85%	60	51
合计		300	134

表2-49　　　　　　　　　　　　　产品成本计算单（庚产品）

产品名称：庚产品　　　　　　　　　　　2022年10月

完工产品数量：450台　　　　　　　在产品数量：300台　　　　　金额单位：元

项目	直接材料	直接人工	制造费用	合计
月初在产品成本	12 763	5 012	6 580	24 355
本月发生生产费用	28 734	11 076	14 595	54 405
生产费用合计	41 497	16 088	21 175	78 760
完工产品产量	450	450	450	
在产品约当产量	134			
约当总产量	584			
费用分配率	71.06			
完工产品成本	31 975.43*			
单位成本	71.06			
月末在产品成本	9 521.57			

2. 约当产量法下直接人工和制造费用核算——重点测算完工程度

直接人工和制造费用等加工费用的发生与加工程度关系密切，随着生产加工过程的不断进行而逐步投入。产品的完工程度越高，说明所消耗的时间越长，承担的费用也就越多。完工程度是指在产品已消耗工时（实际工时或定额工时）占完工产品应消耗工时（实际工时或定额工时）的百分比，也称加工程度或完工率。完工程度的计算通常有以下两种方法。

（1）平均计算法

如果企业生产进度比较均衡，月末在产品在各工序的加工数量和加工程度都相差不多，为简化核算，月末各工序在产品的完工程度全部按50%的平均程度计算。计算公式如下。

月末在产品约当产量=月末在产品数量×在产品完工程度（50%）

（2）工序测定法

如果期末在产品各工序加工程度不均衡，各工序的在产品数量和完工程度差别比较大，则必须分工序计算各工序在产品完工程度，即根据各工序在产品的累计工时定额占完工产品工时定额的比例计算各工序在产品完工程度，其中在产品在本工序的完工程度可以按平均完工率50%计算。计算公式如下。

① 各工序在产品完工程度=$\dfrac{\text{前面工序累计工时定额}+\text{本工序工时定额}\times50\%}{\text{完工产品工时定额}}\times100\%$

② 某工序在产品约当产量=某工序在产品数量×某工序在产品完工程度

③ 在产品约当产量=$\sum$各工序在产品约当产量

02

【例2-10】光学公司2022年10月生产庚产品，相关资料如上例所示。生产过程中三道工序的生产工时分别为100小时、60小时和40小时，在产品在每道工序的完工程度可以按平均完工率50%计算。庚产品约当产量计算表和产品成本计算单如表2-50和表2-51所示。

表2-50　　　　　　　　　　约当产量计算表（庚产品）

单位：台

生产工序	完工程度	在产品数量	约当产量
1	（100×50%）÷200×100%=25%	140	35
2	（100+60×50%）÷200×100%=65%	100	65
3	（100+60+40×50%）÷200×100%=90%	60	54
合计		300	154

表2-51　　　　　　　　　　产品成本计算单（庚产品）

产品名称：庚产品　　　　　　　　　　　2022年10月

完工产品数量：450台　　　　　在产品数量：300台　　　　　金额单位：元

项目	直接材料	直接人工	制造费用	合计
月初在产品成本	12 763	5 012	6 580	24 355
本月发生生产费用	28 734	11 076	14 595	54 405
生产费用合计	41 497	16 088	21 175	78 760
完工产品产量	450	450	450	—
在产品约当产量	134	154	154	—
约当总产量	584	604	604	—
费用分配率	71.06	26.64	35.06	—
完工产品成本	31 975.43*	11 986.09*	15 776.08*	59 737.60*
单位成本	71.06	26.64	35.06	132.76
月末在产品成本	9 521.57*	4 101.91*	5 398.92*	19 022.40*

（六）定额成本法

定额成本法是根据月末在产品数量和单位定额成本，计算月末在产品的定额成本，以在产品的定额成本代替在产品的实际成本的方法。

这种方法适用于各项消耗定额或费用定额比较准确、稳定，各月月末在产品数量变化不大的产品。因为如果产品各项定额准确，月初和月末单位在产品实际费用脱离定额成本的差异就不会太大；各月月末在产品数量变化不大，月初在产品成本与月末在产品定额成本的差异也就不会太大。所以，月末在产品成本按定额成本计算，该种产品的全部生产成本减去按定额成本计算的月末在产品成本，余额由完工产品成本承担；每月生产成本脱离定额的节约差异或超支差异全部计入当月完工产品成本。计算公式如下。

① 在产品直接材料定额成本=月末在产品数量×单位在产品材料消耗定额×材料单价

    =月末在产品数量×单位完工产品材料消耗定额×投料程度×材料单价

② 在产品直接人工定额成本=月末在产品数量×单位在产品工时定额×小时工资率

    =月末在产品数量×单位完工产品工时定额×完工程度×小时工资率

③ 在产品制造费用定额成本=月末在产品数量×单位在产品工时定额×小时费用率

    =月末在产品数量×单位完工产品工时定额×完工程度×小时费用率

④ 月末在产品定额成本=在产品直接材料定额成本+在产品直接人工定额成本+在产品制造费用定额成本

⑤ 完工产品成本=本月生产费用合计-月末在产品定额成本

【例 2-11】光学公司 2022 年 10 月生产辛产品，月初在产品材料成本 14 784 元，人工成本 10 080 元，制造费用 13 440 元。本月发生直接材料费用 50 652 元，直接人工费用 36 410 元，制造费用 45 382 元。期末完工产品 140 台，在产品 50 台。单位完工辛产品的材料定额为 352 元/台，定额工时 40 小时，每小时人工费用定额 15 元/时，每小时制造费用定额 20 元/时，在产品平均完工程度 40%。辛产品成本计算单如表 2-52 所示。

表 2-52   产品成本计算单（辛产品）

产品名称：辛产品   2022 年 10 月

完工产品数量：140 台   在产品数量：50 台   金额单位：元

项目	直接材料	直接人工	制造费用	合计
月初在产品成本	14 784	10 080	13 440	38 304
本月发生生产费用	50 652	36 410	45 382	132 444
生产费用合计	65 436	46 490	58 822	170 748
完工产品成本	47 836	34 490	42 822	125 148
单位成本	341.69	246.36	305.87	893.914 3
月末在产品成本	17 600	12 000	16 000	45 600

（七）定额比例法

定额比例法是将产品的生产成本按照完工产品和月末在产品的定额消耗量或定额费用比例进行分配的方法。其中直接材料费用按原材料的定额消耗量或定额费用比例分配，直接人工和制造费用按定额工时或各项目定额成本比例分配。

这种方法适用于各项消耗定额或费用定额比较准确、稳定，但各月月末在产品数量变动比较大的产品。计算公式如下。

1. 直接材料费用的分配

① 完工产品定额费用=完工产品数量×单位完工产品材料定额费用

② 在产品定额费用=在产品数量×单位在产品材料定额费用

    =在产品数量×单位完工产品材料定额费用×投料程度

③ 材料费用分配率=$\dfrac{\text{月初在产品材料费用}+\text{本月发生材料费用}}{\text{完工产品材料定额费用（或耗用量）}+\text{在产品材料定额费用（或耗用量）}}$

④ 完工产品应负担的材料费用=完工产品材料定额费用（或耗用量）×材料费用分配率

⑤ 月末在产品应负担的材料费用=在产品材料定额费用（或耗用量）×材料费用分配率

02

2. 直接人工费用的分配

① 完工产品定额工时=完工产品数量×单位完工产品工时定额

② 在产品定额工时=在产品数量×单位在产品工时定额

　　　　　　　　　＝在产品数量×单位完工产品工时定额×完工程度

③ 人工费用分配率=$\dfrac{月初在产品人工费用+本月发生人工费用}{完工产品定额工时+在产品定额工时}$

④ 完工产品应负担的人工费用=完工产品定额工时×人工费用分配率

⑤ 月末在产品应负担的人工费用=在产品定额工时×人工费用分配率

3. 制造费用的分配

① 制造费用分配率=$\dfrac{月初在产品制造费用+本月发生制造费用}{完工产品定额工时+在产品定额工时}$

② 完工产品应负担的制造费用=完工产品定额工时×制造费用分配率

③ 月末在产品应负担的制造费用=在产品定额工时×制造费用分配率

4. 完工产品总成本和在产品总成本

① 完工产品成本=∑本月完工产品应负担的各项生产费用

② 在产品成本=∑本月在产品应负担的各项生产费用

【例 2-12】光学公司 2022 年 10 月生产壬产品，月初在产品材料成本 30 176 元，人工成本 21 452 元，制造费用 19 080 元。本月发生直接材料费用 72 945 元，直接人工费用 51 380 元，制造费用 46 293 元。期末完工产品 240 台，在产品 30 台。单位完工壬产品的材料定额为 288 元/台，定额工时 80 小时，原材料于生产开始时一次性投入，在产品平均完工程度 50%。壬产品成本计算单如表 2-53 所示。

表 2-53　　　　　　　　　　产品成本计算单（壬产品）

产品名称：壬产品　　　　　　　　　　2022 年 10 月

完工产品数量：240 台　　　　　在产品数量：30 台　　　　　　金额单位：元

项目	直接材料	直接人工	制造费用	合计
月初在产品成本	30 176	21 452	19 080	70 708
本月发生生产费用	72 945	51 380	46 293	170 618
生产费用合计	103 121	72 832	65 373	241 326
完工产品定额	69 120	19 200	19 200	—
在产品定额	8 640	2 400	2 400	—
定额合计	77 760	21 600	21 600	—
费用分配率	1.33	3.37	3.03	—
完工产品成本	91 663.11*	64 739.56*	58 109.33*	214 512.00*
单位成本	381.93	269.75	242.12	893.80
月末在产品成本	11 457.89	8 092.44	7 263.67	26 814.00

三、完工产品成本结转

制造企业发生的生产费用，采用上述方法在各成本计算对象之间以及完工产品与月末在产品之间分配后，就可以计算出各种完工产品的实际成本，为完工产品成本结转的账务处理提供可靠的依据。

为了反映完工产品的增减变动情况，需要设置"库存商品""自制半成品""原材料""周转材料"等账户进行核算。在制造企业中，"库存商品"账户的借方登记验收入库的外购商品或完工入库产品的实际成本；贷方登记结转的商品销售成本和由于其他原因减少的商品的实际成本；期末余额在借方，表示企业在库商品的实际成本。

无论企业采用何种方法确定月末在产品成本、完工产品成本和单位成本，都要根据编制的产品生产费用分配表或产品成本计算单，并结合产品入库单进行账务处理。根据产品成本计算单所提供的完工产品的实际成本，从"生产成本——基本生产成本"账户的贷方转入各有关账户的借方后，期末"生产成本——基本生产成本"账户的余额就是基本生产车间尚未加工完成的各项在产品的成本。

操作视频

【任务实操】 运用约当产量法计算产品成本。

业务资料： 想念公司 2022 年 9 月生产杂粮挂面和精制挂面，原材料在生产开始时一次性投入，相关原始单据如表 2-54 所示。

表 2-54　　　　　　　　　　产成品入库单（挂面）

入库日期：2022 年 9 月 30 日

部门：生产部　　　　　　　　验收仓库：成品一库　　　　　　　　入库日期：2022-09-30

编号	名称及规格	主计量单位	数量	备注
1	杂粮挂面 A 1 000 克	千克	1 000 000	
2	精制挂面 B 1 000 克	千克	2 000 000	
	合计			

制单人：张静　　　　　　　　经办人：　　　　　　　　审核人：高森

要求： 运用约当产量法，编制杂粮挂面 A 和精制挂面 B 的产品成本计算单（见表 2-55、表 2-56），并完成相关账务处理（见表 2-57）。（分配率保留四位小数，单位产品成本保留两位小数）

表 2-55　　　　　　　　　　产品成本计算单（杂粮挂面 A）

产品名称：杂粮挂面 A　　　　　　　　2022 年 9 月　　　　　　　　金额单位：元

完工产品数量：　　　　　　　在产品数量：50 000 千克　　　　　　在产品完工进度：80%

项目	直接材料	直接人工	制造费用	合计
月初在产品成本	525 980.12	26 900.00	27 191.33	580 071.45
本月发生生产费用	11 066 666.66	700 000.00	706 974.22	12 473 640.88
生产费用合计				
完工产品产量				
在产品约当产量				
约当总产量				
分配率				
完工产品成本				
月末在产品成本				

会计主管：　　　　　　　　审核：　　　　　　　　制单：

表 2-56　　　　　　　　　　　　　产品成本计算单（精致挂面 B）

产品名称：精制挂面 B　　　　　　　　　　2022 年 9 月　　　　　　　　　金额单位：元

完工产品数量：　　　　　　在产品数量：80 000 千克　　　　　在产品完工进度：70%

项目	直接材料	直接人工	制造费用	合计
月初在产品成本	408 205.13	27 230.00	38 512.25	473 947.38
本月发生生产费用	11 133 333.33	1 000 000.00	1 413 948.43	13 547 281.76
生产费用合计				
完工产品产量				
在产品约当产量				
约当总产量				
分配率				
完工产品成本				
月末在产品成本				

会计主管：　　　　　　　　　审核：　　　　　　　　　　　制单：

表 2-57　　　　　　　　　　　　记账凭证（结转完工产品成本）

记 账 凭 证

日期：　　　　　年　　　　　月　　　　　日　　　　第　　　　号

摘　要	总账科目	明细科目	借 方 金 额										贷 方 金 额										记账
			亿	千	百	十	万	千	百	十	元	角	分	亿	千	百	十	万	千	百	十	元	角	分	
合　计																									

核　准：　　　　　　复　核：　　　　　　记　账：　　　　　出　纳：　　　　　制　单：

四、品种法的特点和流程

　　品种法是以产品品种作为成本计算对象，归集各种生产费用，计算产品成本的一种方法。这种方法主要适用于大量大批单步骤生产的企业。在大量大批多步骤生产下，如果管理上不要求按照生产步骤计算产品成本，也可以采用品种法计算产品成本。

（一）品种法的特点

1. 成本计算对象

　　以产品品种作为成本计算对象，并据以设置产品成本明细账，归集生产费用，计算产品成本。只生产一种产品的企业，只需以这一种产品开设生产成本明细账，并按成本项目开设专栏。如果企业生产的产品不止一种，就需要以每一种产品作为成本计算对象，分别设置产品成本明细账。

2. 成本计算期

　　品种法的成本计算期与会计报告期一致。大量大批生产是不间断地连续生产，无法按照产品的生产周期来归集生产费用，只能定期按月计算产品成本，因此成本计算期与报告期一致，与产品生产周期不一致。

3. 生产费用在完工产品与在产品之间的分配

期末一般存在完工产品和在产品之间的成本分配。大量大批单步骤生产的企业，由于单步骤生产中一个生产步骤就可以完成整个生产过程，一般不存在月末在产品，因此采用品种法计算产品成本时不需要将生产费用在完工产品和在产品之间进行分配。而管理上不要求分步骤计算产品成本的大量大批多步骤生产的企业，由于月末既有在产品，又有完工产品，采用品种法计算产品成本时，需将生产费用在完工产品和在产品之间进行分配。

（二）品种法的核算流程

（1）按产品品种设立生产成本明细账，根据各项费用的原始凭证及相关资料，编制各种要素费用分配表，填制记账凭证并登记相关的明细账。

（2）根据辅助生产成本明细账，归集辅助生产费用，编制辅助生产费用分配表，填制记账凭证并登记相关的明细账。

（3）根据制造费用明细账，归集制造费用，编制制造费用分配表，填制记账凭证并登记"生产成本——基本生产成本"明细账。

（4）根据废品损失明细账，编制废品损失计算单，并登记明细账。

（5）根据各产品基本生产成本明细账，归集生产费用，分配完工产品成本和在产品成本，编制产品成本计算单及产成品的成本汇总表。

（6）结转产成品成本。

品种法核算流程如图 2-4 所示。

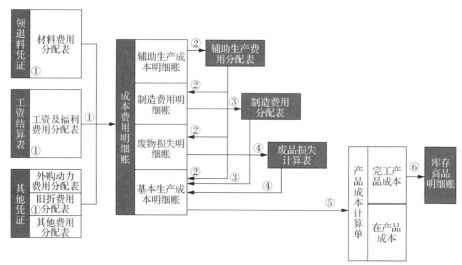

图 2-4　品种法核算流程

任务二　分批法核算产品成本

【任务描述】本任务根据企业生产的特点，通过对生产月报资料的分析，对生产过程中的材料、人工、折旧、其他等要素费用以及制造费用等综合费用，按照批次进行归集和分配，各批次内根据实际情况进行完工产品与在产品成本的分配，最终对核算后的生产费用进行相关的账务处理。

一、分批法的含义及适用范围

产品成本计算的分批法是将产品批别或订单作为成本计算对象来归集生产费用，计算产品成本的一种方法。分批法是产品成本计算的基本方法之一。由于按照产品批别计算产品成本，往往也就是按照订单来计算产品成本，所以分批法也称"订单法"。

分批法适用于单件小批且管理上不要求分步计算成本的复杂生产企业或车间，如船舶制造、重型机器制造，专用工具、模具和专用设备、精密仪器、服装、家具制造，以及新产品试制等。具体分为以下四种情形：①根据客户订单组织生产的企业；②产品种类经常变动的小规模制造厂；③承揽修理业务的工厂；④新产品试制车间。

 知识小贴士

分批法下，"生产成本——基本生产成本"明细账按照产品的批次号或订单号设置明细科目。例如，生产成本——基本生产成本——20220901批次。

二、分批法的特点

（1）以产品的批别或订单为成本计算对象。

如果一批产品中有两种或两种以上的产品，还要分批为每一种产品设置生产成本明细账。

（2）成本计算期与产品生产周期基本一致，与会计报告期不一致。

如果一批产品的生产跨越几个月，就会出现生产周期内月末没有完工产品，或只有很少量完工产品的情况，因此，该批产品未完工前可以暂时不计算完工产品成本。

（3）生产费用一般不需要在完工产品与月末在产品之间进行分配。

单件小批生产由于月末要么全部是在产品成本，要么全部是完工产品成本，所以一般不存在完工产品与在产品费用分配问题。如果是跨月陆续完工的生产，就要区分不同情况在完工产品与月末在产品之间分配费用。若只有很少量完工产品，完工产品成本可以按定额成本计算；若完工产品数量较多，则可以采用约当产量法核算。

三、分批法的核算流程

（1）按照产品的批次或订单，设置"生产成本——基本生产成本"明细账或产品成本计算单，并按照规定的成本项目设专栏，以便归集生产费用。

（2）归集和分配生产费用。要素费用按批次直接汇总计入各批产品的基本生产成本明细账或其他有关成本、费用明细账。

（3）根据辅助生产成本明细账，归集辅助生产费用；将辅助生产费用按特定的方法在各批产品之间进行分配，再计入相关成本、费用明细账。

（4）根据制造费用明细账，归集制造费用；将制造费用按特定的方法在各批产品之间进行分配，再计入各批产品的基本生产成本明细账。

（5）计算各批完工产品的成本。月末全部完工的批次，将基本生产成本明细账中各成本项目加总，即为完工产品成本；月末尚无完工产品的批次，基本生产成本明细账中的成本全部作为在产品成本；若月末某批次产品部分完工、部分未完工，即存在跨月完工的产品时，需按约当产量法等计算完工产品和在产品成本。

分批法成本核算流程如图2-5所示。

02

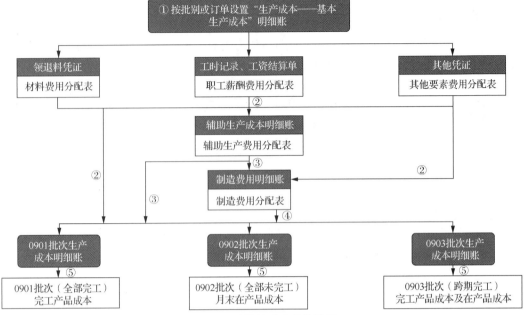

图 2-5 分批法成本核算流程

【任务实操】运用分批法核算完工产品成本和月末在产品成本。

业务资料：想念公司根据订单，小批量生产产品"尊享定制产品 A""尊享定制产品 B""尊享定制产品 C"，采用分批法计算产品成本。该公司 2022 年 9 月的生产任务通知单和产成品入库单如表 2-58 和表 2-59 所示。

表 2-58　　　　　　　　　　　生产任务通知单

2022 年 9 月 9 日

生产批号	产品名称	任务产量/件	投产日期	完工日期	完工允许偏差范围/件
0901	尊享定制产品 A	1 000	2022-09-05	2022-09-10	± 10
0902	尊享定制产品 B	2 400	2022-09-15	2022-10-15	—
0903	尊享定制产品 C	5 000	2022-09-20	2022-09-30	± 20

发送部门：各生产车间及相关部门

表 2-59　　　　　　　　　　产成品入库单（尊享定制产品）

入库日期：2022 年 9 月 30 日

部门：生产部　　　　　　　　　验收仓库：成品二库　　　　　　　　入库日期：2022-09-30

编号	产品名称	主计量单位	数量	备注
1	尊享定制产品 A	件	1 000	
2	尊享定制产品 C	件	4 500	在产品完工率 60%
	合计			

制单人：张静　　　　　　　　经办人：　　　　　　　　审核人：高森

要求： 运用分批法，编制尊享定制产品 A、尊享定制产品 B 和尊享定制产品 C 的产品成本计算单（见表 2-60、表 2-61 和表 2-62），并完成相关账务处理（见表 2-63）。（分配率保留四位小数，单位产品成本保留两位小数）

表 2-60　　　　　　　　　　　产品成本计算单（尊享定制产品 A）

批号：0901　　　　　　　　2022 年 9 月 13 日　　　　　　　　　　　金额单位：元

产品名称：尊享定制产品 A　　　投产日期：2022-09-05　　　　完工日期：2022-09-10

任务产量：　　　　　　　　完工产品数量：　　　　　　　　在产品数量：

项目	直接材料	直接人工	制造费用	合计
月初在产品成本	—	—	—	—
本月发生生产费用	278 500.00	43 610.00	10 293.00	332 403.00
生产费用合计				
完工产品成本				
单位成本				
月末在产品成本				

会计主管：　　　　　　　　审核：　　　　　　　　　　制单：

表 2-61　　　　　　　　　　　产品成本计算单（尊享定制产品 B）

批号：0902　　　　　　　　2022 年 9 月 30 日　　　　　　　　　　　金额单位：元

产品名称：尊享定制产品 B　　　投产日期：2022-09-15　　　　完工日期：2022-10-15

任务产量：　　　　　　　　完工产品数量：　　　　　　　　在产品数量：

项目	直接材料	直接人工	制造费用	合计
月初在产品成本	—	—	—	—
本月发生生产费用	516 730.00	62 840.00	13 192.00	592 762.00
生产费用合计				
完工产品成本				
单位成本				
月末在产品成本				

会计主管：　　　　　　　　审核：　　　　　　　　　　制单：

表 2-62　　　　　　　　　　　产品成本计算单（尊享定制产品 C）

批号：0903　　　　　　　　2022 年 9 月 30 日　　　　　　　　　　　金额单位：元

产品名称：尊享定制产品 C　　　投产日期：2022-09-20　　　　完工日期：2022-09-30

任务产量：　　　完工产品数量：　　　在产品数量：　　　在产品完工率：60%

项目	直接材料	直接人工	制造费用	合计
月初在产品成本	—	—	—	—
本月发生生产费用	1 147 500.00	135 000.00	22 500.00	1 305 000.00
生产费用合计				
完工产品数量				
在产品约当产量				
分配率				
完工产品成本				
单位成本				
月末在产品成本				

会计主管：　　　　　　　　审核：　　　　　　　　　　制单：

表 2-63   记账凭证（结转成本）

记 账 凭 证

日期：   年   月   日   第   号

摘 要	总账科目	明细科目	借 方 金 额												贷 方 金 额												记账
---	---	---	亿	千	百	十	万	千	百	十	元	角	分	亿	千	百	十	万	千	百	十	元	角	分	
合 计																									

核 准：   复 核：   记 账：   出 纳：   制 单：

附单据张

任务三　分步法核算产品成本

【任务描述】本任务根据企业生产的特点，以产品品种及其所经过的生产步骤为成本计算对象，按照生产步骤逐步计算并结转半成品成本，直到最后步骤计算出产成品成本，完成账务处理任务；或分别计算各步骤应计入产成品成本的份额，将各步骤应计入产成品成本的份额平行汇总，最终计算出产成品成本并完成账务处理。

一、分步法概述

（一）分步法的含义及种类

产品成本计算的分步法是以产品的生产步骤作为成本计算对象，归集各种生产费用，计算产品成本的一种方法。采用分步法计算产品成本，成本计算期与会计报告期一致，各步骤间往往需要进行半成品成本的结转。

分步法包括逐步结转分步法和平行结转分步法。逐步结转分步法又可以根据半成品成本结转方式的不同分为综合结转和分项结转两种方式。分步法的种类如图 2-6 所示。

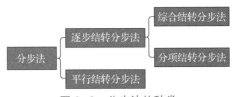

图 2-6　分步法的种类

（二）分步法的特点

（1）以各个加工步骤的各种产品作为成本计算对象，并据以设置基本生产成本明细账。由于分步法是按照产品的生产步骤归集生产费用的，因此，不仅要求按照产品的品种计算产品成本，而且要求按照产品的生产步骤来计算产品成本。产品成本明细账也就要求按照产品的品种及其所经过的生产步骤来设置。如果企业只生产一种产品，则成本计算对象就是该种产成品及其所经过的各生产步骤,产品成本明细账应该按照产品的生产步骤设立;如果企业生产多种产品,成本计算对象则应是各种产成品及其所经过的各生产步骤,产品成本明细账应该按照每种产品的各步骤设立。在进行成本计算时,应按照步骤分产品分配和归集生产费用:单设成本项目的直接计入费用,直接计入各成本计算对象;单设成本项目的间接计入费用,单独分配计入各成本计算对象;不单独设立成本项目的费用,一般先按车间、部门或者用途,归集为综合费用,月末时直接计入或者分配计入各成本计算对象。

(2)成本计算期与会计报告期一致。在大量大批多步骤生产的企业中,由于生产过程相对来说比较长,原材料连续不断地投入,产品也是连续不断地完工,不可能在所有产品全部完工之后再计算成本。因此,成本计算一般按月定期进行,成本计算期与产品的生产周期不一致,而与产品的会计报告期一致。

(3)生产费用采取适当方法在完工产品与在产品之间进行分配。在大量大批多步骤生产的情况下,月末通常既有完工的产品,又有在产品,因此,必须采用适当的方法,例如定额比例法、定额计价法、约当产量法等,按照加工步骤将所归集的生产费用在完工产品与在产品之间进行分配。

(4)各步骤间成本的结转。由于产品生产是分步骤进行的,上一步骤生产的半成品是下一生产步骤的加工对象,因此,为了计算各种产品的产成品成本,需要按照产品品种,结转各步骤的成本。也就是说,与其他的成本计算方法不同,在采用分步法计算产品成本时,在各步骤之间还有个成本结转的问题。这是分步法的一个重要特点。

但是由于各个企业生产工艺过程的特点和成本管理对各步骤成本资料的要求(要不要计算半成品成本)不同,以及对简化成本计算工作的考虑,各生产步骤成本的计算和结转可采用两种不同的方法,即逐步结转和平行结转。因而,产品成本计算的分步法也就相应地分为逐步结转分步法和平行结转分步法。

二、逐步结转分步法

逐步结转分步法是为了分步计算半成品成本而采用的一种分步法,也称"计算半成品成本分步法"。该方法是按照产品加工的顺序,逐步计算并结转半成品成本,直到最后加工步骤完成后才能计算产成品成本的一种方法。这种方法适用于大量大批连续式多步骤生产的企业。这种类型的企业有的不仅将产成品作为商品对外销售,而且也经常将生产步骤中的半成品作为商品对外销售。例如钢铁厂的生铁、钢锭,纺织厂的棉纱等,都需要计算半成品成本。

(一)逐步结转分步法的成本计算程序

采用逐步结转分步法计算各生产步骤产品成本时,上一步骤所产半成品成本,要随着半成品实物的转移,从上一步骤产品成本明细账转入下一步骤相同产品的成本明细账中,以便逐步计算各个步骤的半成品成本和最后一个步骤的库存商品成本。

采用逐步结转分步法时,需要根据企业完工的半成品是否验收入库而采取不同的计算程序。

1. 半成品不通过半成品仓库收发的计算程序

半成品不通过半成品仓库收发时,上步骤生产的半成品直接被下步骤领用,所以上一步骤半成品成本等额转入下一步骤成本明细账的"自制半成品"项目,所做账务处理如下。

借:生产成本——基本生产成本(下步骤)
　　贷:生产成本——基本生产成本(上步骤)

半成品不通过半成品仓库收发的成本计算程序如图2-7所示。

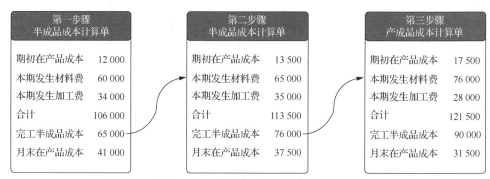

图 2-7 半成品不通过半成品仓库收发的成本计算程序

2. 半成品通过半成品仓库收发的计算程序

半成品通过半成品仓库收发时，需要设置"自制半成品"账户核算，在账务上需要做两笔分录。

借：自制半成品
　　贷：生产成本——基本生产成本（上步骤）
借：生产成本——基本生产成本（下步骤）
　　贷：自制半成品

特别值得说明的是，半成品通过半成品仓库收发，验收入库时需要按照上一步骤结转出来的实际成本入账，但发出半成品时，可按加权平均法、先进先出法、个别计价法等方法计算。半成品通过半成品仓库收发的成本计算程序如图 2-8 所示。

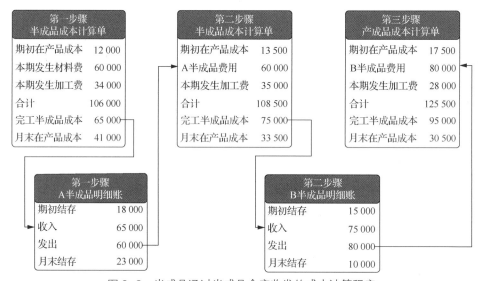

图 2-8 半成品通过半成品仓库收发的成本计算程序

逐步结转分步法需要在完工产品和在产品之间分配生产成本，即在各步骤完工产品和在产品之间进行分配。该方法的优点包含三个方面：一是能提供各个生产步骤的半成品成本资料；二是为各生产步骤在产品实物管理及资金管理方面提供资料；三是能够全面地反映各生产步骤的生产耗费水平，更好地满足各生产步骤成本管理的要求。该方法的缺点是成本结转工作量较大，各生产步骤的半成品成本如果采用综合结转分步法，还要进行成本还原，增加了核算的工作量。

（二）逐步结转分步法半成品成本结转的方式

采用逐步结转分步法时，各生产步骤之间转移半成品实物的同时，要进行半成品成本的结转。

按照成本在下一步骤成本计算单中的反映方式不同，逐步结转分步法还可以分为综合结转分步法和分项结转分步法。

1. 综合结转分步法

（1）计算原理

综合结转分步法是指上一步骤转入下一步骤的半成品成本，不区分成本项目，而是以"直接材料"或专设的"半成品"项目综合列入下一步骤的成本计算单。如果半成品通过半成品仓库收发，由于各月所生产的半成品的单位成本不同，因而所耗半成品的单位成本需要同材料费用核算一样，采用先进先出法或加权平均法计算。

【例 2-13】光学公司生产短焦投影机，经过第一、第二两个基本生产车间连续加工完成，第一车间生产完工的半成品短焦镜头交自制半成品库，第二车间从自制半成品库领用后继续加工生产出短焦投影机。原材料于生产开始时一次性投入。该公司成本计算采用综合结转分步法，设"自制半成品"账户核算，车间之间结转半成品按实际成本采用月末一次加权平均法核算。月末在产品采用约当产量法计算，月末在产品完工率为90%。有关产量资料和费用资料分别见表2-64和表2-65。

表 2-64　　　　　　　　　　　　　产量资料

单位：个

项目	第一车间	第二车间
	半成品短焦镜头	短焦投影机
月初在产品数量	200	310
本月投入产品数量	3 400	3 500
本月完工产品数量	3 500	3 250
月末在产品数量	100	560

表 2-65　　　　　　　　　　　　　费用资料

单位：元

成本项目	月初在产品成本		本月发生费用	
	第一车间	第二车间	第一车间	第二车间
直接材料	90 062.00	279 000.00	1 531 045.00	
直接人工	36 025.00	209 250.00	612 418.00	2 225 410.00
制造费用	54 038.00	55 800.00	918 626.00	594 420.00
合计	180 125.00	544 050.00	3 062 089.00	

要求：（1）根据产量资料和费用资料计算半成品短焦镜头和月末在产品成本，编制半成品短焦镜头的成本计算单。

（2）期初半成品短焦镜头结存200个，单位成本为902元/个。本期第二车间领用半成品短焦镜头3 500个，登记自制半成品明细账。

（3）根据第二车间领用的自制半成品，发生的直接人工、制造费用，以及完工产品和月末在产品资料，分配费用并编制第二车间产品成本计算单。

【解析】

（1）第一车间半成品短焦镜头成本计算单如表2-66所示。

表 2-66 第一车间半成品短焦镜头成本计算单

2022 年 9 月 30 日

产品名称：短焦镜头

完工产品数量：3 500 个

完工日期：2022-09-12

在产品数量：100 个

金额单位：元

在产品完工率：90%

项目	直接材料	直接人工	制造费用	合计
月初在产品成本	90 062.00	36 025.00	54 038.00	180 125.00
本月发生生产费用	1 531 045.00	612 418.00	918 626.00	3 062 089.00
生产费用合计	1 621 107.00	648 443.00	972 664.00	3 242 214.00
完工产品数量	3 500	3 500	3 500	
在产品约当产量	100	90	90	
分配率	450.307 5	180.624 8	270.937 0	
完工半成品成本	1 576 076.25	632 186.77*	948 279.67*	3 156 542.68*
单位成本	450.31	180.62	270.94	901.87
月末在产品成本	45 030.75	16 256.23	24 384.33	85 671.32

会计主管：张凝 审核：李鹤 制单：周悦

（2）自制半成品明细账（短焦镜头）如表 2-67 所示。

表 2-67 自制半成品明细账（短焦镜头）

摘要	收入			发出			结存		
	数量/个	单位成本/（元/个）	总成本/元	数量/个	单位成本/（元/个）	总成本/元	数量/个	单位成本/（元/个）	总成本/元
期初库存							200	902.00	180 400.00
本期入库	3 500	901.87	3 156 542.68						
本期发出				3 500	901.88	3 156 580.00			
期末结存							200	901.81	180 362.68

半成品短焦镜头加权平均成本=（180 400.00+3 156 542.68）÷（200+3 500）=901.88（元）

本月发出半成品短焦镜头成本=3 500×901.88=3 156 580.00（元）

半成品短焦镜头月末结存成本=180 400.00+3 156 542.68-315 6580.00=180 362.68（元）

半成品短焦镜头月末结存单位产品成本=180 362.68÷（200+3 500-3 500）=901.81（元/个）

（3）第二车间短焦投影机成本计算单如表 2-68 所示。

表 2-68 第二车间短焦投影机成本计算单

2022 年 9 月 30 日

产品名称：短焦投影机

完工产品数量：3 250 个

完工日期：2022-09-30

在产品数量：560 个

金额单位：元

在产品完工率：90%

项目	直接材料	直接人工	制造费用	合计
月初在产品成本	279 000.00	209 250.00	55 800.00	544 050.00
本月发生生产费用	3 156 580.00	2 225 410.00	594 420.00	5 976 410.00
生产费用合计	3 435 580.00	2 434 660.00	650 220.00	6 520 460.00
完工产品数量	3 250	3 250	3 250	
在产品约当产量	560	504	504	
分配率	901.727 0	648.550 9	173.207 2	
完工产品成本	2 930 612.86*	2 107 790.36*	562 923.55*	5 601 326.77
单位成本	901.73	648.55	173.21	1 723.49
月末在产品成本	504 967.14	326 869.64	87 296.45	919 133.23

会计主管：张凝 审核：李鹤 制单：周悦

（2）成本还原

在综合结转分步法下，由于各个步骤的自制半成品都没有分成本项目，而是以合计的金额全部转入下一步骤的"直接材料"或是"自制半成品"里，其自制半成品的"直接人工"和"制造费用"等其他费用都计入产成品的"直接材料"成本项目里，而产成品其他费用相对地在产成品成本中所占比重很小，这显然不符合产成品成本的实际构成，也不利于企业分析与考核产成品的成本构成和水平。在实务中，常采用成本还原率还原法、成本项目比重还原法和定额成本（或计划成本）还原法等对其进行成本还原。下面对成本项目比重还原法的计算步骤进行阐述。

① 计算成本项目比重。成本项目比重，是指上一步骤完工该半成品成本项目金额占半成品总成本的比重。计算公式如下。

$$半成品成本项目比重=\frac{上一步骤完工该半成品成本项目金额}{上一步骤完工该半成品总成本}$$

② 计算半成品还原成本。计算公式如下。

$$半成品还原成本=产成品耗用上一步骤半成品成本×半成品成本项目比重$$

【例 2-14】续例 2-13，按成本项目比重还原法编制的短焦投影机成本还原计算单如表 2-69 所示。

表 2-69　　　　　　　　　　短焦投影机成本还原计算单

产品名称：短焦投影机　　　　　　　　2022 年 9 月　　　　　　　　　　　　单位：元

摘要	半成品	直接材料	直接人工	制造费用	合计
还原前完工产品成本		2 930 612.86	2 107 790.36	562 923.55	5 601 326.77
第一步骤完工半成品短焦镜头成本		1 576 076.25	632 186.77	948 279.67	3 156 542.68
第一步骤完工半成品短焦镜头成本结构		49.93%	20.03%	30.04%	100.00%
第二步骤半成品还原成本		1 463 268.45	586 937.95	880 406.46	2 930 612.86
还原后产成品总成本		1 463 268.45	2 694 728.31	1 443 330.01	5 601 326.77
还原后产成品单位成本		450.24	829.15	444.10	1 723.49

【解析】

（1）成本还原之前成本构成。

直接材料：2 930 612.86÷5 601 326.77×100%=52.32%

直接人工：2 107 790.36÷5 601 326.77×100%=37.63%

制造费用：562 923.55÷5 601 326.77×100%=10.05%

（2）成本还原之后成本构成。

直接材料：1 463 268.45÷5 601 326.77×100%=26.12%

直接人工：2 694 728.31÷5 601 326.77×100%=48.11%

制造费用：1 443 330.01÷5 601 326.77×100%=25.77%

（3）短焦投影机成本还原计算单如表 2-69 所示。

2. 分项结转分步法

分项结转分步法是指按产品加工顺序，将上一步骤半成品成本按原始成本项目分别转入下一步骤成本计算单中相应的成本项目，逐步计算并结转半成品成本，直到最后一个步骤计算出产成品成本的一种逐步结转分步法。如果半成品通过半成品仓库收发，那么自制半成品明细账也要按照成本项目分别登记半成品成本。

采用分项结转分步法逐步结转半成品成本，可以直接、正确地提供按原始成本项目反映的产成品成本资料，便于从整个企业角度考核和分析产品成本计划的执行情况，不需要进行成本还原。但是，这种方法的成本结转比较复杂，而且在各步骤完工产品成本中看不出所耗上一步骤半成品的费用和本步骤加工费用的水平，不便于进行完工产品成本分析。因此，这种结转方法一般适用于管理上不要求分别提供各步骤完工产品所耗上步骤费用和本步骤加工费用资料，但要求按原始成本项目反映产品成本的企业。

【例 2-15】 续例 2-14，为简化核算，半成品不通过半成品仓库收发，直接从第一车间转入第二车间，其他数据不变。

要求：（1）运用分项结转分步法编制第一车间半成品短焦镜头成本计算单。

（2）运用分项结转分步法编制第二车间产成品短焦投影机成本计算单。

【解析】

（1）第一车间半成品短焦镜头成本计算单如表 2-70 所示。

表 2-70　　　　　　　　　第一车间半成品短焦镜头成本计算单

2022 年 9 月 30 日

产品名称：短焦镜头　　　　　　　　完工日期：2022-09-12　　　　　　　　金额单位：元

完工产品数量：3 500 个　　　　　　在产品数量：100 个　　　　　　在产品完工率：90%

项目	直接材料	直接人工	制造费用	合计
月初在产品成本	90 062.00	36 025.00	54 038.00	180 125.00
本月发生生产费用	1 531 045.00	612 418.00	918 626.00	3 062 089.00
生产费用合计	1 621 107.00	648 443.00	972 664.00	3 242 214.00
完工产品数量	3 500	3 500	3 500	
在产品约当产量	100	90	90	
分配率	450.307 5	180.624 8	270.937 0	
完工半成品成本	1 576 076.25	632 186.77*	948 279.67*	3 156 542.68
单位成本	450.31	180.62	270.94	901.87
月末在产品成本	45 030.75	16 256.23	24 384.33	85 671.32

会计主管：张凝　　　　　　　审核：李鹤　　　　　　　制单：周悦

（2）第二车间产成品短焦投影机成本计算单如表 2-71 所示。

表 2-71　　　　　　　　第二车间产成品短焦投影机成本计算单

2022 年 9 月 30 日

产品名称：短焦投影机　　　　　　　完工日期：2022-09-30　　　　　　　金额单位：元

完工产品数量：3 250 个　　　　　　在产品数量：560 个　　　　　　在产品完工率：90%

项目	直接材料	直接人工	制造费用	合计
月初在产品成本	279 000.00	209 250.00	55 800.00	544 050.00
本月发生生产费用		2 225 410.00	594 420.00	4 305 952.00
上步骤转入半成品成本	1 576 076.25	632 186.77	948 279.67	3 156 542.68
生产费用合计	1 855 076.25	3 066 846.77	1 598 499.67	8 006 544.68
完工产品数量	3 250	3 250	3 250	—
在产品约当产量	560	504	504	—
分配率	486.896 7	816.954 4	425.812 4	—
完工产品成本	1 582 414.12*	2 655 101.76*	1 383 890.23*	5 621 406.11
单位成本	486.90	816.95	425.81	1 729.66
月末在产品成本	272 662.13	411 745.01	214 609.44	899 016.58

会计主管：张凝　　　　　　　审核：李鹤　　　　　　　制单：周悦

由表 2-71 可知,成本构成如下。

直接材料:1 582 414.12÷5 621 406.11×100%=28.15%

直接人工:2 655 101.76÷5 621 406.11×100%=47.23%

制造费用:1 383 890.23÷5 621 406.11×100%=24.62%

可以看出,这与使用综合结转分步法成本还原后的成本构成比较接近。

三、平行结转分步法

(一)平行结转分步法的概念及适用范围

1. 平行结转分步法的概念

平行结转分步法是将各生产步骤应计入相同产成品的份额平行汇总,以求得产成品成本的方法。平行结转分步法按照生产步骤归集费用,但仅计算完工产成品在各生产步骤的成本"份额",不计算和结转各生产步骤的半成品成本,因此,这种方法也称为"不计算半成品成本的分步法"。

2. 平行结转分步法的适用范围

平行结转分步法适用于半成品种类较多,且不需要对外出售或者很少出售,仅供下一步骤继续加工,在管理上也不要求提供各步骤半成品的成本资料,只要求反映和考核各生产步骤所发生的生产费用的大量大批多步骤生产的企业。如机械修配厂等。

(二)平行结转分步法的特点

(1)成本计算对象是各生产步骤和最终完工产品。平行结转分步法下,成本计算对象是各生产步骤和最终完工产品,各生产步骤的半成品均不作为成本计算对象,各步骤的成本计算都是为了算出最终产品的成本。因此,从各步骤产品成本明细账中转出的只是该步骤应计入最终产品成本的费用(份额),各步骤产品成本明细账不能提供其产出半成品的成本资料。

(2)半成品成本不随实物转移而转移。采用平行结转分步法时,各步骤半成品成本不随着实物转移而结转,各加工步骤只归集本步骤发生的费用,不反映所耗费上一步骤的半成品成本。

(3)不设置"自制半成品"账户。

(4)生产费用在完工产品与在产品之间分配。各个生产步骤的生产费用需要在完工产品与月末在产品之间进行分配。这里所说的完工产品与月末在产品都是广义的。生产费用是指本步骤所发生的生产费用(不包括所耗上一生产步骤的半成品成本)。完工产品指企业最终完工的产成品。在产品指广义在产品,即本步骤正在加工的在制品(狭义在产品)、本步骤已经加工完成转入半成品仓库的半成品和已经转入以后各生产步骤继续加工但尚未最终制成产成品的自制半成品。

将各步骤费用中应计入产成品的"份额"平行结转,汇总计算出该种产成品的总成本和单位成本。

(三)平行结转分步法的计算程序

(1)按产品的生产步骤和产品品种开设基本生产成本明细账,按成本项目归集在本步骤发生的生产费用,上一生产步骤的半成品成本不随半成品实物转入下一步骤。

(2)将各生产步骤归集的生产费用在完工产品与月末广义在产品之间进行分配,以确定应计入完工产品成本的生产费用"份额"。计算步骤如下。

① 计算该步骤广义在产品约当产量。

该步骤广义在产品约当产量=本步骤月末在产品数量×完工程度(或投料比例)+转入后续各步骤在产品数量

② 计算该步骤约当总产量。

该步骤约当总产量=本月最终产成品数量+该步骤广义在产品约当产量

③ 计算该步骤成本项目费用分配率。

成本项目费用分配率可用约当产量法、定额比例法或定额成本法等方法计算求得。此处只介绍约当产量法下的计算公式。

$$成本项目费用分配率=\frac{该步骤月初在产品成本+该步骤本月发生费用}{该步骤产品约当产量}$$

④ 计算该步骤应计入产成品成本的份额。

该步骤应计入产成品成本的份额=最终产成品产量×该成本项目费用分配率

（3）将各步骤应计入相同完工产品成本的生产费用"份额"直接相加，计算出完工产品的实际总成本和单位成本。

平行结转分步法的计算程序如图2-9所示。

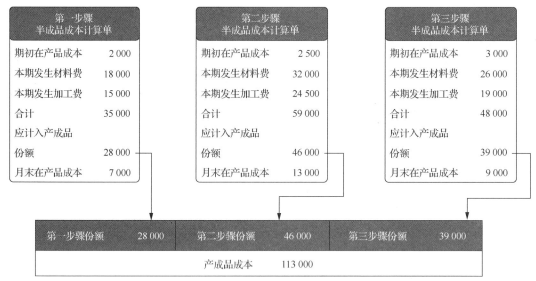

图2-9 平行结转分步法的计算程序

【例2-16】光学公司生产红外光学元件，经过两个生产车间进行加工。第一车间生产半成品，半成品完工后直接转入第二车间加工成红外光学元件。其中，1个红外光学元件耗用1个半成品。该公司采用平行结转分步法计算产品成本，原材料在生产开始时一次性投入，其他费用陆续发生。生产费用在完工产品成本"份额"和广义在产品之间的费用分配，采用约当产量法。

2022年9月，该公司各车间的产量记录和成本资料如表2-72和表2-73所示。

表2-72　　　　　　　　　　　　　　产量记录

单位：个

车间	月初在产品	本月投产量	本月完工量	月末在产品	在产品完工程度
第一车间	200	800	700	300	60%
第二车间	300	1 000	1 200	100	80%

表 2-73　　　　　　　　　　　　　　　　　成本资料

单位：元

项目		直接材料	直接人工	制造费用	合计
月初在产品成本	第一车间	72 000.00	10 000.00	6 400.00	88 400.00
	第二车间	—	3 530.00	1 070.00	4 600.00
本月生产费用	第一车间	105 400.00	18 680.00	10 670.00	134 750.00
	第二车间	—	10 000.00	4 000.00	14 000.00

02

要求：根据上述资料，采用平行结转分步法，编制第一车间产品成本计算单、第二车间产品成本计算单和完工产品成本汇总表。

【解析】

（1）第一车间产品成本计算单如表 2-74 所示。

表 2-74　　　　　　　　　　　　第一车间产品成本计算单

2022 年 9 月 30 日

车间名称：第一车间　　　　　　　　完工日期：2022-09-20　　　　　　　　金额单位：元
最终完工产品数量：1 200 个　　　　在产品数量：300 个　　　　　　　　　在产品完工率：60%

项目	直接材料	直接人工	制造费用	合计
月初在产品成本	72 000.00	10 000.00	6 400.00	88 400.00
本月发生生产费用	105 400.00	18 680.00	10 670.00	134 750.00
生产费用合计	177 400.00	28 680.00	17 070.00	223 150.00
最终完工产品数量	1 200	1 200	1 200	—
广义在产品约当产量	400	280	280	—
该步骤约当总产量	1 600	1 480	1 480	—
分配率	110.875 0	19.378 4	11.533 8	
转入完工产品份额	133 050.00	23 254.05*	13 840.54*	170 144.59
月末广义在产品成本	44 350.00	5 425.95	3 229.46	53 005.41

会计主管：张凝　　　　　　　　审核：李鹤　　　　　　　　制单：周悦

（2）第二车间产品成本计算单如表 2-75 所示。

表 2-75　　　　　　　　　　　　第二车间产品成本计算单

2022 年 9 月 30 日

车间名称：第二车间　　　　　　　　完工日期：2022-09-28　　　　　　　　金额单位：元
最终完工产品数量：1 200 个　　　　在产品数量：100 个　　　　　　　　　在产品完工率：80%

项目	直接材料	直接人工	制造费用	合计
月初在产品成本	—	3 530.00	1 070.00	4 600.00
本月发生生产费用	—	10 000.00	4 000.00	14 000.00
生产费用合计	—	13 530.00	5 070.00	18 600.00
最终完工产品数量	—	1 200	1 200	—
广义在产品约当产量	—	80	80	—
该步骤约当总产量	—	1 280	1 280	—
分配率	—	10.570 3	3.960 9	
转入完工产品份额	—	12 684.38*	4 753.13*	17 437.50
月末广义在产品成本	—	845.63	316.88	1 162.50

会计主管：张凝　　　　　　　　审核：李鹤　　　　　　　　制单：周悦

（3）完工产品成本汇总表如表2-76所示。

表2-76　　　　　　　　　　　　完工产品成本汇总表

2022年9月

产品名称：红外光学元件　　　　　完工产量：1 200个　　　　　　　　单位：元

项目	直接材料	直接人工	制造费用	合计
第一车间份额	133 050.00	23 254.05	13 840.54	170 144.59
第二车间份额	—	12 684.38	4 753.13	17 437.50
产成品总成本	133 050.00	35 938.43	18 593.67	187 582.10
单位成本	110.88	29.95	15.49	156.32

会计主管：张凝　　　　　　　审核：李鹤　　　　　　　制单：周悦

【任务实操】 1. 运用综合结转分步法核算完工产品成本和月末在产品成本。

业务资料： 想念公司生产挂面D，该产品经过第一、第二两个基本生产车间连续加工，最后形成产成品。第一车间生产完工的半成品交由第二车间进行包装成为产成品挂面D。原材料于生产开始时一次性投入，其他费用陆续发生。各步骤完工的半成品直接转入下一步骤加工，不通过半成品仓库收发。各步骤在产品完工程度均为90%，该产品采用综合结转分步法计算产品成本，半成品成本按实际成本综合结转。完工产品（产成品或半成品）与在产品之间的费用分配采用约当产量法计算。有关产量资料和费用资料分别见表2-77和表2-78。

表2-77　　　　　　　　　　　产量资料

单位：千克

项目	第一车间	第二车间
	半成品	挂面D
月初在产品数量	400	300
本月投入产品数量	15 400	15 200
本月完工产品数量	15 200	15 000
月末在产品数量	600	500
在产品完工程度	90%	90%

表2-78　　　　　　　　　　　费用资料

单位：元

成本项目	月初在产品成本		本月发生费用	
	第一车间	第二车间	第一车间	第二车间
直接材料	2 728.00	4 090.00	105 029.00	—
直接人工	1 090.00	1 580.00	41 849.00	79 996.00
制造费用	1 635.00	922.00	62 773.00	46 664.00
合计	5 453.00	6 592.00	209 651.00	126 660.00

要求：（1）根据产量资料和费用资料计算第一车间半成品和月末在产品成本，填写第一车间半成品成本计算单（见表2-79）。

（2）根据第二车间领用的自制半成品发生的直接人工、制造费用，以及完工产品和月末在产品资料，分配费用并填写第二车间挂面D成本计算单（见表2-80）。

（3）按成本项目比重还原法填写成本还原计算表（见表2-81）。

表 2-79　　　　　　　　　第一车间半成品成本计算单

2022 年 9 月 30 日

产品名称：　　　　　　　　完工日期：　　　　　　　　金额单位：元

完工产品数量：　　　　　　在产品数量：　　　　　　　在产品完工率：

项目	直接材料	直接人工	制造费用	合计
月初在产品成本				
本月发生生产费用				
生产费用合计				
完工产品数量				
在产品约当产量				
分配率				
完工半成品成本				
单位成本				
月末在产品成本				

会计主管：　　　　　　　审核：　　　　　　　制单：

表 2-80　　　　　　　　　第二车间挂面 D 成本计算单

2022 年 9 月 30 日

产品名称：　　　　　　　　完工日期：　　　　　　　　金额单位：元

完工产品数量：　　　　　　在产品数量：　　　　　　　在产品完工率：

项目	直接材料	直接人工	制造费用	合计
月初在产品成本				
本月发生生产费用				
生产费用合计				
完工产品数量				
在产品约当产量				
分配率				
完工产品成本				
单位成本				
月末在产品成本				

会计主管：　　　　　　　审核：　　　　　　　制单：

表 2-81　　　　　　　　　成本还原计算表

产品名称：　　　　　　2022 年 9 月　　　　　　单位：元

摘要	半成品	直接材料	直接人工	制造费用	合计
还原前完工产品成本					
第一步骤完工半成品成本					
第一步骤完工半成品成本结构					
第二步骤半成品还原成本					
还原后产成品总成本					
还原后产成品单位成本					

2. 运用平行结转分步法核算完工产品成本和月末在产品成本。

业务资料：想念公司生产挂面 E，经过两个生产车间进行加工。第一车间生产半成品，半成品完工后直接转入第二车间加工成挂面 E。其中，1 千克挂面 E 耗用 1 千克半成品。该公司采用平行结转分步法计算产品成本，原材料在生产开始时一次性投入，其他费用陆续发生。生产费用在完工产品成本"份额"和广义在产品之间的费用分配，采用约当产量法核算。

2022 年 9 月，该公司各车间的产量资料和费用资料如表 2-82 和表 2-83 所示。

表 2-82　　　　　　　　　　　　产量资料

单位：千克

项目	第一车间	第二车间
	半成品	挂面 E
月初在产品数量	320	400
本月投入产品数量	12 800	13 000
本月完工产品数量	13 000	13 200
月末在产品数量	120	200
在产品完工程度	80%	90%

表 2-83　　　　　　　　　　　　费用资料

单位：元

成本项目	月初在产品成本		本月发生费用	
	第一车间	第二车间	第一车间	第二车间
直接材料	3 120.00		115 090.00	
直接人工	1 170.00	2 380.00	41 800.00	81 030.00
制造费用	1 690.00	1 020.00	62 740.00	48 220.00
合计	5 980.00	3 400.00	219 630.00	129 250.00

要求：根据上述资料，运用平行结转分步法，填写第一车间半成品成本计算单（见表 2-84）、第二车间产品成本计算单（见表 2-85）和完工产品成本汇总表（见表 2-86）。

表 2-84　　　　　　　　　第一车间半成品成本计算单

2022 年 9 月 30 日

车间名称：　　　　　　　　　完工日期：　　　　　　　　　金额单位：元

最终完工产品数量：　　　　　　在产品数量：　　　　　　　在产品完工率：

项目	直接材料	直接人工	制造费用	合计
月初在产品成本				
本月发生生产费用				
生产费用合计				
最终完工产品数量				
广义在产品约当产量				
该步骤约当总产量				
分配率				
转入完工产品份额				
月末广义在产品成本				

会计主管：　　　　　　　　　审核：　　　　　　　　　制单：

表 2-85　　　　　　　　　　　第二车间产品成本计算单

2022 年 9 月 30 日

车间名称：　　　　　　　　　　　　　完工日期：　　　　　　　　　　　　　金额单位：元

最终完工产品数量：　　　　　　　　　在产品数量：　　　　　　　　　　　　在产品完工率：

项目	直接材料	直接人工	制造费用	合计
月初在产品成本				
本月发生生产费用				
生产费用合计				
最终完工产品数量				
广义在产品约当产量				
该步骤约当总产量				
分配率				
转入完工产品份额				
月末广义在产品成本				

会计主管：　　　　　　　　　审核：　　　　　　　　　　　制单：

表 2-86　　　　　　　　　　　完工产品成本汇总表

2022 年 9 月

产品名称：　　　　　　　　　　　　　完工产量：　　　　　　　　　　　　　金额单位：元

项目	直接材料	直接人工	制造费用	合计
第一车间份额				
第二车间份额				
产成品总成本				
单位成本				

会计主管：　　　　　　　　　审核：　　　　　　　　　　　制单：

任务四　成本计算方法的选择

【任务描述】根据产品的生产特点和管理要求，选择适当的成本计算方法。

企业应当根据产品的生产特点和管理要求，选择适当的成本计算方法。在同一个企业里，可以采用一种成本计算方法，也可以将多种成本计算方法结合使用，还可以利用现代信息技术，进行多维度、多层次的成本核算、管理和控制。

一、生产工艺对成本计算的影响

企业的生产按工艺流程的特点划分为单步骤生产和多步骤生产。

单步骤生产是指生产工艺过程不能间断、不能分散在不同工作地点进行的生产。这种生产类型的企业，其产品的生产周期一般比较短，通常没有自制半成品或其他中间产品，而且产品的工艺过程的特点决定了只能由一个企业独立完成，而不能由几个企业协作进行生产。发电、采掘等企业是单步骤生产的典型企业。单步骤生产由于工艺过程不能间断，所以必须以产品为成本计算对象。

多步骤生产是指生产工艺过程由可以间断的若干生产步骤所组成的生产，它既可以在一个企业或车间内独立进行，也可以由几个企业或车间在不同的工作地点协作进行生产。多步骤生产的企业，其产品的生产周期一般较长，产品品种不是单一的，有半成品或中间产品，而且可以由几个企业或车间协作进行生产。多步骤连续加工式生产，需要以生产步骤为成本计算对象。多步骤装配式加工生产，由于产品的零件、部件可以在不同地点同时进行加工，然后装配成最终产品，而零件、部件等半成品没有独立的核算意义，因此不需要按步骤计算半成品成本，而以产品品种为成本计算对象。

二、生产组织方式对成本计算的影响

企业的生产按生产组织的特点划分为大量生产、成批生产和单件生产。

大量生产指不断地重复生产一种或几种产品，产品品种较多，每种产品产量大，一般采用专用设备重复地进行生产，专业化水平高。大量生产的企业的主要生产组织方式为流水生产，其基础是由设备、工作地和传送装置构成的设施系统，即流水生产线。

成批生产指工业企业（车间、工段、班组、工作地）在一定时期重复轮换制造多种产品的一种生产类型。

单件生产指按照各订货单位要求，生产某种规格、型号、性能的特定产品。单件生产的特点是：产品对象基本上是一次性需求的专用产品，一般不重复生产。

在大量大批单步骤生产的企业里，一般产量较大，生产过程不能间断，所以应以产品品种作为成本计算对象；在大量大批多步骤生产的企业里，由于其生产过程是可以间断的，因而不仅可以计算出每种产品的成本，还可以计算出各步骤半成品的成本，所以它的成本计算对象就是每种产品和该产品的各生产步骤；在单件小批生产的企业里，一般是按客户的订单或批别来组织生产的，在进行成本计算时，要求计算每一订单产品或每批产品的成本，所以它的成本计算对象就是产品的批别。

技能训练

一、单项选择题

1. 某企业本月投产甲产品 50 件、乙产品 100 件，生产甲、乙两种产品共耗用材料 4 500 千克，每千克 20 元，每件甲、乙产品材料消耗定额分别为 50 千克和 15 千克，按材料定额消耗量比例分配材料费用，甲产品分配的材料费用为（　　　）元。

    A. 50 000　　　　　B. 30 000　　　　　C. 33 750　　　　　D. 56 250

2. 下列各项中，应计入期间费用的是（　　　）。

    A. 计提车间管理用固定资产的折旧费

    B. 预计产品质量保证损失

    C. 车间管理人员的工资费用

    D. 销售商品发生的商业折扣

3. 下列关于企业计提固定资产折旧会计处理的表述中，不正确的是（　　　）。

    A. 对管理部门使用的固定资产计提的折旧应计入管理费用

    B. 对财务部门使用的固定资产计提的折旧应计入财务费用

    C. 对生产车间使用的固定资产计提的折旧应计入制造费用

    D. 对专设销售机构使用的固定资产计提的折旧应计入销售费用

4. 甲公司产生可修复废品一批，其生产成本 12 000 元，可修复废品的修复费用为：返修过程中发生直接材料 8 000 元、直接人工 5 000 元、制造费用 3 000 元，应收过失人赔偿款 1 500 元，回收废品残料入库计价 2 000 元。假定不考虑其他因素，该批可修复废品的净损失为（　　）元。

    A. 13 000　　　　　B. 12 500　　　　　C. 28 000　　　　　D. 26 000

5. 某企业只生产和销售甲产品，2023 年 4 月月初在产品成本为 3.5 万元，4 月发生如下费用：生产耗用材料 6 万元，生产工人工资 2 万元，行政管理部门人员工资 1.5 万元，制造费用 1 万元。月末在产品成本 3 万元，该企业 4 月完工甲产品的生产成本为（　　）万元。

    A. 11　　　　　　　B. 9.5　　　　　　　C. 9　　　　　　　　D. 12.5

6. 产品生产费用在完工产品与在产品之间分配，采用在产品成本按其所耗用的原材料费用计算，必须具备的条件是（　　）。

    A. 原材料费用在产品成本中所占比重较大，而且原材料在生产开始时一次性投入

    B. 月末在产品数量较少

    C. 原材料消耗定额比较准确、稳定，在产品数量稳定

    D. 各月月末在产品数量变化不大

7. 产品经过两道工序加工完成。第一道工序月末在产品数量为 100 件，完工程度为 20%；第二道工序月末在产品数量为 300 件，完工程度为 70%。假设各工序内在产品完工程度均为 50%，据此计算的月末在产品数量为（　　）件。

    A. 230　　　　　　　B. 135　　　　　　　C. 140　　　　　　　D. 160

8. 下列关于成本计算分步法的表述中，正确的是（　　）。

    A. 逐步结转分步法不利于各步骤在产品的实物管理和成本管理

    B. 当企业经常对外销售半成品时，应采用平行结转分步法

    C. 采用分项结转分步法时，无须进行成本还原

    D. 采用平行结转分步法时，无须将产品生产费用在完工产品和在产品之间进行分配

9. 各步骤的产品生产费用并不随半成品实物的转移而结转的分步法是（　　）。

    A. 按计划成本综合结转分步法　　　　B. 综合结转分步法

    C. 分项结转分步法　　　　　　　　　D. 平行结转分步法

10. 下列各项中，不应计入企业管理费用的是（　　）。

    A. 计提的生产车间职工养老保险费　　　B. 发生的内部控制建设咨询费用

    C. 应向董事会成员支付的津贴　　　　　D. 发生的会计师事务所审计费

二、多项选择题

1. 某企业为生产多种产品的制造企业，下列各项中，通过"制造费用"科目核算的有（　　）。

    A. 车间房屋和机器设备的折旧费

    B. 支付用于产品生产的材料费用

    C. 生产工人的工资和福利费

    D. 季节性停工损失

2. 下列各项中，应通过"应付职工薪酬"科目核算的有（　　）。

    A. 计提的职工住房公积金　　　　　　B. 确认的职工短期带薪缺勤

    C. 计提的职工医疗保险费　　　　　　D. 提取的工会经费

3. 下列各项中，应计入产品生产成本的有（　　）。

    A. 生产产品耗用的直接材料　　　　　B. 生产产品耗用的燃料费

    C. 生产产品耗用的动力费　　　　　　D. 生产车间管理人员的职工薪酬

4. 制造费用是企业为生产产品和提供劳务而发生的各项间接费用，包括（　　）。

    A. 生产单位管理人员职工薪酬   B. 生产单位固定资产折旧费

    C. 辅助生产车间无形资产摊销   D. 基本生产车间的办公费

5. 企业生产成本在完工产品与在产品之间进行分配，方法的选择是根据（　　）。

    A. 在产品数量的多少   B. 各月在产品数量变化的大小

    C. 各项费用比重的大小   D. 定额管理基础的好坏

6. 下列关于逐步结转分步法的说法中，正确的有（　　）。

    A. 应进行成本还原

    B. 半成品对外销售的企业一般适宜采用逐步结转分步法

    C. 能够全面反映各步骤的生产耗费水平

    D. 半成品成本随半成品实物在各步骤间转移

7. 下列分配完工产品成本与在产品成本的方法中，能使某种产品本月发生的生产费用就是本月完工产品成本的有（　　）。

    A. 不计算在产品成本的方法

    B. 在产品成本按年初数固定计算的方法

    C. 在产品成本按其所耗用的原材料费用计算的方法

    D. 在产品成本按定额成本计算的方法

8. 下列方法中，属于产品成本计算基本方法的是（　　）。

    A. 分类法   B. 分步法   C. 品种法   D. 分批法

9. （　　）是品种法的特点。

    A. 以品种为成本计算对象   B. 成本计算期与会计报告期一致

    C. 不分步计算产品成本   D. 要计算自制半成品成本

10. 企业的广义在产品包括（　　）。

    A. 正在本步骤加工，尚未完工的在产品

    B. 本步骤已经完工验收进入半成品库的在产品

    C. 已从半成品库领入下一步骤，尚未最后生产为产成品的半成品

    D. 本步骤已经毁损的在产品

三、判断题

1. 用于几种产品生产共同耗用的、构成产品实体的原材料费用，可以直接计入各种产品成本。（　　）

2. 生产人员、车间管理人员和技术人员的职工薪酬，是产品成本的重要组成部分，应该直接计入各种产品成本。（　　）

3. 企业全部人员的职工薪酬都应该计入产品成本，因为职工薪酬是产品成本的组成部分。（　　）

4. 固定资产折旧费是产品成本的组成部分，应该全部计入产品成本。（　　）

5. 基本生产车间的固定资产的修理费是产品成本的组成部分，应与企业行政管理部门、专设销售机构固定资产修理费一起间接计入产品成本。（　　）

6. 可修复废品是指经过修复可以使用，而且在经济上合算的废品。（　　）

7. 采用定额比例法计算完工产品和在产品成本时，各种费用应采用相同的分配标准。（　　）

8. 按定额成本计算法计算在产品成本时，期末在产品按定额成本计算，定额成本与实际成本之间的差异额，应在年末采用适当的分配方法在各种产品中进行分配。（　　）

9. 在产品按其所耗原材料费用计价时，在产品所耗其他费用全部由完工产品成本负担。（　　）

10. 计算产品成本，首先要确定成本计算的对象。（　　）

四、实务练习

北京昊天织业有限公司设有五个基本生产车间，分别为织造车间、漂白车间、染色车间、印花车间和整理车间。企业采用综合结转分步法计算产品成本，成本项目为直接材料、直接人工和制造费用，生产费用在完工产品与在产品之间分配采用在产品按原材料费用计价法。

本月织造车间半成品入库单和生产费用资料分别见表 2-87 和表 2-88。

表 2-87　　　　　　　　　　织造车间半成品入库单

入库日期：2022 年 3 月 31 日

部门：织造车间　　　　　　　　验收仓库：半成品一库　　　　　　　　入库日期：2022-03-31

编号	名称及规格	主计量单位	数量	备注
1	坯布 01	吨	90	月末在产品 28.25 吨
2	坯布 02	吨	85	月末在产品 28.15 吨
	合计			

制单人：温宁　　　　　　　经办人：　　　　　　　审核人：高森

表 2-88　　　　　　　　　织造车间生产费用资料

2022 年 3 月 31 日　　　　　　　　　　　　单位：元

成本项目	月初在产品成本		本月发生费用	
	坯布 01	坯布 02	坯布 01	坯布 02
直接材料	493 578.15	574 409.10	1 673 858.22	1 649 198.44
直接人工	—	—	99 384.23	97 199.96
制造费用	—	—	61 859.62	60 500.40
合计	493 578.15	574 409.10	1 835 102.07	1 806 898.80

要求：根据织造车间半成品入库单和生产费用资料，结转本月织造车间完工半成品坯布 01 和坯布 02 的成本，织造车间成本计算单见表 2-89。

表 2-89　　　　　　　　　织造车间成本计算单

数量单位：吨　　　　　　　　2022 年 3 月 31 日　　　　　　　　单位：元

项目	坯布 01				坯布 02			
月初在产品成本	直接材料	直接人工	制造费用	合计	直接材料	直接人工	制造费用	合计
本月发生生产费用								
生产费用合计								
完工产品产量								
期末在产品产量								
合计								
单位成本								
完工产品总成本								
期末在产品成本								

制单人：温宁　　　　　　　经办人：　　　　　　　审核人：高森

项目三

成本预测

学习目标 ↓

【知识目标】

1. 掌握成本预测的基本方法。
2. 掌握本量利分析的原理及方法。
3. 掌握敏感性分析的原理及方法。

【能力目标】

1. 能运用成本预测方法预测企业未来的产品成本。
2. 能进行保本点和保利点分析。
3. 能进行利润敏感性分析。

【素养目标】

1. 挖掘成本预测的现实意义，培养发展眼光和全局思维。
2. 通过选择合适的成本预测方法，提升职业判断能力。
3. 通过本量利分析和敏感性分析，提升逻辑思维能力。

引例

2008 年是全球经济十分动荡的一年，华硕虽然凭借 Eee PC 系列产品在信息产业崭露头角，成为笔记本电脑行业的领头羊，但也受到了金融风暴、经济衰退与营运不佳的影响。华硕盲目高估市场需求，造成面板等零组件库存庞大；忽略欧元汇率变动及报价策略，造成巨额亏损。

华硕在 2009 年的营业报告书中总结了造成亏损的三个原因：一是全球经济急速下滑，计算机需求迅速萎缩，超乎预期，严重影响营业收入及营业净利；二是需求下降超乎预测，导致笔记本电脑、液晶显示器等成品及原料库存过高，间接影响产品毛利率，造成较大的存货跌价损失；三是欧元汇率剧烈波动，运输时间影响部分产品毛利。

而在 2010 年，华硕依据上年的销售状况设定生产目标，没有衡量和预测未来的不利状况，再一次过度生产，产生大量库存，最终面临成立以来最大的亏损。

模块一　成本预测认知

【任务描述】 根据历史数据及成本与影响因素之间的数量关系，采用适当的成本预测基本方法，确定 2022 年的成本预测值。

一、成本预测的概念及意义

（一）成本预测的概念

成本预测指根据与成本有关的历史数据及信息，结合企业当前的经济状况及发展目标，运用定量、定性等科学方法，对未来成本水平及其变化趋势做出科学的估计。经营管理者通过成本预测，掌握未来的成本水平及其变动趋势，有助于减少决策的盲目性，选择最优方案，做出正确决策。

（二）成本预测的意义

1. 成本预测是组织成本决策和编制成本计划的前提

经营管理者通过成本预测，可掌握未来的成本水平及其变动趋势，有助于把未知因素转化为已知因素，提高自觉性，减少盲目性；可做出生产经营活动中可能出现的有利与不利情况的全面和系统分析，避免成本决策的片面性和局限性。有了科学的成本决策，就可以编制出正确的成本计划。而且，成本预测的过程也是为成本计划提供系统的客观指引的过程，这一点足以使成本计划建立在客观实际的基础之上。如果将成本预测与成本决策和成本计划联系起来，它们的关系是：成本预测是成本决策与成本计划的基础和前提条件，成本决策和成本计划则是成本预测的产物。

2. 成本预测是加强企业全面成本管理的首要环节

伴随社会主义市场经济的进一步发展，企业的成本管理工作也不断有所提高，单靠事后的核算、分析已经远远不能适应客观的需要，成本工作的重点必须相应地转到事前控制上，这一观念的形成将对促进企业合理地降低成本、提高经济效益具有非常重要的作用。

3. 成本预测为降低产品成本指明方向和奋斗目标

企业在做好市场预测、利润预测之后，能否提高经济效益及提高多少，完全取决于成本降低多少。为了降低成本，企业必须根据实际情况组织全面预测，寻找方向和途径，力求实现预期的奋斗目标，降低产品成本。

二、成本预测的程序

成本预测的程序如下。

（1）根据企业总体目标提出初步成本目标。

（2）初步预测在目前情况下可能达到的成本水平，找出达到成本目标的差距。其中，初步预测就是不考虑任何可能会降低成本的特殊措施，按目前主客观条件的变化情况，预计未来可能达到的成本水平。

（3）考虑各种降低成本的方案，预计实施各种方案后可能达到的成本水平。

（4）选取最优成本方案，预计实施后的成本水平，正式确定成本目标。

以上成本预测程序表示的只是单个成本预测过程，而要达到最终确定的正式成本目标，这个过程必须反复多次进行。也就是说，只有经过多次的预测、比较及对初步成本目标的不断修改、完善，才能最终确定正式成本目标，并依据正式成本目标组织实施成本管理。

三、成本预测的基本方法

成本预测方法可分为定量预测法和定性预测法两大类。定量预测法和定性预测法并不相互排斥，而是相互补充、相辅相成的。在实务工作中，企业应根据实际情况，将定量预测法和定性预测法结合起来进行分析。

（一）定量预测法

定量预测法是指根据历史资料及成本与影响因素之间的数量关系，通过建立数学模型来预计和推断未来成本的各种预测方法的统称。

1. 高低点法

高低点法是以历史资料中的总成本和业务量资料为依据，选取业务量最高点和业务量最低点及其对应的总成本数据，计算出系数 a 和 b，利用 $y=a+bx$，推算出计划产量下的总成本水平和单位成本的预测方法。具体步骤如下。

（1）将最高产量下的总成本和最低产量下的总成本进行比较，确定系数 b，计算公式如下。

$$b=\frac{y_{高}-y_{低}}{x_{高}-x_{低}}$$

其中，$x_{高}$ 为最高点业务量，$x_{低}$ 为最低点业务量，$y_{高}$ 为最高点业务量的总成本，$y_{低}$ 为最低点业务量的总成本。

（2）将最高点成本（或最低点成本）、最高点产量（或最低点产量）及求得的 b 代入 $y=a+bx$，求出 a，计算公式如下。

$$a=y_{高}-b\cdot x_{高}=y_{低}-b\cdot x_{低}$$

（3）将计划产量及 a、b 代入 $y=a+bx$，计算出计划年度的产品预测总成本。

高低点法计算过程比较简单，只选取了历史成本资料中的最高点和最低点两组数据，因此，数据代表性较差，预测结果误差较大。

2. 回归分析法

回归分析法运用数理统计中最小平方法的原理，对所观测到的全部数据加以统计计算，从而勾画出最能代表平均成本水平的直线。这条通过回归分析而得到的直线就被称为回归线，它的截距就是固定成本 a，斜率就是单位变动成本 b，是一种较为精确的预测方法。回归分析法的公式如下。

$$b=\frac{n\sum xy-\sum x\sum y}{n\sum x^2-\left(\sum x\right)^2}$$

$$a=\frac{\sum y-b\sum x}{n}$$

回归分析法运用了所有数据，避免了高低点法的偶然性。同时，由于其运用了"误差平方和最小"的原理，所以结果比高低点法更为精确。为使分解更加精确，采用回归分析法时，可以选择剔除非正常值的影响，即采用稳健回归。

3. 趋势预测法

趋势预测法是根据事业发展的连续性原理，应用数理统计方法将历史资料按时间顺序排列，选择时间为自变量，指标数值为因变量，运用一定的数学模型来预计、推测未来一定时期的指标数值的一种预测方法。具体包括算术平均法、移动加权平均法、指数平滑法等。

（1）算术平均法

算术平均法是指将过去若干时期的实际成本的算术平均数，作为未来预测期内的成本预测数的方法。算术平均法的计算公式如下。

$$成本预测值\ C' = \frac{\sum_{i=1}^{n} C_i}{n}\quad（其中\ i=1,2,3\cdots,n）$$

该方法的优点是计算简单，但由于计算的是历史平均数值，没有考虑未来的发展趋势，因此预计数与实际数可能会存在较大的误差。这种方法主要适用于销售量比较稳定的产品，如没有季节性的食品、日用品等。

（2）移动加权平均法

移动加权平均法是指根据过去若干时期的实际成本，计算其加权平均数，以此作为未来预测期的成本预测数的方法。这种方法根据各时期的实际成本距离未来预测期的远近分别规定不同的权数，近期加权数大，远期加权数小。移动加权平均法的计算公式如下。

$$成本预测值\ C' = \sum_{i=1}^{n} C_i \omega_i$$

其中，C' 为成本预测值，n 代表期数，C_i 为第 i 期的成本实际值，ω_i 为第 i 期的权数。

该方法计算比较简单，在历史资料选择上应尽量使用接近预测月份、年份的数据，使预测数更准确。但这种方法也是使用历史数据进行预测的，容易忽视影响成本各因素的未来变动趋势。

（3）指数平滑法

指数平滑法是指根据上期实际成本和预测成本，导入事先确定的平滑系数进行加权平均计算，并将其作为预测本期及未来成本的一种方法。平滑系数（$0 \leqslant \alpha \leqslant 1$）越大，则近期实际数对预测结果的影响越大，反之则越小。所以可以采用较小的平滑系数，使此法的平均数能反映观察值变动的长期趋势；也可以采用较大的平滑系数，使此法的平均数能反映观察值近期的变动趋势，以便进行近期的销售预测。平滑系数一般取 0.3～0.7。指数平滑法的计算公式如下。

$$C' = \alpha C_{t-1} + (1-\alpha) P_{t-1}$$

其中，C' 为成本预测值，α 为平滑系数，C_{t-1} 为上一期成本实际值，P_{t-1} 为上一期成本预测值。

【例 3-1】光学公司生产甲产品，2017—2022 年甲产品成本总额如表 3-1 所示。

表 3-1　　　　　　　　　　光学公司甲产品 2017—2022 年成本总额

年份	2017 年	2018 年	2019 年	2020 年	2021 年	2022 年
产量/台	120	128	132	137	130	131
成本总额/元	26 750	28 034	29 165	30 061	28 972	29 463

要求：分别运用高低点法（预计 2023 年产量为 135 台）、回归分析法（预计 2023 年产量为 135 台）、算术平均法、移动加权平均法（2020 年、2021 年、2022 年的权重分别为 0.2、0.3、0.5）、指数平滑法（平滑系数 $\alpha=0.5$，2022 年成本预测值为 29 800 元），预测 2023 年甲产品总成本。

【解析】

（1）运用高低点法预测 2023 年甲产品总成本。

业务量（产量）最高点为 2020 年，业务量（产量）最低点为 2017 年，因此：

$$b = \frac{30\ 061 - 26\ 750}{137 - 120} = 194.764\ 7$$

$a = 30\ 061 - 194.764\ 7 \times 137 = 3\ 378.236\ 1$

2023 年甲产品预测成本 $= 3\ 378.236\ 1 + 194.764\ 7 \times 135 = 29\ 671.47$（元）

（2）运用回归分析法预测 2023 年甲产品总成本。相关计算见表 3-2。

表 3-2　　　　　　　　　　　　　　　　相关计算

单位：元

年份	x	y	xy	x^2
2017 年	120	26 750	3 210 000	14 400
2018 年	128	28 034	3 588 352	16 384
2019 年	132	29 165	3 849 780	17 424
2020 年	137	30 061	4 118 357	18 769
2021 年	130	28 972	3 766 360	16 900
2022 年	131	29 463	3 859 653	17 161
合计	778	172 445	22 392 502	101 038

$$b=\frac{6\times 22\ 392\ 502-778\times 172\ 445}{6\times 101\ 038-778\times 778}=204.239\ 4$$

$$a=\frac{172\ 445-b\times 778}{6}=2\ 257.790\ 3$$

2023 年甲产品预测成本=2 257.790 3+204.239 4×135=29 830.11（元）

（3）运用算术平均法预测 2023 年甲产品总成本。

$$2023\ 年甲产品预测成本=\frac{26\ 750+28\ 034+29\ 165+30\ 061+28\ 972+29\ 463}{6}=28\ 740.83（元）$$

（4）运用移动加权平均法预测 2023 年甲产品总成本。

$$2023\ 年甲产品预测成本=\sum_{i=1}^{n}C_i\omega_i=30\ 061\times 0.2+28\ 972\times 0.3+29\ 463\times 0.5=29\ 435.30（元）$$

（5）运用指数平滑法预测 2023 年甲产品总成本。

2023 年甲产品预测成本=$\alpha C_{t-1}+(1-a)P_{t-1}$=0.5×29 463+(1-0.5)×29 800=29 631.50（元）

（二）定性预测法

定性预测法是预测者根据掌握的专业知识和丰富的实践经验，运用逻辑思维方法对未来成本进行预计推断的方法的统称。

成本的定性预测法——判断分析法，是预测人员采用调查研究、分析判断等方法对成本的发展性质和趋势加以估计和推测的方法。其主要形式包括调查法、主观判断法、市场研究法、历史类比法、经济寿命周期法、指标分析法、相互影响法、情景预测法等。其中，调查法又可以分为"背对背"的德尔菲法和"面对面"的专家小组法，它们和主观判断法的比较如表 3-3 所示。

表 3-3　　　　　　　　　　主观判断法、德尔菲法、专家小组法的比较

方法	主观判断法	德尔菲法	专家小组法
含义	首先企业内部把与成本有关或者熟悉市场情况的各种人员召集起来，让他们对未来的成本发展趋势发表意见，做出判断；然后将各种意见汇总起来，进行分析研究和综合处理；最后得出成本预测结果	向专家们函询调查的直观预测方法，需要多次反复进行，在整理、归纳各专家意见以后，加以综合，做出预测判断。具有反馈性、匿名性和统计性的特点	组织各有关方面的专家组成预测小组，通过召开座谈会的方式，进行充分、广泛的调查研究和讨论，然后运用专家小组的集体科研成果做出最后的预测判断

续表

方法	主观判断法	德尔菲法	专家小组法
要求	企业内部的相关人员对各自的业务都比较熟悉,对市场状况及企业在竞争中的地位也比较清楚,但对问题理解的广度和深度却往往受到一定的限制,需要进行信息交流和互补	不记名,专家们背对背发表书面意见,有控制地进行反馈,使每个专家能了解其他专家的综合意见并修改自己的意见,最后用统计方法集中所有专家的意见并使之逐渐趋向一致	各个专家从企业的整体利益出发,畅所欲言,充分表达各自的观点,而不受相互之间不同意见的干扰和影响
优点	迅速、及时和经济,不需要经过反复、复杂的计算,也不需要过多的预测费用,就可以及时得到预测结果;能发挥集体的智慧,使预测结果比较可靠,如果市场发生了变化可以自行修正	可以加快预测速度和节约预测费用,可以获得各种不同但有价值的观点和意见,适用于长期预测和对新产品的预测,在历史资料不足或不可预见因素较多时尤为适用	专家之间充分交流,可以相互启发;讨论过程中信息量大,可以促使考虑全面,所得的预测结果较为准确
缺点	预测结果容易受主观因素影响,对市场变化、顾客的愿望等问题了解不充分,因此预测结果一般	对于分地区的顾客群或产品的预测可能不可靠;责任比较分散;专家的意见有时可能不完整或不切实际	容易只重视领导、权威或多数人的意见,而轻视少数人的意见,或会议准备不充分,造成流于形式

03

其他常用方法介绍如下。

相互影响法是从分析各个事件之间由于相互影响而引起的变化及变化发生的概率,来研究各个事件在未来发生的可能性的一种预测方法。

历史类比法是对类似的新产品的投产和发展过程进行对比分析,使成本预测立足于模式相似性的基础上的一种预测方法。

情景预测法则是一种新兴的预测法,由于它不受任何条件限制,应用起来灵活,能充分调动预测人员的想象力,考虑比较全面,有利于决策者更客观地进行决策,在制定经济政策、公司战略等方面有很好的应用。但在应用过程中一定要注意具体问题具体分析,同一个预测主题,若其所处环境不同,最终的情景可能也会有很大的差异。

在实际运用时,每一种预测方法其实并不限定单独使用,在综合预测的过程中,重要的是如何融合这些方法的思想。

【任务实操】 运用回归分析法和指数平滑法预测 2023 年杂粮挂面 A 的产品成本。

业务资料: 想念公司根据 2018—2022 年的历史资料,统计的杂粮挂面 A 的产量和成本数据情况如表 3-4 所示。

表 3-4　　　　想念公司 2018—2022 年杂粮挂面 A 的产量与成本情况

年份	2018 年	2019 年	2020 年	2021 年	2022 年
产量/吨	10 880	11 100	11 380	11 650	12 000
成本总额/万元	13 710	14 097	14 680	14 912	15 000

(1)想念公司预计 2023 年杂粮挂面 A 的产量为 12 350 吨。

(2)想念公司 2022 年年初预测杂粮挂面 A 全年的成本为 15 020 万元,平滑系数为 0.5。

要求: 分别运用回归分析法和指数平滑法完成想念公司 2023 年杂粮挂面 A 产品成本预测表(见表 3-5、表 3-6)的编制。

表 3-5　　　　想念公司 2023 年杂粮挂面 A 产品成本预测表(回归分析法)

单位:元

年份	x	y	xy	x^2
2018 年				
2019 年				

续表

年份	x	y	xy	x^2
2020 年				
2021 年				
2022 年				
$n=$	$\sum x=$	$\sum y=$	$\sum xy=$	$\sum x^2=$
$b=$				
$a=$				

2023 年杂粮挂面 A 预测成本 =

表 3-6　　　　　　　想念公司 2023 年杂粮挂面 A 产品成本预测表（指数平滑法）　　　　单位：元

平滑系数 α	2022 年杂粮挂面 A 实际成本	$1-\alpha$	2022 年杂粮挂面 A 预测成本	2023 年杂粮挂面 A 预测成本

模块二　本量利分析在成本预测中的应用

任务一　盈亏平衡分析预测

【任务描述】根据企业内部资料，利用盈亏平衡分析方法，计算企业的保本点及保利点。

一、本量利分析模型

本量利分析是对成本、业务量、利润和单价等因素之间的相互关系进行分析的一种系统方法。这种分析方法是在成本性态分析的基础上，运用数学模型及图表，对成本、业务量、利润与单价等因素之间的依存关系进行具体的分析，为企业经营决策和目标控制提供有用信息。本量利分析广泛应用于企业的预测、决策、计划和控制等活动中。

本量利分析着重研究销售数量、价格、成本和利润之间的数量关系，它所提供的原理、方法在管理会计中有着广泛的用途，同时它又是企业进行决策、计划和控制的重要工具。本量利分析的计算公式如下。

利润＝销售收入-总成本
＝销售单价×销售量-（变动成本+固定成本）
＝销售单价×销售量-（单位变动成本×销售量+固定成本）
＝（销售单价-单位变动成本）×销售量-固定成本

设销售单价为 p，销售量为 x，固定成本总额为 F，单位变动成本为 b，息税前利润为 EBIT，则这些变量之间的关系，可以表示为：

$$EBIT=px-(bx+F)=(p-b)x-F$$

其中，息税前利润（Earning Before Interest and Tax，EBIT）是指扣除利息和所得税以前的营业利润。

二、本量利分析相关指标

（一）边际贡献的概念

边际贡献是指产品的销售收入超过变动成本的金额。由于变动成本随着产量的变化而变化，一般来说企业当期的销售收入能够补偿发生的变动成本；然而固定成本却不随产量的变化而变化，因而对固定成本的补偿需要更多的销售收入。因此在变动成本法下，如果销售收入在补偿变动成本之后还有剩余，就可以为补偿固定成本做出贡献。而从总体上看，企业在一定时期内不仅要求销售收入补偿所有的变动成本和固定成本，还要求在补偿这些成本之后留有一定的余额，形成企业的利润。边际贡献是衡量产品盈利能力的重要依据，在企业进行短期经营决策分析时，一般都以备选方案能提供的边际贡献作为选择标准。

（二）边际贡献的三种表现形式

边际贡献有三种表现形式：边际贡献总额、单位边际贡献和边际贡献率。

1. 边际贡献总额

边际贡献总额（TCM）指产品销售收入总额与变动成本总额之间的差额。边际贡献总额的计算公式如下。

$$边际贡献总额 = 销售收入总额 - 变动成本总额 = px - bx$$
$$= （销售单价 - 单位变动成本）\times 销售量$$
$$= 单位边际贡献 \times 销售量$$

由于：
$$息税前利润 = 销售收入总额 - 变动成本总额 - 固定成本$$
$$= 边际贡献总额 - 固定成本$$

则有：
$$边际贡献总额 = 息税前利润 + 固定成本 = EBIT + F$$

2. 单位边际贡献

单位边际贡献（UCM）指单位产品销售单价与单位变动成本的差额。单位边际贡献反映某种产品的盈利能力，也就是每增加单位产品销售可提供的贡献额。单位边际贡献的计算公式如下。

$$单位边际贡献 = 销售单价 - 单位变动成本 = p - b$$

3. 边际贡献率

边际贡献率（CMR）指边际贡献总额占销售收入总额的百分比，或者单位边际贡献占销售单价的百分比。边际贡献率反映每一元销售收入所产生的贡献额，衡量该产品为企业做出贡献的能力。边际贡献率的公式如下。

$$边际贡献率 = \frac{边际贡献总额}{销售收入总额} \times 100\% = \frac{单位边际贡献}{销售单价} \times 100\%$$
$$= \frac{px - bx}{px} \times 100\% = \frac{p - b}{p} \times 100\%$$

当企业产销多种产品时，要计算它们的加权平均边际贡献率，即用各种产品的边际贡献之和与各种产品的总销售收入之比来反映企业平均每实现一元销售收入所获得的贡献额，亦称为综合平均边际贡献率（$\overline{CMR}$）。加权平均边际贡献率的计算公式如下。

$$加权平均边际贡献率 = \frac{\sum 各产品边际贡献}{\sum 各产品销售收入} \times 100\%$$
$$= \sum(各产品边际贡献率 \times 该产品销售比重) \times 100\%$$

与边际贡献率相关的另一个指标是变动成本率（VCR），变动成本率是指变动成本总额占销售收入总额的百分比或单位变动成本占销售单价的百分比。

$$变动成本率 = \frac{变动成本总额}{销售收入总额} \times 100\% = \frac{单位变动成本}{销售单价} \times 100\%$$

$$= \frac{bx}{px} \times 100\% = \frac{b}{p} \times 100\%$$

将变动成本率与边际贡献率两个指标联系起来，可以得出：

$$边际贡献率 + 变动成本率 = 1$$

由此可以推出：

$$边际贡献率 = 1 - 变动成本率$$

$$变动成本率 = 1 - 边际贡献率$$

 知识小贴士

　　边际贡献率和变动成本率存在互补关系。凡是变动成本率低的企业，其边际贡献率高，创利能力强；反之，变动成本率高的企业，其边际贡献率低，创利能力弱。凡是边际贡献率低（或变动成本率高）的企业，创利能力弱，增产不仅不会增利，甚至还会减利或造成亏损。所以，边际贡献率或变动成本率的高低，对企业的经营决策者来说具有导向性的作用。

三、本量利分析在成本预测中的具体应用

（一）保本预测分析

1. 保本点概述

　　保本点又叫盈亏平衡点，指刚好使企业经营达到不盈不亏状态的销售量（额）。此时，企业的销售收入恰好可以弥补全部成本，企业的利润为零。企业的销售收入扣减变动成本以后得到边际贡献，边际贡献首先用于补偿固定成本，只有补偿了固定成本后还有剩余，才能为企业提供最终的利润，否则企业就会发生亏损。如果边际贡献恰好等于固定成本，则企业处于不盈不亏的状态，此时的销售量即为保本销售量。同时，除了销售量以外，销售单价、单位变动成本和固定成本等因素的变动都会使企业的保本点变化。保本点分析就是根据销售收入、成本和利润等因素之间的函数关系，分析企业如何达到不盈不亏的状态。通过保本点分析，企业可以预测销售单价、成本、销售量及利润情况，并分析这些因素之间的相互影响，从而加强经营管理。

2. 保本点的计算

（1）单一产品的保本点

企业只销售一种产品，则该产品的保本点计算比较简单，根据本量利分析的计算公式可得：

$$息税前利润 = 销售收入 - 总成本 = 销售单价 \times 销售量 - （变动成本 + 固定成本）$$

$$= 销售单价 \times 销售量 - 单位变动成本 \times 销售量 - 固定成本$$

$$= px - bx - F = (p-b)x - F$$

在企业不盈不亏时，息税前利润为零，此时的销售量就是企业的保本销售量。

$$0 = 销售单价 \times 销售量 - 单位变动成本 \times 销售量 - 固定成本$$

$$= (p-b)x - F$$

因此，

$$保本销售量（x_0） = \frac{固定成本}{销售单价 - 单位变动成本} = \frac{F}{p-b}$$

$$保本销售额 (px_0) = 销售单价 \times \frac{固定成本}{销售单价 - 单位变动成本} = \frac{F}{p-b} \times p$$

$$= \frac{固定成本}{边际贡献率} = \frac{固定成本}{1 - 变动成本率}$$

（2）多品种产品的保本点

在现实经济生活中，大部分企业生产经营的产品不止一种。在这种情况下，企业的保本点就不能用实物单位表示，因为不同产品的实物计量单位是不同的，把这些计量单位不同的产品的销售量加在一起是没有意义的。所以，企业在产销多种产品的情况下，只能用金额来表示企业的保本点，即只能计算保本销售额。通常计算多品种产品保本点的方法有综合边际贡献率法、联合单位法、主要品种法和分算法四种方法，这里只介绍综合边际贡献率法。

综合边际贡献率法，又叫加权平均法，指将各种产品的边际贡献率按照其各自的销售比重权数进行加权平均，得出综合边际贡献率，然后再据此计算企业的保本销售额和每种产品的保本点的方法。计算步骤如下。

① 计算各种产品的销售比重（销售比重是销售额的比重而不是销售量的比重）。

$$某种产品的销售比重 = \frac{该种产品的销售额}{全部产品的销售总额} \times 100\% = \frac{p_i x_i}{\sum p_i x_i} \times 100\%$$

② 计算各种产品的边际贡献率。

$$某种产品的边际贡献率 (CMR_i) = \frac{单位边际贡献}{销售单价} = \frac{p-b}{p}$$

③ 计算综合平均边际贡献率。

$$综合平均边际贡献率 (\overline{CMR}) = \sum(各种产品的边际贡献率 \times 该产品的销售比重) \times 100\%$$

$$= \sum(CMR_i \times \frac{p_i x_i}{\sum p_i x_i}) \times 100\%$$

④ 计算综合保本销售额。

$$综合保本销售额 (\overline{px_0}) = \frac{企业固定成本总额}{综合平均边际贡献率}$$

$$= \frac{F}{\overline{CMR}}$$

⑤ 计算各种产品的保本销售额。

$$某种产品的保本销售额 (\overline{px_i}) = 综合保本销售额 \times 该产品的销售比重$$

$$= \overline{px_0} \times \frac{p_i x_i}{\sum p_i x_i}$$

⑥ 计算各种产品的保本销售量。

$$某种产品的保本销售量 (\overline{x_i}) = \frac{该产品的保本销售额}{该产品的销售单价} = \frac{\overline{px_i}}{p_i}$$

【例3-2】光学公司生产销售短焦投影机、微型投影机和长焦投影机三种产品，全年预计固定成本总额为320 000元，预计销售量分别为20 000台、27 000台和16 000台，预计销售单价分别为2 200元/台、2 500元/台和3 000元/台，单位变动成本分别为1 540元/台、2 050元/台和2 420元/台。

要求：计算该企业的保本点及三种产品的保本点。

【解析】

（1）计算各种产品的销售比重。

$$短焦投影机的销售比重 = \frac{20\,000 \times 2\,200}{20\,000 \times 2\,200 + 27\,000 \times 2\,500 + 16\,000 \times 3\,000} \times 100\% = 27.59\%$$

$$微型投影机的销售比重 = \frac{27\,000 \times 2\,500}{20\,000 \times 2\,200 + 27\,000 \times 2\,500 + 16\,000 \times 3\,000} \times 100\% = 42.32\%$$

$$长焦投影机的销售比重 = \frac{16\,000 \times 3\,000}{20\,000 \times 2\,200 + 27\,000 \times 2\,500 + 16\,000 \times 3\,000} \times 100\% = 30.09\%$$

（2）计算各种产品的边际贡献率。

$$短焦投影机的边际贡献率 = \frac{2\,200 - 1\,540}{2\,200} = 0.30$$

$$微型投影机的边际贡献率 = \frac{2\,500 - 2\,050}{2\,500} = 0.18$$

$$长焦投影机的边际贡献率 = \frac{3\,000 - 2\,420}{3\,000} = 0.19$$

（3）计算综合平均边际贡献率。

综合平均边际贡献率=27.59%×0.30+42.32%×0.18+30.09%×0.19=21.61%

（4）计算综合保本点。

$$综合保本点 = \frac{320\,000}{21.61\%} = 1\,480\,795.93（元）$$

（5）计算各种产品的保本销售额。

短焦投影机的保本销售额=1 480 795.93×27.59%=408 551.60（元）

微型投影机的保本销售额=1 480 795.93×42.32%=626 672.84（元）

长焦投影机的保本销售额=1 480 795.93×30.09%=445 571.49（元）

（6）计算各种产品的保本销售量。

$$短焦投影机的保本销售量 = \frac{408\,551.60}{2\,200} = 186（台）$$

$$微型投影机的保本销售量 = \frac{626\,672.84}{2\,500} = 251（台）$$

$$长焦投影机的保本销售量 = \frac{445\,571.49}{3\,000} = 149（台）$$

3. 经营安全指标

市场竞争日趋激烈，企业更加重视自己的生存安全。保本是企业生存安全的最低限度，所以在保本点的基础上，又衍生出了安全边际、安全边际率及保本点作业率等安全指标，研究这些内容，对企业的经营风险有提前预警的作用。

（1）安全边际

安全边际是指现有或预计销售量（额）超过保本销售量（额）的部分。安全边际越大，企业发生亏损的可能性越小，实现盈利的可能性越大，企业经营就越安全。衡量企业安全边际大小的指标有安全边际量（或安全边际额）和安全边际率。计算公式如下。

$$安全边际量 = 现有（或预计）销售量 - 保本销售量 = x - x_0$$
$$安全边际额 = 现有（或预计）销售额 - 保本销售额 = px - px_0$$

安全边际以绝对量反映企业经营风险程度，说明企业不亏损的范围有多大。这个范围越大，企业亏损的可能性就越小，经营的安全程度就越高。同时，只有安全边际内的销售量才能给企业带来利润，因为保本状态的边际贡献已经补偿了全部的固定成本。边际贡献式本量利分析图如图 3-1 所示。

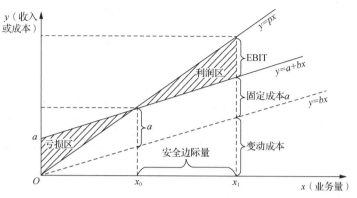

图 3-1　边际贡献式本量利分析图

保本状态的息税前利润为零，即 $px_0 - bx_0 - F = 0$，从而得出 $px_0 - bx_0 = F$，说明保本状态的边际贡献正好弥补了全部的固定成本。在边际贡献式本量利分析图上可以看出，总收入与总成本的交点即为保本点，若保本点不变，则产品的业务量每超过保本点一个单位，就可获得一个单位边际贡献的盈利。业务量越大，能实现的盈利就越多。

知识小贴士

根据安全边际，我们可以发现利润与安全边际的两个重要关系式。

息税前利润＝单位边际贡献×安全边际量

息税前利润＝边际贡献率×安全边际额

（2）安全边际率

安全边际率是指安全边际量（或安全边际额）与现有或者预计未来可以实现的销售量（或销售额）的比率。安全边际率是以相对数的形式表现企业经营安全程度的一项重要指标。当安全边际率较大时，企业对市场衰退的承受力也较强，其生产经营的风险程度较低；而当安全边际率较小时，企业对市场衰退的承受力也较弱，其生产经营的风险程度将较高。安全边际率的计算公式如下。

$$安全边际率 = \frac{安全边际}{现有（或预计）销售量} = \frac{x - x_0}{x}$$

$$= \frac{安全边际额}{现有（或预计）销售额} = \frac{p(x - x_0)}{px}$$

评价企业经营安全程度的安全边际率标准如表 3-7 所示。

表 3-7　　　　　　　　　评价企业经营安全程度的安全边际率标准

安全边际率	10%及以下	10%（不含）～20%	20%（不含）～30%	30%（不含）～40%	40%以上
安全程度	危险	值得注意	比较安全	安全	很安全

（3）保本点作业率

保本点作业率又叫危险率，是指保本销售量（销售额）占现有或预计销售量（销售额）的百分比。保本点作业率越低，说明企业的经营安全程度越高；保本点作业率越高，说明企业的经营安全程度越低，经营越危险。安全边际率为正指标，保本点作业率为反指标，通过保本点作业率我们也可以看出企业的经营安全程度。保本点作业率的计算公式如下。

$$保本点作业率=\frac{保本销售量}{现有（或预计）销售量}=\frac{x_0}{x}$$

$$=\frac{保本销售额}{现有（或预计）销售额}=\frac{px_0}{px}$$

评价企业经营安全程度的保本点作业率标准如表 3-8 所示。

表 3-8　　　　　　　　　　　评价企业经营安全程度的保本点作业率标准

保本点作业率	90%以上	80%（不含）～90%	70%（不含）～80%	60%（不含）～70%	60%及以下
安全程度	危险	值得注意	比较安全	安全	很安全

（二）保利预测分析

1. 保利点及其计算

保利点是指企业为实现目标利润而要达到的销售量或销售额，具体可用保利量和保利额两个指标表示。

根据本量利分析的计算公式，目标利润的计算公式如下。

$$目标利润=销售单价×保利量-单位变动成本×保利量-固定成本$$

假设 EBIT 为尚未扣除所得税的目标利润，销售单价为 p，单位变动成本为 b，固定成本为 F，可以推导出保利销售量和保利销售额的计算公式。

$$保利销售量=\frac{（固定成本+目标利润）}{销售单价-单位变动成本}=\frac{（固定成本+目标利润）}{单位边际贡献}$$

$$=\frac{F+\text{EBIT}}{p-b}$$

$$保利销售额=销售单价×保利销售量=\frac{（固定成本+目标利润）}{边际贡献率}$$

$$=p×\frac{F+\text{EBIT}}{p-b}=\frac{F+\text{EBIT}}{\dfrac{p-b}{p}}=\frac{F+\text{EBIT}}{\text{CMR}}$$

【例 3-3】光学公司生产销售短焦投影机的固定成本为 84 000 元，预计 2023 年 10 月的销售量为 200 台、销售单价为 2 200 元/台，单位变动成本为 1 540 元/台，预期实现目标利润 60 000 元。

要求：请计算为实现目标利润应完成的保利销售量和保利销售额。

【解析】

$$保利销售量=\frac{（固定成本+目标利润）}{销售单价-单位变动成本}=\frac{84\,000+60\,000}{2\,200-1\,540}=218（台）$$

保利销售额=218×2 200=479 600（元）

2. 保净利点及其计算

由于税后利润（即净利润）是影响企业生产经营现金流量的真正因素，所以，进行税后利润的规划和分析更符合企业生产经营的需要。因此，应该进行保净利点的计算。保净利点是指实现目标净利润的销售量或销售额，其中，目标净利润是目标利润扣除所得税后的利润，保净利点可以用保净利销售量和保净利销售额两个指标表示。

目标利润的计算公式如下。

$$目标净利润=目标利润×（1-所得税税率）$$

$$目标利润=\frac{目标净利润}{1-所得税税率}$$

相应的保净利销售量和保净利销售额的计算公式如下。

$$保净利销售量=\frac{（固定成本+\dfrac{目标利润}{1-所得税税率}）}{销售单价-单位变动成本}=\frac{F+\dfrac{EBIT}{1-T}}{p-b}$$

$$保净利销售额=销售单价×保净利销售量=\frac{（固定成本+\dfrac{目标利润}{1-所得税税率}）}{边际贡献率}$$

$$=p×\frac{F+\dfrac{EBIT}{1-T}}{p-b}=\frac{F+\dfrac{EBIT}{1-T}}{CMR}$$

【任务实操】运用本量利保本预测分析方法，预测想念公司 2023 年杂粮挂面 A、精制挂面 B、尊享定制产品 C 和优质挂面 D 的保本销售额。

操作视频

业务资料：想念公司 2023 年生产销售杂粮挂面 A、精制挂面 B、尊享定制产品 C 和优质挂面 D 四种产品，全年预计固定成本 100 万元，各产品的成本数据如表 3-9 所示。

表 3-9　　　　　　　　　各产品的成本数据

品种	预计产量/吨	单价/（元/千克）	单位变动成本/（元/千克）
杂粮挂面 A	12 000	15.00	12.00
精制挂面 B	24 000	10.00	8.00
尊享定制产品 C	80	100.00	80.00
优质挂面 D	170	40.00	30.00

要求：运用本量利保本预测分析方法，填写想念公司的保本预测分析表（见表 3-10）。

表 3-10　　　　　　　　　保本预测分析表

品种	预计产量/吨	单价/（元/千克）	单位变动成本/（元/千克）	预计收入/元	销售比重/%	边际贡献/元	边际贡献率/%	综合边际贡献率/%	综合保本点/元	保本销售额/元
杂粮挂面 A										
精制挂面 B										
尊享定制产品 C										
优质挂面 D										
合计										

任务二　敏感性因素分析预测

【任务描述】根据企业内部资料，利用敏感性因素分析法，计算各因素的敏感程度。

03

一、敏感性分析的主要内容

（一）有关因素变动对保本点、保利点和安全边际的影响

为了简化因素变动分析，在研究某一项因素变动所带来的影响时，往往假定其他因素不变，在下面的分析中，我们也假定其他因素不变。首先，利用保本点、保利点的相关公式进行分析。其次，为了更加清晰地理解该内容，借助坐标轴来演示：在平面坐标系上画出销售收入的直线和总成本的直线，两条直线的交点即为保本点，保持其他变量不变，依次改变销售单价、单位变动成本和固定成本，如图 3-2、图 3-3 和图 3-4 所示。最后，可以得出以下结论，如表 3-11 所示。

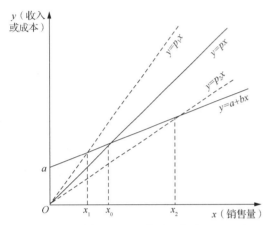

图 3-2　销售单价单独变动对保本点的影响

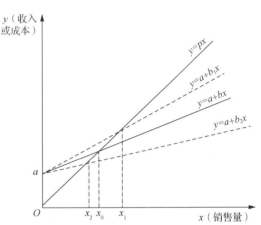

图 3-3　单位变动成本单独变动对保本点的影响

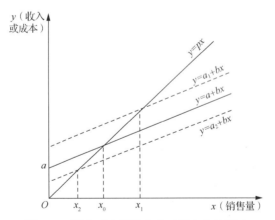

图 3-4　固定成本单独变动对保本点的影响

表 3-11　　　　　　　各因素单独变动对保本点、保利点和安全边际的影响

条件	因素	保本点、保利点	安全边际
假定其他因素不变	销售单价	销售单价升高，保本（利）点降低，利润区变大； 销售单价降低，保本（利）点升高，利润区变小	单价升高，安全边际变大，经营更安全； 单价降低，安全边际变小，经营更有风险
	单位变动成本	单位变动成本升高，保本（利）点升高，利润区变小； 单位变动成本降低，保本（利）点降低，利润区变大	单位变动成本升高，安全边际变小，经营更有风险； 单位变动成本降低，安全边际变大，经营更安全

续表

条件	因素	保本点、保利点	安全边际
假定其他因素不变	固定成本	固定成本升高，保本（利）点升高，利润区变小；固定成本降低，保本（利）点降低，利润区变大	固定成本升高，安全边际变小，经营更有风险；固定成本降低，安全边际变大，经营更安全
	目标利润	对保本点无影响；保利点将与目标利润同方向变动，提高目标利润，保利点就会上升，反之下降	无影响
	销售量	对保本点、保利点均无影响	若保本销售量不变，则安全边际随预计销售量的变动而同方向变动，即增加销售量，就会扩大安全边际量，经营更安全。反之，情况相反

值得说明的是，从降低保本点、保利点的角度看，提高产品的销售单价，对企业经营是有利的。但从另一方面来看，销售单价的提高总是伴随着市场占有率（即销售量）下降这一负面影响。因此，依据前述原理，指导规划与决策时必须坚持辩证的观点，即销售单价的提高（或降低）将导致单位产品创利能力的增强（或减弱），进而使保本点、保利点降低（或提高）及产品销售量减少（或扩大）。只有从这两个方面来分析，才能更加全面地做出有利于企业经营的选择。

（二）有关参数发生多大变化会使盈利转为亏损

由以上分析可知，销售单价、销售量、单位变动成本和固定成本的变化都会导致利润发生相应变化。如果这种变化达到一定程度，企业利润终将消失，进入保本状态。此时，可以求出销售量和销售单价的最小允许值、单位变动成本和固定成本的最大允许值。实际上，这些最大值、最小值即保本状态的临界值。当上述有关变量继续发生变化，以至超出相应临界值之后，利润将变为负数，使企业处于亏损状态。

在其他变量不变的条件下，由本量利分析的基本公式 $EBIT=px-bx-F$，就可以得到保本状态的销售量、单位变动成本和固定成本的临界值。

销售量最小值的计算公式如下。

$$x_{\min} = \frac{F}{p-b}$$

销售单价最小值的计算公式如下。

$$p_{\min} = \frac{F}{x} + b$$

单位变动成本最大值的计算公式如下。

$$b_{\max} = p - \frac{F}{x}$$

固定成本最大值的计算公式如下。

$$F_{\max} = px - bx$$

【例3-4】光学公司生产销售短焦投影机的固定成本为84 000元，2022年10月，预计销售量为200台、销售单价为2 200元/台、单位变动成本为1 540元/台。

要求：根据本量利分析公式，计算销售量、销售单价的最小值和单位变动成本、固定成本的最大值。

【解析】

（1）$x_{\min} = \dfrac{F}{p-b} = \dfrac{84\,000}{2\,200-1\,540} = 128$（台）

销售量下降的最大限度 $= \dfrac{200-128}{200} \times 100\% = 36\%$

128 台为短焦投影机销售量的临界值，低于这个销售量，企业将亏损。也就是说，完成预计销售量的 64%，企业就可以保本。

（2） $p_{\min} = \dfrac{F}{x} + b = \dfrac{84\,000}{200} + 1\,540 = 1\,960$（元/台）

销售单价下降的最大限度 $= \dfrac{2\,200-1\,960}{2\,200} \times 100\% = 10.91\%$

1 960 元/台为短焦投影机销售单价的临界值，低于这个销售单价，企业将亏损。也就是说，定价为预计销售单价的 89.09%，企业就可以保本。

（3） $b_{\max} = p - \dfrac{F}{x} = 2\,200 - \dfrac{84\,000}{200} = 1\,780$（元/台）

单位变动成本上升的最大限度 $= \dfrac{1\,780-1\,540}{1\,540} \times 100\% = 15.58\%$

1 780 元/台为单位变动成本的临界值，高于这个成本，企业将亏损。也就是说，单位变动成本上升幅度不能超过 15.58%。

（4） $F_{\max} = px - bx = (2\,200 - 1\,540) \times 200 = 132\,000$（元）

固定成本上升的最大限度 $= \dfrac{132\,000 - 84\,000}{84\,000} \times 100\% = 57.14\%$

132 000 元为固定成本的临界值，高于这个成本，企业将亏损。也就是说，固定成本上升幅度不能超过 57.14%。

二、敏感系数分析

销售量、销售单价、单位变动成本、固定成本等因素经常发生变动，由此导致利润发生相应变化。然而这些因素对利润的影响程度却大不相同，有的因素只要有较小的变动就会引起利润的较大变化，这些因素称为强敏感因素，而有些因素即使变动幅度较大，对利润也只能产生较小的影响，这些因素称为弱敏感因素。用于测定某因素的敏感程度的指标称为敏感系数，其计算公式如下。

$$敏感系数 = \dfrac{利润变动百分比}{因素值变动百分比} \times 100\%$$

确定敏感系数的目的是使企业管理人员比较清楚地看到，在影响利润的诸多因素中各自的影响程度，以便在管理决策中分清主次，及时进行调整，进而实现目标利润。

 知识小贴士

各因素的敏感系数，应该比较其绝对值的大小，正负号仅表示其与利润之间的变动方向。

【例 3-5】续例 3-4，假定其他条件不变的情况下，销售量、销售单价、单位变动成本、固定成本总额分别在原数据基础上增加 10%。

要求：试着计算各因素的敏感系数。

【解析】

原本的 EBIT $= (2\,200 - 1\,540) \times 200 - 84\,000 = 48\,000$（元）

（1）计算销售量的敏感系数。

当销售量增加 10%，其他因素不变时，销售量 $= 200 \times (1+10\%) = 220$（台）

则此时 EBIT=（2 200-1 540）×220-84 000=61 200（元）

利润变动百分比=$\frac{61\,200-48\,000}{48\,000}$×100%=27.5%

销售量的敏感系数=$\frac{27.5\%}{10\%}$=2.75

该计算结果表明，其他因素不变的前提下，销售量增加1%，利润提高2.75%。

（2）计算销售单价的敏感系数。

当销售单价增加10%，其他因素不变时，销售单价=2 200×（1+10%）=2 420（元/台）

则此时 EBIT=（2 420-1 540）×200-84 000=92 000（元）

利润变动百分比=$\frac{92\,000-48\,000}{48\,000}$×100%=91.67%

销售单价的敏感系数=$\frac{91.67\%}{10\%}$=9.17

该计算结果表明，其他因素不变的前提下，单价增加1%，利润提高9.17%。

（3）计算单位变动成本的敏感系数。

当单位变动成本增加10%，其他因素不变时，单位变动成本=1 540×（1+10%）=1 694（元/台）

则此时 EBIT=（2 200-1 694）×200-84 000=17 200（元）

利润变动百分比=$\frac{17\,200-48\,000}{48\,000}$×100%=-64.17%

单位变动成本的敏感系数=$\frac{-64.17\%}{10\%}$=-6.42

该计算结果表明，其他因素不变的前提下，单位变动成本增加1%，利润下降6.42%。

（4）计算固定成本的敏感系数。

当固定成本增加10%，其他因素不变时，固定成本=84 000×（1+10%）=92 400（元）

则此时 EBIT=（2 200-1 540）×200-92 400=39 600（元）

利润变动百分比=$\frac{39\,600-48\,000}{48\,000}$×100%=-17.5%

固定成本的敏感系数=$\frac{-17.5\%}{10\%}$=-1.75

该计算结果表明，其他因素不变的前提下，固定成本增加1%，利润下降1.75%。

将上述四个因素按其敏感系数排列，顺序依次是销售单价（敏感系数9.17）、单位变动成本（敏感系数-6.42）、销售量（敏感系数2.75）、固定成本（敏感系数-1.75）。

【任务实操】运用敏感性分析方法，计算想念公司2023年杂粮挂面A在保本状态的销售量、销售单价、单位变动成本和固定成本，并进行各因素敏感性分析。

业务资料：想念公司2023年生产销售杂粮挂面A，产品成本数据如表3-12所示。

表3-12　　　　　　　　　　产品成本数据

品种	预计产量/吨	单价/（元/千克）	单位变动成本/（元/千克）	固定成本/万元
杂粮挂面A	12 000	15.00	12.00	15

要求：运用敏感性分析方法，计算各因素临界值及其敏感系数，并分别填写在表3-13和表3-14中。

表 3-13　　　　　　　　　　　杂粮挂面 A 保本状态临界值分析表

预计产量/吨	单位变动成本/（元/千克）	销售量临界值/吨	销售单价临界值/元	单位变动成本临界值/元	固定成本临界值/元
单价/（元/千克）	固定成本/万元	销售量下降最大限度/%	销售单价下降最大限度/%	单位变动成本上升最大限度/%	固定成本上升最大限度/%

表 3-14　　　　　　　　　　　杂粮挂面 A 敏感性分析表

品种	预计产量/吨	单价/（元/千克）	单位变动成本/（元/千克）	固定成本/万元	原 EBIT/万元	现 EBIT/万元	利润变动百分比/%	变动因素敏感系数
杂粮挂面 A 基准数据								
销售量增加 10%								
销售单价增加 10%								
单位变动成本增加 10%								
固定成本增加 10%								

技能训练

一、单项选择题

1. 某企业只生产一种产品，单价 6 元/件，单位变动生产成本 4 元/件，单位变动销售和管理成本 0.5 元/件，销售量为 500 件，则其产品边际贡献为（　　　）元。

A. 650　　　　　　B. 750　　　　　　C. 850　　　　　　D. 950

2. 销售收入为 20 万元，边际贡献率为 60%，变动成本总额为（　　　）元。

A. 8　　　　　　　B. 12　　　　　　　C. 4　　　　　　　D. 16

3. 对单一产品进行保本分析，（　　　）。

A. 单位变动成本越大，总成本线斜率越大，保本点越高

B. 单位变动成本越大，总成本线斜率越小，保本点越高

C. 单位变动成本越小，总成本线斜率越小，保本点越高

D. 单位变动成本越小，总成本线斜率越大，保本点越低

4. 生产单一品种产品的企业，保本销售额=（　　　）。

A. 保本销售量×单位利润

B. 固定成本总额÷边际贡献率

C. 固定成本总额÷（单价-单位变动成本）

D. 固定成本总额÷综合边际贡献率

5. 已知产品销售单价为 24 元/件，保本销售量为 150 件，销售额可达 4 800 元，则安全边际率为（　　　）。

A. 33.33%　　　　B. 25%　　　　　　C. 50%　　　　　　D. 20%

6. 利润=（实际销售量-保本销售量）×（　　　）。

A. 边际贡献率　　　B. 单位利润　　　　C. 单位售价　　　　D. 单位边际贡献

7. 销售量不变，保本点越高，则能实现的利润（　　　）。
　　A. 越小　　　　　　B. 不变　　　　　　C. 越大　　　　　　D. 不一定
8. 在下列指标中，可据以判断企业经营安全程度的指标是（　　　）。
　　A. 保本量　　　　　B. 边际贡献　　　　C. 保本作业率　　　D. 保本额
9. 某企业只生产一种产品，月计划销售 600 件，单位变动成本 6 元/件，月固定成本 1 000 元，欲实现利润 1 640 元，则单价应为（　　　）元/件。
　　A. 16.40　　　　　B. 14.60　　　　　C. 10.60　　　　　D. 10.40

二、多项选择题

1. 下列项目中，属于定性预测法的是（　　　）。
　　A. 高低点法　　　B. 主观判断法　　C. 趋势预测法　　D. 调查法
2. 下列各项中，可用于预测未来销售量的是（　　　）。
　　A. 算术平均法　　B. 趋势平均法　　C. 指数平滑法　　D. 直线回归预测法
3. 下列各项中，属于因果预测方法的有（　　　）。
　　A. 对数直线法　　B. 趋势平均法　　C. 指数平滑法　　D. 回归分析法
4. 目标成本确定的方法有（　　　）。
　　A. 选择往年的成本水平作为目标成本
　　B. 选择某一先进成本水平作为目标成本
　　C. 先确定目标成本，然后从产品的销售收入中减去销售税金和目标利润，余额为目标成本
　　D. 利用往年的成本数据来推算目标成本
5. 下列因素对产品成本有影响的是（　　　）。
　　A. 直接材料消耗变动　　　　　　　B. 销售费用变动
　　C. 直接材料价格变动　　　　　　　D. 工资水平变动
6. 下列说法正确的有（　　　）。
　　A. 在销售量不变的情况下，单位变动成本或固定成本越高，则保本点越低
　　B. 在销售量不变的情况下，单位变动成本或固定成本越低，则保本点越低
　　C. 在销售量不变的情况下，保本点越低，则能实现更多的利润或更少的亏损
　　D. 在销售量不变的情况下，保本点越高，则能实现更多的利润或更少的亏损
7. 通过成本预测，掌握未来的成本水平和变动趋势，有助于（　　　）。
　　A. 提高经营管理工作中的可预见性，减少盲目性
　　B. 为科学经营决策提供依据
　　C. 控制成本，促进成本降低，提高企业生产经营的经济效益
　　D. 预测未来目标利润，提高利润水平
8. 下列公式正确的有（　　　）。
　　A. 预计利润=安全边际量×边际贡献率
　　B. 预计利润=基期利润×（1+销售增长率×经营杠杆率）
　　C. 预计利润=销售额×边际贡献率-固定成本总额
　　D. 预计利润=销售量×边际贡献率-固定成本总额

三、判断题

1. 在利润的敏感性分析中，各因素的敏感系数按大小排列的顺序固定不变。（　　　）
2. 对销售进行预测时，企业必须具备有关销售的各期历史统计资料，否则无法进行预测。（　　　）

3. 预测就是对不确定的或不知道的事件做出叙述和描述。（　　）

4. 预测是为决策服务的，有时候也可以代替决策。（　　）

5. 定性预测法与定量预测法在实际应用中是相互排斥的。（　　）

6. 销量预测中的加权平均法与移动加权平均法没有任何共同之处。（　　）

7. 趋势平均法对历史上各期资料同等对待，权数相同。（　　）

8. 销售预测中的算术平均法适用于销售量略有波动的产品的预测。（　　）

9. 目标利润基数可以按不同的利润率标准计算。（　　）

四、实务练习

20 号超市于 2013 年 1 月 1 日开始运营。截至 2022 年年底，20 号超市已持续经营 10 年，销售收入增长趋势平稳，相关因素影响不大，因此超市负责人拟对 20 号超市 2023 年的销售收入采用指数平滑法进行预测，设平滑系数为 0.5，2022 年销售成本预测为 118 684 541.17 元，实际销售成本为 111 822 834.00 元。

要求：运用指数平滑法预测 2023 年销售成本。

项目四
成本决策

学习目标 ↓

【知识目标】

1. 了解成本决策程序。
2. 理解相关成本与无关成本的概念。
3. 掌握成本决策的方法。

【能力目标】

1. 能判断出生产决策的相关成本与无关成本。
2. 能根据生产中的不同情形进行成本决策分析。
3. 能运用模型进行生产环节的成本决策。

【素养目标】

1. 通过成本相关性判断,提升逻辑思维能力和职业判断能力。
2. 通过成本决策模型,树立科学意识,提升系统思维。

引例

在胶卷时代,柯达公司是何等风光。但是,从 20 世纪 90 年代开始,数码相机开始走进千家万户,逐步成为主流的影像工具。除了为了凸显小清新式怀旧感的文艺青年,大部分消费人群都会选择数码相机这种方便、快捷、便宜的工具。但柯达公司明显不愿意移步进入数码影像时代,虽然柯达公司早在 1976 年已经开发了数字照相技术,然而其业务重心仍然在传统的胶卷行业上。主要原因是,管理层担心新的数码业务会削弱传统业务的竞争力。次要原因是,柯达公司已经长期巨额投资于传统胶卷业务。这再次验证了沉没成本的存在。管理层过度陷入过去的已经沉没的投资项目,再加上感情的因素,因此不愿意重新进行理性决策。

于是,柯达公司的那句口号——"成为世界最好的化学影像和电子影像公司"也随着"嗑哒"一声,被定格在了历史中。柯达公司传统影像部门的销售利润从 2000 年的 143 亿美元,锐减至 2003 年的 41 亿美元,跌幅达到 71%。2012 年 4 月 20 日,柯达公司正式宣布破产。认真分析可以发现,如果战略目标已经出现与现实不符的情况,企业还坚持以前的思维习惯,那么必然会遭受打击和失败。如果陈旧的战略已经不适合企业了,管理层还坚持沿用陈旧的战略,那么失败是注定的。

模块一　成本决策认知

【任务描述】区分成本决策的相关成本和无关成本。

成本决策与成本预测紧密相连，成本决策以成本预测为基础，是成本管理不可缺少的一项重要职能，对正确地制订成本计划，促使企业降低成本、提高经济效益具有十分重要的意义。

一、成本决策的概念

决策，是指为达到特定的目标，对某些特殊的专门问题决定是否采取某项行动，或者在两个或两个以上的行动中，选择一个最合理的方案的过程。在现代企业管理中，决策占有重要的地位，即所谓"管理的重心在经营，经营的重心在决策"。

决策用于企业成本管控中即为成本决策。成本决策是指以成本预测为基础，综合经济效益、质量、效率和规模等指标，运用定性和定量的方法，对各方案进行分析、比较，并选择最优方案的成本管理活动。

成本决策是成本会计工作的基本内容，成本预测的结果提供了多种可能性，但是要想付诸实施，选出最优的运营方案，还需要进行成本决策。只有进行成本决策，才能保证管理决策的完整性，才能保证决策结果的经济有效。

二、成本决策的程序

成本决策由若干个相互联系的步骤组成，具体包括以下内容。

（一）提出问题

提出问题就是明确这项决策要解决的问题。例如，在产品的生产方面，有产品品种选择问题、产品深加工问题、产品工艺选择问题等。

（二）确定决策目标

生产成本决策的目标就是在所处理的生产经营活动中，资金耗费水平达到最低，所取得的经济效益最大。在某一具体问题中，可采取多种形式确定决策目标，但总的原则是必须兼顾企业目前和长远的利益，并且要通过自身努力能够实现。为了针对具体问题建立成本决策目标，企业应该注意以下事项。

（1）认真分析决策的性质。

（2）以需要和可能为基础。

（3）适当选择目标的约束条件。

（4）目标必须具体明确等。

（三）广泛搜集资料

搜集的资料是指与进行该项成本决策有关的所有成本资料及其他资料，搜集的资料决定着决策的可靠性。要尽可能多地搜集对决策目标有影响的因素，包括可计量的和不可计量的，特别要搜集有关预期收入和成本的数据。对于搜集的资料，必要时还要进行加工。

（四）提出备选方案

在明确问题和决策目标的前提下，应充分考虑现实与可能性，提出若干可行的备选方案。一个成功的决策应该有多个可行性方案作为保证。所谓可行性，是指生产上可行、技术上适当、经济上合理。拟定可行性方案时，一般应把握两个基本原则：一是保持方案的完整性；二是满足方案之间的互斥性。

（五）分析评价

通过定量分析对各种备选方案做出初步评价。利用搜集的可计量资料，选择适当的决策方法，对各备选方案预期的收入、发生的成本进行比较、评价，分析各种方案的经济效益，确定可行性方案。分析评价是整个决策过程的关键阶段。

（六）优化选择

根据定量分析的初步评价，进一步考虑其他因素的影响，在定量分析与定性分析相结合、经济效益与社会效益相结合的基础上进行综合判断，选择最满意方案。对可行性方案的选择主要应把握两点：一是确定合理的优劣评价标准，包括成本标准和效益标准；二是选取适宜的抉择方法，包括定量方法和定性方法。

（七）评估反馈

评估反馈是指评估决策的执行情况，并进行信息反馈。在执行决策时对决策做出评估，也是检验决策是否正确的方法。每隔一段时间要对决策的执行进行评估，据以发现决策中存在的问题，然后再通过信息反馈，纠正偏差，以保证决策目标的实现。

三、成本决策中的成本概念

在成本决策中有一系列成本概念，比如机会成本、差量成本、专属成本、重置成本等。这些概念与成本核算中的成本概念不同，它们属于决策中应考虑的未来成本，一般无须在凭证和账簿中反映；而成本核算中的产品成本概念单一，只有总成本和单位成本的概念，它们属于历史成本，必须在账簿中予以反映。通常我们根据与决策的相关程度，将成本决策中的成本分为相关成本和无关成本。

（一）相关成本

相关成本包括差量成本、机会成本、专属成本和重置成本等，这些成本与决策有关，决策时必须考虑。成本决策分析中，如果选择某方案，某种成本就会发生，不选择该方案，此类成本将不发生，则可认定此类成本属于相关成本。

1. 差量成本

差量成本又称为差别成本，亦称为增量成本，它有广义和狭义之分。广义的差量成本是指两个不同备选方案预计未来成本的差额，如零部件自制较外购所增加的成本。这类成本是决策的重要依据之一。狭义的差量成本，是指由于本身生产能量（产量的增减变动）利用程度不同而表现在成本方面的差额。在相关范围内，由于固定成本保持不变，狭义差量成本等于相关变动成本即单位变动成本与业务量的乘积；如果突破相关范围，则狭义差量成本不仅包括变动成本差额而且包括固定成本差额。

2. 机会成本

机会成本又称择一成本，是指在经济决策过程中，因选取某一方案而放弃其他方案所付出的代价或丧失的潜在利益。注意，所有未选择方案中最高的那个收益即该中选方案的机会成本。

3. 专属成本

专属成本又称特定成本，是指那些能够明确归属于特定备选方案的固定成本。例如，专门为了生产某产品而发生的机器设备的购置费、保险费等，都属于专属成本。

4. 重置成本

重置成本又称现行成本，是指目前从市场上购买同一项原有资产所需支付的成本。

5. 边际成本

边际成本是指在企业生产能力的一定范围内，产量增加或者减少一个单位所引起的成本变动。单位变动成本便是典型的边际成本。

6. 付现成本

付现成本是指在将来需要用现金支付的成本。企业在短期经营决策中，如果遇到企业目前货币资金比较少，短期内又没有到期的债权可以收回，并且向市场上筹措资金比较困难或者借款利息比较高的情况时，企业对付现成本的考虑往往比对总成本的考虑更为重要。这个时候，企业往往选择付现成本少的，而非总成本低的方案。

7. 可避免成本

可避免成本是指通过管理当局的决策行动可以改变其数额的成本，如企业的研究开发费、广告费、职工培训费等酌量性固定成本，再如按销售收入的一定百分比支出的销售佣金、技术转让费等酌量性变动成本。

8. 可递延成本

可递延成本是指在企业有资金压力的情况下，即使推迟支付也不会影响企业大局的与该方案有关的成本。

（二）无关成本

无关成本是相关成本的对立概念，是指与决策无关的成本，包括沉没成本、不可避免成本、不可递延成本、共同成本、联合成本等。

1. 沉没成本

沉没成本是指由于过去的决策结果而引起的并已经实际支付过款项的成本。沉没成本由于已经发生，并记入账簿，与现在的决策无关，因此是典型的无关成本，决策中不予考虑。大多数固定成本属于沉没成本，但新增的固定成本为相关成本；另外某些变动成本也属于沉没成本。例如半成品无论是自制还是外购，所涉及的半成品成本已经发生，因此为沉没成本，决策中不考虑。

2. 不可避免成本

不可避免成本是指通过管理当局的行动很难改变其数额的成本。例如，管理人员工资、固定资产折旧费、固定资产租赁费等，都属于不可避免成本。

3. 不可递延成本

不可递延成本是指已经选定的方案，即使在企业财力负担有限的情况下，也不能推迟执行，否则会影响企业的大局的与该方案有关的成本。例如，造纸厂污水排放，严重影响了附近的生态环境与居民的生活健康，所以需要安装污水处理设备，需要花费 15 万元。这个方案即使企业资金困难也是要执行的，因为若不执行，企业就会被环保部门勒令停业。所以，与这个方案有关的成本就是不可递延成本。

4. 共同成本

共同成本是与专属成本相对立的成本，是指为多种产品的生产或为多个部门的设置而发生的，应由这些产品或这些部门共同负担的成本。由于它的发生与特定方案的选择无关，因此，在决策中可以不予考虑，也属于比较典型的无关成本。

5. 联合成本

联合成本指工业企业中利用同一种原料，在同一生产过程中同时生产出两种或两种以上的主要产品所发生的总成本。例如，炼油厂提炼原油，炼油厂可以提炼出汽油、煤油、柴油、油焦和石蜡，又可以生产一些化工原料如苯、甲苯、二甲苯等。联合成本是全部产品的综合成本，在联产品的生产中，某一产品的生产总是伴随生产别的产品。所以对于联产品是否需要进一步加工的决策分析，联合成本属于无关成本。

> 💻 **知识小贴士**
>
> 　有决策就有成本的对比，但并不是所有成本都是方案所要考虑的。所以决策中，我们既要将所有与方案相关的成本找出来，对各备选方案做出正确的对比分析，又要善于找出那些与决策不相关的成本，避免其扰乱我们的决策。注意，在各个备选方案中，项目相同、金额相等的未来成本也属于无关成本。

【任务实操】**根据企业资料，判断生产决策的相关成本与无关成本。**

业务资料：想念公司预计 2023 年 1 月会发生以下生产经营业务。

（1）公司利用剩余能力开发新产品无盐挂面 E 或者全麦挂面 F，根据产品成本资料（见表 4-1），分析公司开发哪种产品更为有利。

表 4-1　　　　　　　　　　　产品成本资料

序号	项目	无盐挂面 E	全麦挂面 F
1	销售单价/（元/千克）	15	25
	单位变动成本/（元/千克）	9	20
	固定成本总额/元	100 000	100 000
	专属固定成本/元	8 000	10 000

（2）公司需要面粉，如果外购，单价为 30 元/袋（每袋 5 千克）。如果自制，预计每袋面粉的成本资料如表 4-2 所示。该公司的生产设备如不自制面粉，每月可收租金 1 500 元。每月面粉需要量为 10 000 袋，公司应该选择自制还是外购呢？

表 4-2　　　　　　　　　　　面粉成本资料

序号	项目	金额
2	外购单价/（元/千克）	30
	自制单位变动成本/（元/袋）	20
	固定制造费用/元	12
	租金/（元/月）	1 500

（3）公司原有生产线生产尊享定制 C 产品，年生产能力 10 000 件，每年有 30% 的剩余生产能力，但剩余生产能力无法转移，尊享定制 C 产品的正常销售单价为 200 元/件，有关成本资料如表 4-3 所示。现有一客户提出订货 2 500 件，每件定价 150 元，想念公司要接受这个客户的订单吗？

表4-3 　　　　　　　　　尊享定制 C 产品成本资料

序号	项目	金额
3	直接材料/元	85
	直接人工/元	40
	制造费用/元	
	其中：变动制造费用/元	10
	固定制造费用/元	30
	单位产品成本/（元/件）	165

要求：判断三项生产决策中的成本是相关成本还是无关成本，请在对应的栏中打 √（见表4-4）。

表4-4 　　　　　　　　　产品成本资料

序号	项目	金额		相关成本	无关成本
1	单位变动成本/（元/千克）	9	20		
	固定成本总额/元	100 000	100 000		
	专属固定成本/元	8 000	10 000		
2	外购单价/（元/千克）	30			
	自制单位变动成本/（元/袋）	20			
	固定制造费用/元	12			
	租金/（元/月）	1 500			
3	直接材料/元	85			
	直接人工/元	40			
	制造费用/元				
	其中：变动制造费用/元	10			
	固定制造费用/元	30			
	单位产品成本/（元/件）	165			

模块二　成本决策方法与应用

任务一　成本决策方法

【任务描述】根据企业资料，运用差量分析法，选择合适的方案，进行成本决策。

成本决策方法根据成本决策类型分为确定型成本决策方法和风险型成本决策方法。确定型成本决策是指决策者对未来情况所掌握的信息都是肯定的数据，没有不确定性因素在内，只要比较不同方案的计算结果就能做出的决策。其分析方法一般有：差量损益分析法、边际贡献分析法、成本无差别点分析法、线性规划法、数学模型法等。风险型成本决策是指在决策过程中存在着两种以上决策者无法加以控制的自然状态，但各种自然状态可能的概率大致可以预测的决策。企业在风险决策过程中通常以最佳期望值作为评判标准，即哪个方案的期望值最优就选哪个方案。风险型成本决策常用的分析计算方法有决策矩阵法和决策树法。本教材以确定型成本决策中的差量损益分析法、边际贡献分析法和成本无差别点分析法为例做介绍。

一、差量损益分析法

差量损益分析法是以差量损益作为最终的评价指标，根据不同备选方案的差别收入和差别成本来确定最优方案的方法。

在管理会计中，不同备选方案之间的差别称为差量，其中包括差量收入、差量成本和差量损益。差量收入是两个不同备选方案预期收入之差，差量成本是两个不同备选方案预期成本之差，差量损益是两个不同备选方案的预期损益之差。

在两个备选方案中，若差量收入大于差量成本，即差量损益大于零，说明某一方案优于另一方案。

差量损益分析法适用于同时涉及成本和收入的两个不同方案的决策分析，常常通过编制差量损益分析表进行分析评价。其分析的关键在于：进行决策分析时，只考虑对备选方案的预期收入和预期成本产生影响的项目，不相关的因素一概予以剔除。

差量损益分析法的决策过程如图 4-1 所示。

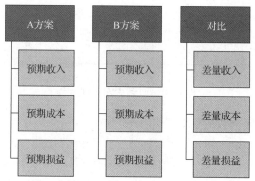

图 4-1　差量损益分析法的决策过程

二、边际贡献分析法

边际贡献分析法是在将成本按照性态分类的基础上，通过比较各备选方案边际贡献的大小来确定最优方案的分析方法。

边际贡献指产品销售收入超过变动成本的金额，通常有两种表现形式：一是单位边际贡献，二是边际贡献总额。固定成本总额在相关范围内保持不变，边际贡献越大，减去不变的固定成本后的余额也就越大，对企业目标利润的贡献也就越大。所以，边际贡献的大小反映了备选方案对企业目标利润贡献的大小。

边际贡献分析法适用于收入成本型方案的择优决策，尤其适用于多个方案的择优决策。在使用该方法时应该注意以下几点。

（1）如果不存在专属成本或者存在专属成本但是专属成本相等，比较不同方案的边际贡献总额。

（2）如果存在专属成本且不相等，比较不同方案的剩余边际贡献总额（边际贡献总额减去专属成本后的余额）。

（3）如果企业某项资源（如材料、人工工时、机器工时等）受到限制，应比较各方案的单位资源边际贡献。

（4）由于边际贡献总额的大小既取决于单位产品边际贡献的大小，也受该产品产销量的影响，所以在进行决策时应尽可能选择边际贡献总额大的方案。

三、成本无差别点分析法

成本无差别点分析法是指在各备选方案的相关收入均为零或相等时，相关的业务量为不确定因素，通过判断不同水平上的业务量与无差别点业务量之间的关系，来做出互斥方案决策的一种方法。假设两种方案的成本线如图 4-2 所示，则成本无差别点是指两个备选方案在总成本相等时的业务量，即为 x_0 点，此时选择两种方案均可；当业务量小于 x_0 时，第二种方案的成本直线在第一种方案成本直线的下方，即第二种方案的成本更低，应选择第二种方案（固定成本较小的方案）；当业务量大于 x_0 时，第一种方案的成本低于第二种方案，应选择第一种方案（固定成本较大的方案）。

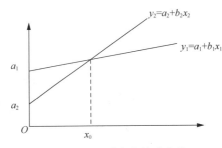

图 4-2　两种方案的成本线

成本无差别点分析法决策的基本步骤如图 4-3 所示。

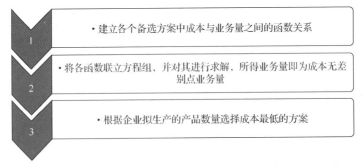

1 • 建立各个备选方案中成本与业务量之间的函数关系

2 • 将各函数联立方程组，并对其进行求解，所得业务量即为成本无差别点业务量

3 • 根据企业拟生产的产品数量选择成本最低的方案

图 4-3　成本无差别点分析法决策的基本步骤

【任务实操】根据企业资料，运用成本无差别点分析法，完成生产工艺的决策分析。

业务资料：想念公司生产杂粮挂面 A 产品时，可以使用 001 型设备和 008 型设备进行加工，两种机器设备加工时所需要的不同成本资料如表 4-5 所示。

表 4-5　　　　　　　　　　　杂粮挂面 A 成本资料

设备类型	单位变动成本/（元/千克）	专属固定成本/元
001 型设备	8 500	15 000
008 型设备	7 500	20 000

要求：请分析该公司在什么批量范围内选用何种设备加工杂粮挂面 A，并填写表 4-6。

表 4-6　　　　　　　　　　　　杂粮挂面 A 成本决策方案

001 型设备预期成本	$y_1=$
008 型设备预期成本	$y_2=$
成本无差别点	
决策方案	

任务二　成本决策方法的应用

【任务描述】根据企业资料，运用成本决策方法，选择合适的方案，进行成本决策。

成本决策通常可用于产品生产决策，即为充分利用现有的生产能力和其他资源条件，以提高经济效益，而对产品品种、数量、亏损产品处理、零部件取得方式及是否深加工等各个方面的问题进行决策，通过比较各个方案的成本效益做出选择。

一、新产品开发的决策分析

新产品，是指在结构、功能或形态上发生改变并推向市场的产品。现代科技日益发展，不断开发新产品、进行老产品的更新换代是企业生存发展、提升市场竞争力的重要手段。

新产品开发决策，指企业在利用现有剩余的生产能力开发新产品的过程中，对不同新产品开发方案进行的决策。一般有两种情况：一种是利用剩余生产能力进行开发，不需追加专属成本（主要指增加新设备的费用）；另一种是需要追加专属成本进行新产品的开发。

（一）不追加专属成本的新产品开发决策

在新产品开发的决策中，若企业利用现有生产能力生产多种产品，不需要追加专属固定成本时，原来的固定成本属于沉没成本，因为即使不开发新产品固定成本也将发生，所以决策时无须考虑。在这种情况下，企业进行产品生产品种的决策分析通常可以采用差量损益分析法或边际贡献分析法。

【例 4-1】光学公司利用剩余生产能力开发新产品，现有超短焦投影机和数字高清投影机两种产品可供选择，新产品成本资料如表 4-7 所示。开发新产品不需要追加专属成本，企业现有剩余生产能力为 30 000 工时。

表 4-7　　　　　　　　　　　　新产品成本资料

项目	超短焦投影机	数字高清投影机
定额工时/机器工时	400	300
销售单价/（元/台）	2 700	1 800
单位变动成本/（元/台）	1 350	1 000
固定成本总额/元	10 000	10 000

要求：帮助企业决策，应该开发何种新产品？

方法一：差量损益分析法

差量损益分析见表4-8。

表4-8 差量损益分析

项目	超短焦投影机	数字高清投影机	差异额
剩余生产能力/时	30 000	30 000	
定额工时/机器工时	400	300	
最大产量/台	30 000÷400＝75	30 000÷300＝100	
销售单价/（元/台）	2 700	1 800	
单位变动成本/（元/台）	1 350	1 000	
相关收入/元	2 700×75＝202 500	1 800×100＝180 000	22 500
相关成本/元	1 350×75＝101 250	1 000×100＝100 000	1 250
差量损益/元			21 250

差量损益分析法计算表明，超短焦投影机和数字高清投影机的差量损益为正值，因此，企业应该选择生产超短焦投影机。

方法二：边际贡献分析法

边际贡献分析见表4-9。

表4-9 边际贡献分析

项目	超短焦投影机	数字高清投影机
剩余生产能力/时	30 000	30 000
定额工时/机器工时	400	300
最大产量/台	30 000÷400＝75	30 000÷300＝100
销售单价/（元/台）	2 700	1 800
单位变动成本/（元/台）	1 350	1 000
单位边际贡献/（元/台）	2 700−1 350＝1 350	1 800−1 000＝800
边际贡献总额/元	1 350×75＝101 250	800×100＝80 000

边际贡献分析法计算表明，超短焦投影机对利润的贡献大于数字高清投影机。因此，企业应该选择生产超短焦投影机。

（二）追加专属成本的新产品开发决策

当新产品开发的决策方案中需要追加专属成本时，无法直接用边际贡献指标来评价各方案的优劣，需用差量损益分析法进行决策。

【例4-2】沿用以上案例资料，假如生产新产品超短焦投影机需要支付专属固定成本30 000元，生产数字高清投影机需要支付专属固定成本8 500元，企业应如何决策？

差量损益分析见表4-10。

表4-10 差量损益分析

项目	超短焦投影机	数字高清投影机	差异额
剩余生产能力/时	30 000	30 000	—
定额工时/机器工时	400	300	—
最大产量/台	30 000÷400＝75	30 000÷300＝100	—

续表

项目	超短焦投影机	数字高清投影机	差异额
销售单价/（元/台）	2 700	1 800	—
单位变动成本/（元/台）	1 350	1 000	—
专属固定成本/元	30 000	8 500	—
相关收入/元	2 700×75=202 500	1 800×100=180 000	22 500
相关成本/元	1 350×75+30 000=131 250	1 000×100+8 500=108 500	22 750
差量损益/元			−250

差量损益分析法计算表明，超短焦投影机和数字高清投影机的差量损益为负值，因此企业应该选择生产数字高清投影机。

二、零部件自制或外购的决策分析

对于具有一定生产能力的企业而言，常常面临所需零部件是自制还是外购的决策。零部件自制或外购决策的假设是：自制或外购所取得的零部件不存在功能差异，在决策中不涉及差别收入。因此，只需要比较不同方案的相关成本，成本较低的方案为更优方案。

当外购和自制需求量相同时，比较增量成本，关键是确定成本分界点，在此点上两个方案成本相同（无差别点），在此点前后自制与外购的成本会产生优劣互换。

在此类决策中，我们需要考虑以下三个问题。

（1）企业生产能力可否用于其他用途。自制需要占用生产能力，而外购不需要占用生产能力。所以当企业生产能力可以用于其他用途时，自制或外购的决策就会出现机会成本差异。选择自制时，由于占用了生产能力，则生产能力丧失了用作其他用途的机会，也就产生了机会成本。选择外购时，生产能力没有被占用，所以不会产生机会成本。

如果生产能力除了自制以外，无法用于其他用途，则两个方案的选择不会出现机会成本差异。

（2）是否需要增加专属成本。如果自制时除了要使用原有生产能力之外，还需要增加专属成本，那么自制时还需考虑专属成本。

（3）零部件全年需要量是否确定。如果全年需要量可以确定，收入、成本可取得，则选择差量损益分析法或者边际贡献分析法均可。如果全年需要量不能确定，那么可选择成本无差别点分析法决策。

【例4-3】光学公司生产产品需要零部件灯泡，如果外购，单价为30元/个。如果自制，预计每个零部件的成本资料如下：直接材料10元，直接人工5元，变动制造费用2元，固定制造费用6元。2023年10月，预计零部件灯泡的需要量为1 000个。

要求：（1）该公司的生产设备如果不自制零部件灯泡，也无其他用途，该公司应该选择外购还是自制？

（2）该公司的生产设备如果不自制零部件灯泡，可出租给外单位使用，每月可收租金1 000元，那么该公司应该选择外购还是自制？

（3）假如自制零部件灯泡时，每年需要增加专属固定成本15 000元，那么该公司应该选择外购还是自制？

【解析】

（1）如果生产设备不自制零部件灯泡，也无其他用途，那么自制无机会成本。差量损益分析（1）见表4-11。

表4-11   差量损益分析（1）

项目	自制	外购	差异额
相关成本/元	（10+5+2）×1 000=17 000	30×1 000=30 000	-13 000

表4-11计算结果表明，零部件灯泡应该选择自制方案，可比外购方案节省13 000元。

（2）如果生产设备不自制零部件灯泡，可出租给外单位使用，每月可收租金1 000元，那么自制方案需考虑机会成本。差量损益分析（2）见表4-12。

表4-12   差量损益分析（2）

项目	自制	外购	差异额
相关成本/元	（10+5+2）×1 000+1 000×12=29 000	30×1 000=30 000	-1 000
其中：增量成本/元	（10+5+2）×1 000=17 000	30×1 000=30 000	
机会成本/元	1 000×12=12 000	0	

表4-12计算结果表明，零部件灯泡应该选择自制方案，可比外购方案节省1 000元。

（3）自制零部件灯泡时，每年需要增加专属固定成本15 000元，自制方案需考虑专属成本。差量损益分析（3）见表4-13。

表4-13   差量损益分析（3）

项目	自制	外购	差异额
相关成本/元	（10+5+2）×1 000+15 000=32 000	30×1 000=30 000	2 000
其中：增量成本/元	（10+5+2）×1 000=17 000	30×1 000=30 000	
专属成本/元	15 000	0	

表4-13计算结果表明，零部件灯泡应该选择外购方案，可比自制方案节省2 000元。

知识小贴士

在零部件全年需要量不确定的情况下，则需要采用成本无差别点分析法进行决策。

三、半成品（或联产品）是否进一步加工的决策分析

企业的半成品可以选择立即出售，也可以在进一步加工后出售，因此企业经常面临半成品是否进一步加工的问题。需要注意的是，半成品在进一步加工前所发生的成本，不论是变动成本还是固定成本，都属于无关成本，不必加以考虑。只有为了继续加工而发生的成本才是与决策相关的成本。这类问题应采用差量损益分析法，通过比较立即出售和进一步加工后出售两种方案的差别损益进行决策：计算分析进一步加工后预期所增加的收入是否超过进一步加工时所追加的成本，若前者大于后者，则进一步加工的方案较优；反之，若前者小于后者，则立即出售为更优方案。

【例4-4】光学公司每年生产半成品镜头5 000个，销售单价为450元/个，单位变动成本为240元/个，固定成本总额为150 000元。如果把半成品镜头进一步加工为投影机，则销售单价可以提高到880元/个，但需要追加单位变动成本170元/个，专属固定成本100 000元。该公司是否要进一步加工？

【解析】

光学公司生产半成品镜头发生的成本，是镜头和进一步加工成完工产品投影机的沉没成本，属于无关成本。而继续加工成投影机需要追加的单位变动成本属于增量成本，增量成本及继续加工的专属固定成本属于相关成本。差量损益分析（4）见表4-14。

表 4–14　　　　　　　　　　　　　差量损益分析（4）

项目	加工	不加工	差异额
相关收入/元	880×5 000=4 400 000	450×5 000=2 250 000	2 150 000
相关成本/元	170×5 000+100 000=950 000	0	950 000
其中：增量成本/元	170×5 000=850 000	0	
专属成本/元	100 000	0	
差量损益/元			1 200 000

表 4-14 计算结果表明，差量损益为正值，所以公司应该选择继续将镜头加工成完工产品投影机。

四、追加订货的管理决策分析

接受追加订货的决策，是指根据目前的生产状况，企业还有一定的剩余生产能力，现有一客户要求追加订货，可是其要求的销售价格低于一般的市场价格，甚至低于该种产品的实际成本，在这种情况下，要求管理人员对是否接受追加订货做出正确的决策。这类问题的决策分析，可采用差量损益分析法。但在决策时要注意以下两点。

（1）当追加订货量小于或等于剩余生产能力时，企业利用剩余生产能力完成追加订货的生产，不会影响正常订货的完成，而且追加订货不会给企业带来专属成本，剩余生产能力无法转移时，只要特殊订货的销售单价大于该产品的单位变动成本，就可以接受该追加订货。

（2）当企业剩余生产能力可以转移时，转产或者出租等转移产生的收益应作为追加订货方案的机会成本。

【例 4-5】 光学公司原有生产线生产短焦投影机，年生产能力 10 000 台，每年有 30%的剩余生产能力，正常销售单价为 2 200 元/台，单位变动成本为 1 540 元/台，固定制造费用为 84 000 元。

要求：（1）现有一位客户提出订货 2 000 台，每台定价 1 800 元。公司剩余生产能力无法转移，增加订货不需要增加专属成本。公司能接受这个客户的订单吗？

（2）假如该客户提出订货 3 000 台，每台定价 1 800 元，剩余生产能力可以对外出租，租金为每年 18 000 元，增加订货无须增加专属设备。公司能接受这个客户的订单吗？

【解析】

（1）生产短焦投影机的剩余生产能力=10 000×30%=3 000（台），客户提出的订货量 2 000 台，小于剩余生产能力，而且剩余生产能力无法转移，增加订货不需要增加专属成本。那么只要特殊订货的单价大于该产品的单位变动成本，就可以追加订货。

该产品的单位变动成本 1 540 元/台小于订单单价 1 800 元/台，所以可以接受追加订货。

（2）差量损益分析（5）见表 4-15。

表 4–15　　　　　　　　　　　　　差量损益分析（5）

项目	接受	拒绝	差异额
相关收入/元	1 800×3 000=5 400 000	0	5 400 000
相关成本/元	1 540×3 000+18 000=4 638 000	0	4 638 000
其中：增量成本/元	1 540×3 000=4 620 000	0	
机会成本/元	18 000	0	
差量损益/元			762 000

表 4-15 计算结果表明，接受追加订货比拒绝追加订货可以多获利 762 000 元，所以应接受追加订货。

五、亏损产品是否应该停产的决策分析

工业企业在日常经营过程中，某些产品不能适销对路或者质量较差、款式陈旧等，往往会造成产品滞销、库存积压，从而发生亏损。这就面临着亏损产品是否要停产的决策分析问题。亏损产品是否停产，分为生产能力是否可以转移两种情况。

在生产能力无法转移的情况下，只要亏损产品的边际贡献大于零就不应该停产。这是因为，根据本量利分析公式 $EBIT=px-bx-F$，一种产品的销售收入首先要补偿生产该产品时发生的变动成本，补偿后若有剩余，即 $TCM=(px-bx)>0$，才有贡献，才能继续补偿固定成本。如果继续生产亏损产品，亏损产品提供的边际贡献可以弥补部分固定成本，而亏损产品停产后只能减少变动成本，并不能减少固定成本。所以，停产亏损产品不仅不会减少亏损，反而会扩大亏损。对这类问题的决策分析可采用边际贡献分析法，也就是在计算分析时，只需搞清亏损产品是否能提供边际贡献，若边际贡献为正数，说明该项亏损产品不应停产。

【例 4-6】光学公司 2022 年产销车载镜头、展台镜头、运动相机镜头三种产品，产销资料如表 4-16 所示。

表 4-16　　　　　　　车载镜头、展台镜头、运动相机镜头产销资料

项目	车载镜头	展台镜头	运动相机镜头
销售量/个	10 000	2 000	5 000
销售单价/（元/个）	200	500	320
单位变动成本/（元/个）	90	420	150
固定成本总额/元	800 000（按产品销售收入比重分配）		

要求：（1）如果停产亏损产品展台镜头，展台镜头的生产能力也无他用，该公司是否应该停产展台镜头？

（2）如果将展台镜头停产后，闲置的生产能力可以对外出租，每年可以获得租金 180 000 元，请做出该公司是否应该停产展台镜头的决策分析。

【解析】

（1）不停产与停产展台镜头的边际贡献与净利润计算分别见表 4-17 和表 4-18。

表 4-17　　　　　　　不停产展台镜头的边际贡献与净利润计算

项目	车载镜头	展台镜头	运动相机镜头	合计
销售量/个	10 000	2 000	5 000	
销售单价/（元/个）	200	500	320	
单位变动成本/（元/个）	90	420	150	
销售收入总额/元	2 000 000	1 000 000	1 600 000	4 600 000
变动成本总额/元	900 000	840 000	750 000	2 490 000
边际贡献总额/元	1 100 000	160 000	850 000	2 110 000
固定成本总额/元	347 826.09	173 913.04	278 260.87	800 000
净利润/元	752 173.91	−13 913.04	571 739.13	1 310 000

表4-18 停产展台镜头的边际贡献与净利润计算

项目	车载镜头	运动相机镜头	合计
销售量/个	10 000	5 000	
销售单价/（元/个）	200	320	
单位变动成本/（元/个）	90	150	
销售收入总额/元	2 000 000	1 600 000	3 600 000
变动成本总额/元	900 000	750 000	1 650 000
边际贡献总额/元	1 100 000	850 000	1 950 000
固定成本总额/元	444 444.44	355 555.56	800 000
净利润/元	655 555.56	494 444.44	1 150 000

表4-17和表4-18计算结果表明，展台镜头产品损失13 913.04元，但是它能提供160 000元的边际贡献，也就是对固定成本总额800 000元抵减了160 000元。如果将展台镜头停产，展台镜头所分配的固定成本总额则要转嫁给车载镜头、运动相机镜头，其结果反而造成净利润的进一步下降，从原来的1 310 000元下降到1 150 000元。所以，该公司不应停产展台镜头。

（2）将剩余生产能力出租可以获得180 000元租金，而继续生产展台镜头，边际贡献=1 000 000-840 000=160 000（元），所以出租方案比继续生产展台镜头的边际贡献多20 000元，应采取出租的方案。

另外，还可以采用差量损益分析法进行分析，如表4-19所示。从计算分析可以看出，停产展台镜头比不停产展台镜头多获利20 000元，所以应停止生产展台镜头，选择出租方案。

表4-19 差量损益分析（6）

项目	停产展台镜头	不停产展台镜头	差异额
相关收入/元	0	1 000 000	-1 000 000
相关成本/元	0	1 020 000	-1 020 000
其中，增量成本/元	0	840 000	
机会成本/元	0	180 000	
差量损益/元			20 000

【任务实操】根据企业资料，运用成本决策方法，帮助企业完成相关决策分析。

业务资料：（1）想念公司原来生产线的设计生产能力是7 200机器工时，但是实际开工率只有原生产能力的80%。如果剩余生产能力可用于开发新产品无盐挂面E或者全麦挂面F（成本资料见表4-20），该公司开发哪种产品更为有利？

操作视频

表4-20 无盐挂面E、全麦挂面F成本资料

序号	项目	无盐挂面E	全麦挂面F
1	定额工时/（时/千克）	2.5	1.5
	销售单价/（元/千克）	15	25
	单位变动成本/（元/千克）	9	20
	固定成本总额/元	100 000	100 000
	专属固定成本/元	8 000	10 000

（2）公司需要面粉，如果外购，单价为 30 元/袋（每袋 5 千克）。如果自制，预计每袋面粉的成本资料如表 4-21 所示。该公司的生产设备如不自制面粉，可用于出租，每月可收租金 1 500 元。每月面粉需要量为 10 000 袋，公司应该选择自制还是外购？

表 4-21　　　　　　　　　　　面粉成本资料

序号	项目	金额
2	外购单价/（元/袋）	30
	自制单位变动成本/（元/袋）	20
	固定制造费用/元	12
	租金/（元/月）	1 500

（3）公司原有生产线生产尊享定制 C 产品，年生产能力为 10 000 件，每年有 30% 的剩余生产能力，但剩余生产能力无法转移，正常销售单价为 200 元/件，尊享定制 C 产品成本资料如表 4-22 所示。现有一客户提出订货 2 500 件，每件定价 150 元，该公司应该接受这个客户的订单吗？

表 4-22　　　　　　　　　　尊享定制 C 产品成本资料

序号	项目	金额
3	直接材料/元	85
	直接人工/元	40
	制造费用/元	
	其中，变动制造费用/元	10
	固定制造费用/元	30
	单位产品成本/（元/件）	165

（4）沿用（3）资料，假如一客户提出订货 3 000 件，定价 150 元/件，剩余生产能力可以对外出租，租金为每年 50 000 元，增加订货无须增加专属设备。该公司应该接受这个客户的订单吗？

（5）沿用（3）资料，假如一客户提出订货 3 000 件，定价 150 元/件，但该订货还有特殊要求，需要购置专属设备，年增加固定成本 15 000 元。该公司应该接受这个客户的订单吗？

要求： 请完成表 4-23、表 4-24、表 4-25、表 4-26 和表 4-27，帮助企业做出成本决策。

表 4-23　　　　　　　　　　　差量损益分析（7）

序号	项目	无盐挂面 E	全麦挂面 F	差异额
1	剩余生产能力/时			
	定额工时/机器工时			
	最大产量/千克			
	销售单价/（元/件）			
	单位变动成本/（元/件）			
	专属固定成本/元			
	相关收入/元			
	相关成本/元			
	差量损益/元			

表 4-24　　　　　　　　　　　差量损益分析（8）

序号	项目	自制	外购	差异额
2	相关成本/元			
	其中，增量成本/元			
	机会成本/元			

表4-25　　　　　　　　　　　　差量损益分析（9）

序号	项目	接受	拒绝	差异额
3	相关收入/元			
	相关成本/元			
	差量损益/元			

表4-26　　　　　　　　　　　　差量损益分析（10）

序号	项目	接受	拒绝	差异额
4	相关收入/元			
	相关成本/元			
	其中，增量成本/元			
	机会成本/元			
	差量损益/元			

表4-27　　　　　　　　　　　　差量损益分析（11）

序号	项目	接受	拒绝	差异额
5	相关收入/元			
	相关成本/元			
	其中，增量成本/元			
	专属成本/元			
	差量损益/元			

技能训练

一、单项选择题

1. 产品定价决策中，常常考虑（　　　）。
   A. 机会成本　　　　　B. 差量成本　　　　　C. 重置成本　　　　　D. 历史成本

2. 决策中不需要区分相关成本和无关成本，以利润作为最终评价指标的决策方法是（　　　）。
   A. 总额分析法　　　B. 差量损益分析法　　C. 线性规划法　　　D. 边际贡献分析法

3. 那些由于过去的决策所引起，已经发生并支付过款项的成本属于（　　　）。
   A. 差量成本　　　　　B. 机会成本　　　　　C. 沉没成本　　　　　D. 专属成本

4. 下列决策方法中，能够直接揭示中选的方案比放弃的方案多获得利润或少发生损失的方法是（　　　）。
   A. 总额分析法　　　　　　　　　　　　B. 差量损益分析法
   C. 相关成本分析法　　　　　　　　　　D. 成本无差别点分析法

5. 以差量损益作为最终的评价指标，并决定方案取舍的决策方法是（　　　）。
   A. 相关成本分析法　　　　　　　　　　B. 差量损益分析法
   C. 成本无差别点分析法　　　　　　　　D. 边际贡献分析法

6. 在下列何种情况下，应停止亏损产品的生产。（　　　）
   A. 亏损产品的销售收入低于变动成本
   B. 亏损产品的销售收入高于变动成本

C. 亏损产品的边际贡献大于零

D. 亏损产品的边际贡献大于零，但利润小于零

7. 有关产品是否进行深加工决策中，深加工前的半成品成本属于（　　　）。

    A. 估算成本　　　　　B. 重置成本　　　　　C. 机会成本　　　　　D. 沉没成本

8. 成本无差别点业务量是指能使两方案（　　　）。

    A. 标准成本相等的业务量　　　　　　　B. 变动成本相等的业务量

    C. 固定成本相等的业务量　　　　　　　D. 总成本相等的业务量

9. 在短期经营决策中，企业不接受特殊价格追加订货的原因是买方出价低于（　　　）。

    A. 正常价格　　　　　　　　　　　　　B. 单位产品成本

    C. 单位变动生产成本　　　　　　　　　D. 单位固定成本

二、多项选择题

1. 相关成本与产品成本不同，它具有的特征有（　　　）。

    A. 所属概念多样化　B. 属于历史成本　C. 账簿中不反映

    D. 凭证中反映　　　E. 决策中考虑

2. 决策中必须坚持相关性原则，凡与决策无关的成本均应剔除，这类方法有（　　　）。

    A. 总额分析法　　　B. 差量损益分析法　C. 成本无差别点分析法

    D. 边际贡献分析法　E. 相关成本分析法

3. 下列各项中，属于无关成本的是（　　　）。

    A. 沉没成本　　　　B. 机会成本　　　C. 专属成本

    D. 重置成本　　　　E. 共同成本

4. 下列各项中属于相关成本的有（　　　）。

    A. 增量成本　　　　B. 机会成本　　　C. 专属成本　　　　D. 沉没成本

5. 下列各种决策分析中，可按成本无差别点分析法做出决策的是（　　　）。

    A. 亏损产品是否应该停产的决策　　　　B. 是否增产的决策

    C. 追加订货的管理决策　　　　　　　　D. 自制或外购的决策

    E. 生产工艺技术方案的决策

6. 下列有关成本无差别点分析法的说法中正确的是（　　　）。

    A. 当业务量小于成本无差别点业务量时，应选择固定成本较小的方案

    B. 当业务量小于成本无差别点业务量时，应选择固定成本较大的方案

    C. 当业务量大于成本无差别点业务量时，应选择固定成本较大的方案

    D. 当业务量大于成本无差别点业务量时，应选择固定成本较小的方案

    E. 当业务量等于成本无差别点业务量时，决策中选择任意方案均可

7. 在进行半成品是否进一步加工的决策分析中，下列观点不正确的是（　　　）。

    A. 如果进一步加工后增加的收入超过进一步加工过程中追加的成本，则应选择直接出售半成品的方案

    B. 如果进一步加工后增加的收入小于进一步加工过程中追加的成本，则应选择继续加工方案

    C. 如果进一步加工后增加的收入等于进一步加工过程中追加的成本，则直接出售半成品与继续加工方案，两者任选其一即可

    D. 决策中必须考虑半成品与产成品数量上的投入产出关系

    E. 决策中必须考虑企业现有的进一步加工能力

8. 当剩余生产能力无法转移时，亏损产品不应停产的条件有（   ）。
   A. 该亏损产品的边际贡献率大于 0
   B. 该亏损产品的变动成本率小于 1
   C. 该亏损产品的边际贡献大于 0
   D. 该亏损产品的单位边际贡献大于 0

三、判断题

1. 如果甲方案的固定成本大于乙方案的固定成本，而且预计的业务量大于成本无差别点业务量，在这种情况下，应选择甲方案。（   ）

2. 与决策有关的成本概念不仅在决策中必须考虑，而且还应在凭证和账簿中反映。（   ）

3. 企业计提的折旧费及发生的管理人员工资属共同成本，在决策中不予考虑。（   ）

4. 相关成本分析法适用于只涉及成本的方案决策，如果不同方案的收入相等，则不能视为此类问题的决策。（   ）

5. 成本无差别点分析法适用于只涉及成本，而且业务量未知的方案决策。（   ）

6. 零部件自制或外购的决策中，不需考虑原有的固定成本，因为它属于沉没成本，与决策无关。（   ）

四、实务练习

某企业生产 A、B、C 三种产品，有关资料如表 4-28 所示。

表 4-28 各产品资料

单位：元

项目	A	B	C	合计
销售收入	500 000	300 000	200 000	1 000 000
变动成本	300 000	210 000	190 000	700 000
固定成本	50 000	30 000	20 000	100 000
利润	150 000	60 000	−10 000	200 000

要求：（1）若亏损产品停产后，闲置的生产能力不能用于其他方面，C 产品是否应停产？

（2）若亏损产品停产后，闲置的生产能力可以用于承揽零星加工业务，预计可获边际贡献15 000 元，C 产品是否应停产？

项目五
成本计划

学习目标 ↓

【知识目标】

1. 了解成本计划编制的程序和要求。
2. 理解全面预算管理。
3. 掌握成本计划的编制方法。

【能力目标】

1. 能编制生产预算表。
2. 能编制直接材料、直接人工、制造费用预算表。
3. 能编制产品成本预算表。

【素养目标】

1. 通过成本计划的编制，提升大局意识和战略决策能力。
2. 养成事先计划、事中控制、事后分析的工作习惯。

🧑 引例

以目标管理著称的国内企业——邯郸钢铁集团有限责任公司（以下简称"邯钢"）的经验是："千斤重担众人挑，人人肩上有指标。"邯钢在目标管理方面的卓越之处就在于其将目标层层分解下放。目标设定并不难，难的是将目标分解到各个部门，形成责任制，邯钢做到了这一点。一方面，由于责任到人，员工的积极性会得到比较大的提升。另一方面，人员的责任和目标与企业的整体规划相符合，真正做到了人员和企业目标一致、同舟共济。邯钢还采用"模拟市场、成本否决"的策略，将丰田的成本企划纳入成本管理的范围，将市场竞争因素纳入成本管理中，紧贴市场进行生产安排，最大限度地降低成本。

总之，不论是预算管理还是目标管理，都涉及企业的成本管理如何定位的问题。如果企业不设定目标，只是埋头生产，就好比盲人摸索着行走。目标和参照物就是成本管理的指南针。以己为镜，可以不断让自己做得更好；以人为镜，可以吸收先进的方法，摒弃陈旧的思想。建立了合适的目标管理和参考体系，企业的前进就有了方向。正如，企业可能看不清自己的成本管理是否存在问题，但佩戴合适的眼镜后，企业便可以看清在成本管理方面的盲目性。

模块一　成本计划认知

【任务描述】 理解全面预算中的成本计划包括的内容。

一、成本计划的概念和作用

（一）成本计划的概念

成本计划是指在成本预测和决策的基础上，根据计划期的生产任务、降低成本的要求及相关资料，通过一定的程序，运用一定的方法，以货币计量的形式表现计划期产品的生产耗费、各种产品的成本水平及相应的成本降低水平和为此采取的主要措施的书面方案。

成本计划是企业生产经营总预算的一部分，编制成本计划属于成本的事前管理，通过对成本的计划与控制，分析实际成本与计划成本之间的差异，指出有待加强控制和改进的领域，达到评价有关部门的业绩、增产节约的目的。因此，成本计划可以作为控制与考核成本的重要依据。企业的整体预算从销售预算开始，最终流向预计利润表、预计现金流量表和预计资产负债表，而编制成本计划是主要的中间环节。全面预算管理如图 5-1 所示。

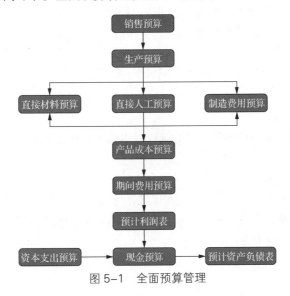

图 5-1 全面预算管理

（二）成本计划的作用

成本计划的作用包含以下三个方面。

（1）编制成本计划是达到目标成本的一种程序，能够使职工明确成本方面的奋斗目标，提高企业领导和职工降低成本的自觉性，克服盲目性，严格控制生产费用支出，挖掘降低成本的潜力，保证完成成本计划任务，提高产品的经济效益。

（2）成本计划是企业成本分析和考核的基本依据，是评价、考核企业及部门成本业绩的标准尺度，是推动企业实现责任成本制度和加强成本控制的有力手段。

（3）成本计划是企业编制其他计划的重要依据。

二、成本计划的内容

成本计划（或预算）的内容包括费用预算、产品成本计划和成本降低措施方案。

（一）费用预算

费用预算通过生产费用要素和生产费用用途来反映企业生产耗费，按生产要素可以编制材料费用预算、工资费用预算，按费用用途可以编制制造费用预算。费用预算具体包括以下内容。

1. 生产费用预算

生产费用预算是按生产费用要素反映的计划期内全部生产费用支出计划。它由两部分构成：一是基本部分，反映按费用要素计算的各项生产费用额及其占总费用的比重；二是调整计算部分，在生产费用总额的基础上加减有关调整项目，使生产费用总额与商品产品成本总额相等，便于与全部商品产品成本计划进行相互核对。生产费用预算可作为控制生产费用支出的依据。

2. 制造费用预算

制造费用是综合性间接费用，既包括生产车间固定资产折旧费、管理人员工资等固定制造费用，又包括材料费、动力费等变动制造费用及一些混合制造费用，如修理费等。制造费用不可能像直接人工、直接材料那样简单确定，因此，应事先编制造费用预算，即按费用项目反映计划期内各项制造费用的支出数。编制时可按各项目费用与业务量之间的关系来确定。

3. 期间费用预算

企业的期间费用是指直接计入当期损益的管理费用、财务费用和销售费用等。这三项费用项目繁多，内容复杂，应分别编制成本预算。

其中管理费用预算按管理费用的详细项目反映计划期内管理费用的控制水平；财务费用预算同样按费用项目反映计划期内各项费用的控制水平；销售费用预算反映销量、费用和利润的关系，也是按费用项目反映计划期内的控制水平。

（二）产品成本计划

产品成本计划反映计划期内各种产品的预计成本水平。产品成本计划一般包括产品单位成本计划和全部商品产品成本计划。

1. 产品单位成本计划

产品单位成本计划按产品的不同品种分别编制，按成本项目反映各产品在计划期内规定的单位成本水平及单位成本降低任务。根据要求，还应列出有关技术经济指标的计划水平。

2. 全部商品产品成本计划

全部商品产品成本计划包括按产品品种编制的全部商品产品成本计划和按成本项目编制的全部商品产品成本计划。

（三）成本降低措施方案

完整的成本计划不能缺少降低成本的措施与方案。在编制成本计划时，企业内部各个部门应提出相应的技术组织措施来保证成本降低计划的完成，经过综合平衡汇总，就能形成成本降低措施方案。它通常包括企业在计划期内降低成本的方法与途径，反映成本降低的项目、内容，降低的数额及产生的效益。

三、成本计划的编制程序和要求

成本计划编制是一项综合性工作，涉及企业生产经营的许多方面，具有较强的技术性。因此，编制成本计划必须按一定程序进行。

（一）成本计划编制程序

1. 搜集和整理资料

搜集和整理资料是编制成本计划的基础工作。应搜集的资料主要包括以下内容。

（1）可比产品上期成本计划执行情况及其分析资料。

（2）计划期内各种直接材料、直接人工消耗定额和工时定额。

（3）企业降低成本的要求与企业测算的目标成本。

（4）与成本计划有关的其他生产经营计划资料。

（5）同类企业、同类产品成本水平。

2. 预计和分析上年成本计划执行情况

编制当期成本计划之前，在预计和分析上年成本计划执行情况的基础上，总结经验，发现问题，找出差距，发动职工提出降低成本的措施。

3. 进行成本降低指标的试算平衡

在对上年成本执行情况进行分析的基础上，根据各项成本降低措施，测算计划期成本可能降低的数据和幅度，再结合计划期内各种因素的变化和准备采取的各种增产节约措施，进行测算、修订和平衡。

4. 正式编制成本计划

在成本降低指标试算平衡后，财务部门可以在其他部门的配合下，正式编制企业的成本计划并经企业领导批准后，组织实施。

（二）成本计划编制的要求

成本计划编制的要求包括以下三个方面。

（1）要以先进、合理的技术经济定额为依据来编制成本计划。这些定额包括物资消耗定额、劳动定额、费用开支定额等。

（2）要以其他生产经营计划为依据编制成本计划。比如依据生产计划、物资供应计划、劳动工资计划等来编制成本计划。

（3）要按照分级归口管理的原则来组织成本计划编制。由财务部门负责组织有关部门参与成本计划编制，保证成本计划符合实际。

模块二　成本计划的编制方法

任务一　生产预算编制

【任务描述】 根据销售预算表，编制生产预算表。

生产预算是指为规划一定预算期内预计生产量水平而编制的一种经营预算。该预算是所有经营预算中唯一使用实物量计量单位的预算，是在销售预算的基础上编制的。

生产预算需要根据预计的销售量按品种分别编制。由于企业的生产和销售不能做到"同步同量"，所以必须设置一定的存货，以保证均衡生产。因此，预算期间除必须备有充足的产品以供销售外，还应考虑预计期初存货量和预计期末存货量等因素。产品预计生产量的计算公式如下。

产品预计生产量=预计销售量+预计期末存货量−预计期初存货量

"预计销售量"可在销售预算中找到；"预计期初存货量"等于上期期末存货量；"预计期末存货量"应根据长期销售趋势来确定，在实践中，一般按事先估计的期末存货量占下期销售量的比例进行估算。

在编制生产预算时，应注意保持生产量、销售量、存货量之间合理的比例关系，以避免发生供应不足、产销脱节或超储积压等情况。生产预算主要由生产部门负责编制，编制期间一般为一年内按产品品种进行分季或分月安排。

【例 5-1】光学公司 2023 年年初红外光学元件的存货为 600 件，预计年末留存 500 件，其他各期期末存货按下期预计销售量的 10%确定。2023 年度光学公司红外光学元件的销售预算表如表 5-1 所示。

表 5-1 2023 年度光学公司红外光学元件的销售预算表

单位：件

项目	第一季度	第二季度	第三季度	第四季度	合计
预计销售量	3 000	4 200	5 000	3 800	16 000

要求：根据上述资料，编制 2023 年度光学公司生产预算表（见表 5-2）。

【解析】

由于第一季度至第三季度各期期末存货按下期预计销售量的 10%确定，因此，第一季度预计期末存货量=第二季度预计销售量 4 200×10%=420（件），第一季度预计生产量=预计销售量 3 000+预计期末存货量 420-预计期初存货量 600=2 820（件）。其他季度同理，但要注意，第二季度至第四季度的期初存货量=上一季度预计期末存货量。

表 5-2 2023 年度光学公司生产预算表

单位：件

项目	第一季度	第二季度	第三季度	第四季度	全年
预计销售量	3 000	4 200	5 000	3 800	16 000
加：预计期末存货量	4 200×10%=420	5 000×10%=500	3 800×10%=380	500	
减：期初存货量	600	420	500	380	
预计生产量	2 820	4 280	4 880	3 920	15 900

【任务实操】 根据销售预算表，编制生产预算表。

业务资料：想念公司 2023 年年初面粉的存货为 6 000 袋（每袋 5 千克），预计年末留存 5 000袋，其他各期期末存货按下期预计销售量的 15%确定。2023 年度想念公司面粉的销售预算表如表 5-3 所示。

表 5-3 2023 年度想念公司面粉的销售预算表

单位：袋

项目	第一季度	第二季度	第三季度	第四季度	合计
预计销售量	1 250 000	750 000	870 000	1 130 000	4 000 000

要求：请填写 2023 年度想念公司生产预算表（见表 5-4）。

表 5-4 2023 年度想念公司生产预算表

单位：袋

项目	第一季度	第二季度	第三季度	第四季度	全年
预计销售量					
加：预计期末存货量					
减：期初存货量					
预计生产量					

任务二 直接材料预算编制

【任务描述】 根据销售预算表、生产预算表，编制直接材料预算及材料采购现金支出计算表。

直接材料预算即直接材料采购预算，指以生产预算为基础，根据生产预算的预计生产量、单位产品材料用量、期初和期末材料库存量、材料的计划单价及采购材料的付款条件等编制的预算期直接材料采购计划。"预计生产量"的数据来自生产预算，"单位产品材料用量"的数据来自标准成本资料或消耗定额资料，"预计生产需要量"是上述两项的乘积。期初、期末材料库存量是根据当前情况和销售预测估计得到的。实践中，各季度"预计期末材料库存量"一般根据下季度需用量的百分比确定。在实际工作中，直接材料采购预算往往还附有"预计现金支出计算表"，用以计算预算期内为采购直接材料而支付的现金数额，以便编制现金预算。有关计算公式如下。

预计生产需要量=预计生产量×单位产品材料用量

预计材料采购量=预计生产需要量+预计期末材料库存量-预计期初材料库存量

预计采购成本=预计材料采购量×预计材料单价

预算期采购金额=该期预计采购总成本+该期预计增值税进项税额

预算期采购现金支出=该期现购材料现金支出+该期支付前期的应付账款

【例5-2】 光学公司所生产的红外光学元件只需要红外光学晶体作为原材料，单位产品材料用量为4克/件，材料采购单价为25元/克，每季度末的材料库存量为下季度生产用量的20%，估计预算年度期初材料库存量为2 000克，期末材料库存量为1 800克。假定每季采购金额中，有60%需要当季支付现金，其余40%到下季支付。2023年第一季度应付2022年第四季度赊购材料款为5 000元，增值税税率9%。

要求： 根据例5-1中的预计生产量和上述单位产品的材料消耗定额及期初、期末的材料库存量等相关资料，编制2023年度光学公司直接材料预算及材料采购现金支出计算表（见表5-5）。

表5-5 2023年度光学公司直接材料预算及材料采购现金支出计算表

项目	第一季度	第二季度	第三季度	第四季度	全年
预计生产量/件	2 820	4 280	4 880	3 920	15 900
单位产品材料用量/（克/件）	4	4	4	4	
预计生产需要量/克	11 280	17 120	19 520	15 680	63 600
加：预计期末材料库存量/克	3 424	3 904	3 136	1 800	1 800
减：预计期初材料库存量/克	2 000	3 424	3 904	3 136	2 000
预计采购量/克	12 704	17 600	18 752	14 344	63 400
材料采购单价/（元/克）	25	25	25	25	25
预计采购成本/元	317 600	440 000	468 800	358 600	1 585 000
增值税进项税额/元	28 584	39 600	42 192	32 274	142 650
预计采购金额合计/元	346 184	479 600	510 992	390 874	1 727 650
期初应付账款/元	5 000				5 000
第一季度采购现金支出/元	207 710.4	138 473.6			346 184
第二季度采购现金支出/元		287 760	191 840		479 600
第三季度采购现金支出/元			306 595.2	204 396.8	510 992
第四季度采购现金支出/元				234 524.4	234 524.4
现金支出合计/元	212 710.4	426 233.6	498 435.2	438 921.2	1 576 300.4

【任务实操】根据销售预算表、生产预算表,编制直接材料预算及材料采购现金支出计算表。

业务资料:想念公司所生产的面粉主要以小麦作为原材料,单位面粉的小麦用量为 6.5 千克/袋,小麦采购单价为 1.60 元/千克,每季度末的材料库存量为下季度生产用量的 15%,估计预算年度期初材料库存量为 100 000 千克,期末材料库存量为 80 000 千克。假定每季采购金额中,有 70%需要当季支付现金,其余 30%到下季支付。2023 年第一季度应付 2022 年第四季度赊购材料款为 3 000 000 元,增值税税率 9%。

操作视频

要求:根据生产预算表(见表 5-4)及上述业务资料,填写 2023 年度想念公司直接材料预算及材料采购现金支出计算表(见表 5-6)。

表 5-6   2023 年度想念公司直接材料预算及材料采购现金支出计算表

项目	第一季度	第二季度	第三季度	第四季度	全年
预计生产量/袋					
单位产品材料用量/(千克/袋)					
生产需要量/千克					
加:预计期末材料库存量/千克					
减:预计期初材料库存量/千克					
预计采购量/千克					
材料采购单价/(元/千克)					
预计采购成本/元					
增值税进项税额/元					
预计采购金额合计/元					
期初应付账款/元					
第一季度采购现金支出/元					
第二季度采购现金支出/元					
第三季度采购现金支出/元					
第四季度采购现金支出/元					
现金支出合计/元					

任务三　直接人工预算编制

【任务描述】根据销售预算表、生产预算表,编制直接人工预算表。

直接人工预算是为直接生产工人耗费编制的预算,是以生产预算为基础编制的。其主要内容有预计生产量、单位产品工时、人工总工时、单位工时工资率和人工总成本。单位产品工时和单位工时工资率数据来自标准成本资料。人工总工时和人工总成本是在直接人工预算中计算出来的。直接人工预算可以反映预算期内人工工时的消耗水平和人工成本。有关计算公式如下。

预计直接人工总工时=单位产品工时定额×预计生产量

预计直接人工总成本=单位工时工资率×预计直接人工总工时

由于人工工资一般由现金支付,所以通常不单独编制列示与此相关的预计现金支出,可直接参加现金预算的汇总。直接人工预算主要由生产部门或劳动人事部门编制,编制时可按不同工种分别计算直接人工成本,然后予以汇总。

【例 5-3】光学公司生产的红外光学元件,单位工时定额为 4 时/件,单位工时工资率为 12 元/时。

要求:根据例 5-1 中的生产预算表(见表 5-2),以及单位产品工时定额、单位工时工资率和

【例 5-3】光学公司生产的红外光学元件，单位工时定额为 4 时/件，单位工时工资率为 12 元/时。

要求：根据例 5-1 中的生产预算表（见表 5-2），以及单位产品工时定额、单位工时工资率和预计生产量，编制 2023 年度光学公司直接人工预算表（见表 5-7）。

表 5-7　　　　　　　　　　2023 年度光学公司直接人工预算表

项目	第一季度	第二季度	第三季度	第四季度	全年
预计生产量/件	2 820	4 280	4 880	3 920	15 900
单位产品工时/（时/件）	4	4	4	4	4
人工总工时/时	11 280	17 120	19 520	15 680	63 600
单位工时工资率/（元/时）	12	12	12	12	12
人工总成本/元	135 360	205 440	234 240	188 160	763 200

【任务实操】根据销售预算表、生产预算表，编制企业直接人工预算表。

业务资料：想念公司生产的面粉，单位工时定额为 0.25 时/袋，单位工时工资率为 11.3 元/时。

要求：根据生产预算表（见表 5-4）及上述业务资料，填写 2023 年度想念公司直接人工预算表（见表 5-8）。

表 5-8　　　　　　　　　　2023 年度想念公司直接人工预算表

项目	第一季度	第二季度	第三季度	第四季度	全年
预计生产量/袋					
单位产品工时/（时/袋）					
人工总工时/时					
单位工时工资率/（元/时）					
人工总成本/元					

任务四　制造费用预算编制

【任务描述】根据销售预算表、生产预算表、直接人工预算表，编制制造费用预算表。

制造费用预算是指应列入产品成本的各项间接费用的预算，是除了直接材料、直接人工预算以外的其他一切生产成本的预算。制造费用按其成本性态划分为变动制造费用和固定制造费用两部分，其预算通常由变动制造费用预算和固定制造费用预算两部分内容编制。

变动制造费用预算是以生产预算为基础编制的，即根据预计的生产量或预计的直接人工工时总数和预计的变动制造费用分配率来计算。预计变动制造费用的计算公式如下。

预计变动制造费用=变动制造费用标准分配率×预计生产量或预计直接人工工时

固定制造费用因与生产量无关，其预算通常是根据上年的实际水平，经过适当的调整得到的，各季度固定制造费用额应等于年度固定制造费用总额除以 4。

由于制造费用中，除折旧费属于非付现成本外，一般都需要支付现金，因此，编制制造费用预算表时应包括预计的现金支出计算，以便为编制现金预算提供必要的资料。制造费用预算的编制主要由生产部门负责。

【例 5-4】光学公司编制 2023 年度制造费用预算时，变动制造费用预算数按例 5-3 中的预计直接人工总工时和本案例的变动制造费用标准分配率计算。变动制造费用标准分配率分别为：材料费 2 元/时、人工费 5 元/时、水电费 1 元/时、修理费 0.8 元/时、其他费用 0.5 元/时。全年固定制造费用 36 000 元，且与产量无关，含折旧费 8 000 元，每季度 2 000 元。以现金支付的各项制造费用均于当季付款。

要求：根据上述资料，编制 2023 年度光学公司制造费用预算表（见表 5-9）。

表 5-9 　　　　　　　　　　　　2023 年度光学公司制造费用预算表

单位：元

项目	第一季度	第二季度	第三季度	第四季度	全年
变动制造费用：					
间接材料	11 280×2=22 560	17 120×2=34 240	19 520×2=39 040	15 680×2=31 360	127 200
间接人工	11 280×5=56 400	17 120×5=85 600	19 520×5=97 600	15 680×5=78 400	318 000
水电费	11 280×1=11 280	17 120×1=17 120	19 520×1=19 520	15 680×1=15 680	63 600
修理费	11 280×0.8=9 024	17 120×0.8=13 696	19 520×0.8=15 616	15 680×0.8=12 544	50 880
其他	11 280×0.5=5 640	17 120×0.5=8 560	19 520×0.5=9 760	15 680×0.5=7 840	31 800
小计	104 904	159 216	181 536	145 824	591 480
固定制造费用	9 000	9 000	9 000	9 000	36 000
制造费用合计	113 904	168 216	190 536	154 824	627 480
减：折旧费	2 000	2 000	2 000	2 000	8 000
现金支出费用	111 904	166 216	188 536	152 824	619 480

【任务实操】根据销售预算表、生产预算表、直接人工预算表，编制制造费用预算表。

业务资料：想念公司编制 2023 年度制造费用预算时，变动制造费用预算数按表 5-8 中的预计直接人工总工时和本任务实操的变动制造费用标准分配率计算。变动制造费用标准分配率分别为：材料费 2 元/时、能耗费（含水、电、燃气费）3 元/时、修理费 4 元/时、其他费用 0.6 元/时。全年固定制造费用 5 700 000 元，且与产量无关，其中管理人员职工薪酬 3 700 000 元，固定资产折旧费 200 000 元。以现金支付的各项制造费用均于当季付款。

要求：根据生产预算表（见表 5-4）、直接人工预算表（见表 5-8），及上述业务资料，编制 2023 年度想念公司制造费用预算表（见表 5-10）。

表 5-10 　　　　　　　　　　　　2023 年度想念公司制造费用预算表

单位：元

项目	第一季度	第二季度	第三季度	第四季度	全年
变动制造费用：					
间接材料					
能耗费					
修理费					
其他					
小计					
固定制造费用					
管理人员职工薪酬					
固定资产折旧费					
制造费用合计					
减：折旧费					
现金支出费用					

任务五　产品成本预算编制

【任务描述】根据生产预算表、直接材料预算表、直接人工预算表、制造费用预算表，编制产品成本预算表。

产品成本预算是指为规划一定预算期内每种产品的单位产品成本、生产成本、销售成本等内容而编制的一种经营预算。

本预算需要在生产预算、直接材料预算、直接人工预算和制造费用预算的基础上编制，同时也为编制预计利润表和预计资产负债表提供数据。

该预算必须按照产品品种进行编制，其程序与存货的计价方法密切相关。不同的存货计价方法，需要采取不同的预算编制方法。

在变动成本法下，如果存货采用先进先出法计价，则产品成本预算的有关计算公式如下。

$$单位产品直接材料预算成本=单位产品直接材料预算耗用量×计划单价$$
$$单位产品直接人工预算成本=单位产品工时标准×预算工资率$$
$$单位产品变动制造费用预算成本=单位产品工时标准×预算变动制造费用分配率$$
$$生产（销货、存货）总成本=生产（销货、存货）数量×单位成本$$
$$预计产品生产成本=预计发生产品生产成本+在产品成本期初余额-在产品成本期末余额$$
$$预计产品销售成本=本期预计产品生产成本+产成品期初余额-产成品期末余额$$

此外，为简化程序，假定企业只编制全年的产品成本预算，不编制季度预算。产品成本预算一般由生产部门负责编制，也可以汇总到财务部门编制。

【例5-5】光学公司2023年年初产成品资料见任务一，生产预算、直接材料预算、直接人工预算和制造费用预算分别见表5-2、表5-5、表5-7、表5-9。假定红外光学元件年初单位成本为190元/件，产成品按先进先出法计价，期初及期末无在产品及自制半成品。

05

要求：根据上述资料按变动成本法编制2023年度光学公司红外光学元件产品成本预算表（见表5-11）。

表5-11　　　　　　　2023年度光学公司红外光学元件产品成本预算表

成本项目	单价/（元/克）	单位用量/（克/件）	单位成本/（元/件）	总成本/元
直接材料	25	4	25×4=100	100×15 900=1 590 000
直接人工	12	4	12×4=48	48×15 900=763 200
变动制造费用	9.3	4	9.30×4=37.2	37.2×15 900=591 480
合计	—	—	185.2	2 944 680
加：在产品及自制半成品的期初余额	—	—	0	0
减：在产品及自制半成品的期末余额	—	—	0	0
预计产品生产成本	—	—	185.2	2 944 680
加：产成品期初余额	—	—	190	600×190=114 000
减：产成品期末余额	—	—	185.2	500×185.20=92 600
预计产品生产成本合计	—	—	185.38	2 966 080

【任务实操】根据生产预算表、直接人工预算表、制造费用预算表，编制产品成本预算表。

业务资料：想念公司2023年年初产成品资料见任务一，生产预算、直接材料预算、直接人工预算和制造费用预算分别见表 5-4、表 5-6、表 5-8 和表 5-9。假定面粉年初单位成本为 18 元/袋，产成品按先进先出法计价，期初及期末无在产品及自制半成品。

要求：根据生产预算表（见表 5-4）、直接材料预算表（见表 5-6）、直接人工预算表（见表 5-8）和制造费用预算表（见表 5-9）及上述业务资料，编制 2023 年度想念公司面粉产品成本预算表（见表 5-12）。

表 5-12 　　　　　　　2023 年度想念公司面粉产品成本预算表

成本项目	单价/（元/千克）	单位用量/（千克/袋）	单位成本/（元/袋）	总成本/元
直接材料				
直接人工				
变动制造费用				
合计				
加：在产品及自制半成品的期初余额				
减：在产品及自制半成品的期末余额				
预计产品生产成本				
加：产成品期初余额				
减：产成品期末余额				
预计产品生产成本合计				

技能训练

一、单项选择题

1. 某企业预计期初存货 50 件，期末存货 40 件，本期销售 250 件，则本期生产量为（　　　）件。
   A. 250　　　　　B. 240　　　　　C. 260　　　　　D. 230
2. 在编制制造费用预算时，计算现金支出应予剔除的项目是（　　　）。
   A. 间接材料　　　B. 间接人工　　　C. 管理人员工资　　　D. 折旧费
3. 在下列预算中，其编制程序与存货的计价方法密切相关的是（　　　）。
   A. 产品成本预算　　B. 制造费用预算　　C. 销售预算　　　D. 生产预算
4. 变动制造费用预算的编制基础是（　　　）。
   A. 生产预算　　　B. 现金预算　　　C. 制造费用预算　　D. 销售预算
5. 直接材料预算编制基础是（　　　）。
   A. 销售预算　　　B. 直接人工预算　　C. 财务预算　　　D. 生产预算
6. 下列预算中，不涉及货币金额，只反映实物量的是（　　　）。
   A. 生产预算　　　B. 现金预算　　　C. 直接材料预算　　D. 销售预算
7. 与生产预算没有直接联系的是（　　　）。
   A. 直接材料预算　　　　　　　　　B. 直接人工预算
   C. 制造费用预算　　　　　　　　　D. 销售与管理费用预算

二、多项选择题

1. 下列各项预算中，预算编制期间与会计年度一致的有（　　　）。
   A. 销售预算　　　B. 管理费用预算　　C. 现金预算　　　D. 财务费用预算

2. 编制生产预算时需要考虑的因素有（　　）。

　　A. 基期生产量　　　　　　　　　B. 基期销售量

　　C. 预算期预计销售量　　　　　　D. 预算期预计期初存货量

　　E. 预算期预计期末存货量

3. 下列各项中，属于产品成本预算编制基础的有（　　）。

　　A. 财务预算　　　　　　　　　　B. 生产预算

　　C. 直接材料预算　　　　　　　　D. 直接人工预算

　　E. 制造费用预算

4. 下列各项中，编制直接人工预算需要考虑的有（　　）。

　　A. 基期生产量　　　　　　　　　B. 生产预算中的预计生产量

　　C. 基期销售量　　　　　　　　　D. 标准单位直接人工工时

　　E. 标准工资率

5. 基本生产车间编制成本计划时，应编制的计划有（　　）。

　　A. 生产预算　　　　　　　　　　B. 直接材料预算

　　C. 直接人工预算　　　　　　　　D. 制造费用预算

　　E. 产品成本预算

三、判断题

1. 生产预算是以销售预算为依据编制的。（　　）

2. 为了便于编制现金预算，还应在编制销售预算的同时，编制与销售收入有关的经营现金收入预算表。（　　）

3. 生产预算是编制全面预算的关键和起点。（　　）

4. 各种经营预算的编制，均同时使用实物量和价值量作为计量单位。（　　）

5. 在编制生产预算时，应考虑预计期初存货和预计期末存货。（　　）

6. 产品成本预算需要在生产预算、直接材料预算、直接人工预算和制造费用预算的基础上编制。（　　）

四、实务练习

20 号超市 2023 年销售收入预测见项目三中技能训练的实务练习，超市员工编制及人工成本计算规则如表 5-13 所示。

表 5-13　　　　　　　　　　超市员工编制及人工成本计算规则

项目	人数	年固定人工成本/元	变动人工成本总额计提规则	变动人工成本分配占比
店长	1	120 000.00	销售收入≤9 500 万元，不计提	1.50%
保管员	20	768 000.00	9 500 万元＜销售收入≤10 500 万元，超过 9 500 万元部分，1.5%计入提成	6.00%
业务员	30	1 620 000.00		28.00%
理货员	120	5 184 000.00	10 500 万元＜销售收入≤11 000 万元，超过 10 500 万元部分，2.5%计入提成	55.50%
收银员	32	1 075 200.00	11 000 万元＜销售收入≤12 000 万元，超过 11 000 万元部分，5.5%计入提成	9.00%
小计	203	8 767 200.00	12 000 万元＜销售收入≤13 000 万元，超过 12 000 万元部分，7.5%计入提成 13 000 万元＜销售收入，超过 13 000 万元部分，10.5%计入提成	100.00%

要求：根据业务资料，完成 20 号超市 2023 年人工成本预算表（见表 5-14）。

表 5-14　　　　　　　　　　20 号超市 2023 年人工成本预算表

项目	人数	年固定人工成本/元	变动人工成本总额/元	变动人工成本分配占比	变动成本/元	人工成本合计/元
店长	1	120 000.00		1.50%		
保管员	20	768 000.00		6.00%		
业务员	30	1 620 000.00		28.00%		
理货员	120	5 184 000.00		55.50%		
收银员	32	1 075 200.00		9.00%		
小计	203	8 767 200.00		100.00%		

项目六

成本控制

学习目标 ↓

【知识目标】

1. 了解成本控制和管理的一般方法。
2. 理解作业成本法下资源、作业和产品的概念。
3. 掌握目标成本法、标准成本法和作业成本法的基本原理。

【能力目标】

1. 能制订合理的目标成本。
2. 能编制产品的标准成本。
3. 能分析出成本动因，完成作业成本的计算。

【素养目标】

1. 通过成本管理方法的应用，增强成本意识，提升组织管理水平。
2. 通过制订标准成本，增强节约意识。
3. 通过作业成本法下成本动因的分析，提升逻辑思维能力和职业判断能力。

引例

宝山钢铁股份有限公司（以下简称"宝钢"）在战略成本管理中，将成本管理的角色定位为：辅助战略选择，支持战略实施。虽然说船大掉头难，但是，在采用战略成本管理后，宝钢作为一个巨型企业，1998—2004 年的短短七年间，仍然实现了平均每年成本降低 3.5% 的"神话"。具体而言，宝钢的成本管理方式包括标杆管理、质量成本管理、作业成本管理、价值链分析、供应链分析、成本动因分析等多种管理方式。实际上，宝钢将这些优秀的管理思想同本企业充分地融合了起来，体现了宝钢专属的成本管理模式。

宝钢通过对竞争环境和自身的分析，将自己定位为"钢铁精品的供应基地"，它的战略目标也相应地定位为"成为全球最具有竞争力的钢铁企业"。

在制订的战略指导下，宝钢将成本管理与战略融合，针对高端产品采用质量成本管理，包括六西格玛管理、标杆管理、价值链分析等。对于力图以低成本抢占市场的产品，宝钢采用的是成本动因分析、作业成本管理等方式寻找改进控制点。总之，为了符合自己的竞争战略，企业一定要采用适合自己的成本管理模式。

模块一　成本控制认知

【任务描述】 理解成本控制的内容及程序。

一、成本控制的概念与分类

（一）成本控制的概念

成本控制就是在企业的生产经营活动中，以降低成本和提高经济效益为目标，通过计量个人或者组织单位的成本，把实际成本与计划、标准或目标进行比较，计算差异，找出差异存在的原因，以例外管理的原则对不利差异采取措施，以迅速的信息反馈来消除产生差异的因素，确保目标和计划得以实现的管理过程。成本控制主要包括以下几个方面。

（1）监督成本执行情况，及时发现实际成本与计划的偏离。

（2）将一些合理改变包括在基准成本中。

（3）防止不正确、不合理、未经许可的改变包括在基准成本中。

（4）向项目涉及方通知合理改变。成本控制还必须和范围控制、进度控制、质量控制等相结合。

成本控制的过程是对企业在生产经营过程中发生的各种耗费进行计算、调节和监督的过程，同时也是一个发现薄弱环节，挖掘内部潜力，寻找一切可能降低成本途径的过程。科学地组织实施成本控制，可以促进企业改善经营管理，转变经营机制，全面提升企业竞争力，使企业在市场竞争中不断发展、壮大。

（二）成本控制的分类

企业的生产经营过程分为若干阶段，每个阶段都有各自的特点，再加上涉及成本控制的部门和人员很多，要想协调好各部门和人员的关系，根据不同的部门和人员采用不同的成本控制方法，就需要对成本控制进行适当的、科学的分类。

根据成本控制的特点，我们可以把成本控制分为如下几类。

1. 按实施的时间划分

广义的成本控制按其实施的时间划分，可分为事前控制、事中控制和事后控制三类。狭义的成本控制仅指事中控制。

（1）事前控制。事前控制是成本的前馈控制和预防控制，是在产品投产前对影响成本的各项经济活动进行事前规划、审核，确定目标成本。事前控制是成本控制中的最优控制，其特点是产品成本耗费发生之前就完成有关修正。

（2）事中控制。事中控制是成本的过程控制，是指在成本的形成过程中，随时将实际成本与目标成本对比，发现问题，采取措施予以纠正，最终实现控制成本的目标。

（3）事后控制。事后控制是成本的后馈控制，是指在成本发生后，进行的综合分析和考核。把日常发生的差异和产生差异的原因汇总起来进行分析研究，探索成本差异形成的主客观原因，明确经济责任，为下一个成本循环提供积极有效的措施，以不断降低成本，提高企业的经济效益。

成本的事后控制是事中控制的延续，而事中控制又是事后控制的前提。成本有了事中控制，就能在每一项生产费用发生之时加以控制，把它限制在合理范围之内，以达到降低成本的目的。但是，事中控制还有一定的局限性，它一般只限于一时、一地、一事的成本控制，至于对一个时期、一个单位、一种产品或服务的综合成本进行分析和考核，则有待于成本的事后控制。另外，由于成本的控制是一个不断循环的过程，所以，就本质而言，事后控制实际上还是下一个循环中事前控制的组成部分。

上述成本控制的三个阶段，紧密相关，缺一不可。

2. 按控制的方法和手段划分

按控制的方法和手段划分，成本控制可分为绝对成本控制和相对成本控制。

（1）绝对成本控制。绝对成本控制是指通过厉行节约、杜绝浪费，达到降低成本的目的。这种控制方法侧重于节流。

（2）相对成本控制。相对成本控制在强调节流的同时，还通过充分利用企业现有的生产能力，挖掘潜力，达到相对降低成本的目的。这种控制方法强调开源与节流并重。

3. 按成本费用的构成划分

成本控制按成本费用的构成划分为原材料成本控制、工资费用控制和制造费用控制。

（1）原材料成本控制。在生产企业，原材料成本在总的生产成本中占的比重比较大，一般在60%～90%，应作为成本控制的主要对象。影响原材料成本的因素有采购费用、库存费用、生产消耗费用、回收利用费用等，所以控制活动可从采购、库存管理和生产消耗三个环节着手。

（2）工资费用控制。工资在成本中占有一定的比重，增加工资又被认为是不可逆转的。控制工资与效益同步增长，降低单位产品中工资的比重，对降低成本有重要意义。控制工资成本的关键在于提高劳动生产率，它与劳动定额、工时消耗、工时利用率、工作效率、工人出勤率等因素有关。

（3）制造费用控制。制造费用开支项目很多，主要包括折旧费、修理费、辅助生产费用、车间管理人员工资等。随着企业现代化程度越来越高，该部分成本的比重也在逐渐加大，但实际生产中，浪费现象却比较普遍，是不可忽视的一项内容。

二、成本控制的程序

生产过程中的成本控制，就是在产品的制造过程中，对成本形成的各种因素，按照事先拟定的标准严格加以监督，发现偏差就及时采取措施加以纠正，从而使生产过程中的各项资源的消耗和费用开支限定在规定的标准范围之内。成本控制的程序如下。

1. 制订成本标准

成本标准是成本控制的准绳，成本标准首先包括成本计划中规定的各项指标。但成本计划中的一些指标都比较综合，还不能满足具体控制的要求，这就必须规定一系列具体的标准。确定这些标准的方法，大致有三种。

（1）计划指标分解法。计划指标分解法即将大指标分解为小指标。分解时，可以按部门、单位分解，也可以按不同产品和各种产品的工艺阶段或零部件进行分解，若更细致一点，还可以按工序进行分解。

（2）预算法。预算法就是用制订预算的办法来制订控制标准。有的企业基本上根据季度的生产销售计划来制订较短期（如月度）的费用开支预算，并把它作为成本控制的标准。采用这种方法特别要注意从实际出发来制订预算。

（3）定额法。定额法就是建立起定额和费用开支限额，并将这些定额和限额作为控制标准来进行控制。在企业里，凡是能建立定额的地方，都应把定额建立起来，如材料消耗定额、工时定额等。实行定额控制的办法有利于成本控制的具体化和经常化。在采用上述方法确定成本控制标准时，一定要进行充分的调查研究和科学计算；同时还要正确处理成本指标与其他技术、经济指标的关系（如和质量、生产效率等的关系），从完成企业的总体目标出发，经过综合平衡，防止片面性。必要时，还应搞多种方案的择优选用。

2. 监督成本

监督成本是根据控制标准，对成本形成的各个项目，经常地进行检查、评比和监督。不仅要检查指标本身的执行情况，而且要评比和监督影响指标的各项条件，如设备、工艺、工具、工人技术水平、工作环境等。所以，成本日常控制要与生产作业控制等结合起来进行。成本日常控制的主要方面有以下几点。

（1）材料费用的日常控制。车间施工员和技术检查员要监督生产是否按图纸、工艺、工装要求进行操作，实行首件检查，防止成批报废。车间设备员要按工艺流程规定的要求监督设备维修和使用情况，不合要求不能开工生产。供应部门材料员要按规定的品种、规格、材质实行限额发料，监督领料、补料、退料等制度的执行。生产调度人员要控制生产批量，合理下料，合理投料，监督期量标准的执行。车间材料费用的日常控制，一般由车间材料核算员负责，其要经常收集材料，分析对比，追踪原因，并会同有关部门和人员提出改进措施。

（2）工资费用的日常控制。工资费用的日常控制主要是车间劳资员对生产现场的工时定额、出勤率、工时利用率、劳动组织的调整、奖金、津贴等的监督和控制。此外，生产调度人员要监督车间内部作业计划的合理安排，要合理投产、合理派工，控制窝工、停工、加班、加点等。车间劳资员（或定额员）对上述有关指标负责控制和核算，分析偏差，寻找原因。

（3）间接费用的日常控制。车间经费、企业管理费的项目很多，发生的情况各异。有定额的按定额控制，没有定额的按各项费用预算进行控制，如采用费用开支手册、企业内费用券（又叫本票、企业内流通券）等形式来实行控制。各个部门、车间、班组分别由有关人员负责控制和监督，并提出改进意见。

上述各生产费用的日常控制，不仅要有专人负责和监督，而且要使费用发生的执行者实行自我控制，还应当在责任制中加以规定。这样才能调动全体职工的积极性，使成本的日常控制有群众基础。

3. 纠正偏差

针对成本差异发生的原因，查明责任者，就其情况，依据轻重缓急，提出改进措施，加以贯彻执行。对于重大差异项目的纠正，一般采用下列程序。

（1）提出课题。从各种成本超支的原因中提出降低成本的课题。这些课题首先应当是那些成本降低潜力大、各方关心、可能实行的项目。提出课题的要求，包括课题的目的、内容、理由、根据和预期达到的经济效益。

（2）讨论和决策。课题选定以后，应发动有关部门和人员进行广泛的研究和讨论。对重大课题，可能要提出多种解决方案，然后进行各种方案的对比分析，从中选出最优方案。

（3）确定方案实施的方法、步骤及负责执行的部门和人员。

（4）贯彻执行确定的方案。在执行过程中也要及时加以监督检查。方案实现以后，还要检查方案实现后的经济效益，衡量是否达到了预期的目标。

模块二　成本控制的方法

任务一　目标成本法

【任务描述】根据背景案例，确定企业的目标成本。

一、目标成本法的概念

目标成本法，是指企业以市场为导向，以目标售价和目标利润为基础确定产品的目标成本，从产品设计阶段开始，通过各部门、各环节乃至与供应商的通力合作，共同实现目标成本的成本管理方法。目标成本法一般适用于制造企业的企业成本管理，也可以在物流、建筑服务等行业应用。

（一）目标成本法的应用环境要求

（1）企业的产品处于一个比较成熟的买方市场环境，且产品的设计、性能、质量、价值等呈现出较为明显的多样化特征。

（2）企业以创造和提升客户价值为前提，以成本降低和成本优化为主要手段，谋求竞争中的成本优势，保证目标利润的实现。

（3）企业成立由研究与开发、工程、供应、生产、销售、财务、信息等有关部门形成的跨部门团队，负责目标成本的制订、计划、分解、下达与考核，并建立相应的工作机制，有效协调有关部门之间的分工合作。

（4）企业能及时、准确地获得目标成本计算所需的产品的售价、成本、利润及性能、质量、工艺、流程、技术等方面各类的财务和非财务信息。

（二）目标成本法的优缺点

1. 目标成本法的优点

（1）突出从原材料到产品出货全过程的成本管理，有助于提高成本管理的效率和增强成本管理的效果。

（2）强调产品寿命周期成本的全过程和全员管理，有助于提升客户价值和产品市场竞争力。

（3）谋求成本规划和利润规划活动有机统一，有助于提升产品的综合竞争力。

（4）进行事前控制且有助于将考核落实到位。

2. 目标成本法的缺点

目标成本法的应用门槛较高，不仅要求企业具有各类所需要的人才，更需要各有关部门和人员的通力合作，对企业的管理水平要求高。

二、目标成本法的应用程序

企业应用目标成本法首先要成立一个跨部门的团队，经过目标成本的制订、分解、达成，到再制订、再分解、再达成多重的循环，以持续降低成本。

（一）成立跨部门团队

企业采用目标成本法的前提是成立一个管理水平较高的跨部门团队，在该团队下成立成本规划、成本设计、成本确认、成本实施等小组，各小组根据管理层授权协同合作完成相关工作。

（1）成本规划小组由业务及财务人员组成，负责设定目标利润，制订新产品开发或老产品改进方针，考虑目标成本等。该小组的职责主要是收集相关信息、计算市场驱动产品成本等。

（2）成本设计小组由技术及财务人员组成，负责确定产品的技术性能、规格，负责对比各种成本因素，考虑价值工程，进行设计图上成本降低或成本优化的预演等。该小组的职责主要是可实现目标成本的设定和分解等。

（3）成本确认小组由有关部门负责人、技术及财务人员组成，负责分析设计方案或试制品评价的结果，确认目标成本，进行生产准备、设备投资等。该小组的职责主要是可实现目标成本设定与分解的评价和确认等。

（4）成本实施小组由有关部门负责人及财务人员组成，负责为确认实现成本目标策划各种措施，分析成本控制中出现的差异，并提出对策，对整个生产过程进行分析、评价等。该小组的职责主要是落实目标成本责任、考核成本管理业绩等。

06

（二）确定应用对象

企业确定目标成本法的应用对象时，应根据目标成本法的应用目标及其应用环境和条件，综合考虑产品的产销量和盈利能力等因素。下列产品比较适合作为应用对象。

（1）企业拟开发的新产品。

（2）功能与设计存在较大弹性空间、产销量较大且处于亏损状态，或者盈利水平较低、对企业经营业绩具有重大影响的老产品。

（三）收集相关信息

企业应用目标成本法需要收集的信息主要包括以下内容。

（1）产品成本构成及料、工、费等财务和非财务信息。

（2）产品功能及其设计、生产流程与工艺等技术信息。

（3）材料的主要供应商、供求状况、市场价格及其变动趋势等信息。

（4）产品的主要消费群体、分销方式和渠道、市场价格及其变动趋势等信息。

（5）本企业及同行业标杆企业的产品盈利水平等信息。

（6）其他相关信息。

（四）目标成本的计算

1. 确定目标售价

确定目标售价应综合考虑客户感知的产品价值、竞争产品的预期相对功能和售价，以及企业针对该产品的战略目标等因素。确定目标售价一般有两种方法。

（1）客户需求法。新产品推出之前首先进行市场研究，可以利用质量功能矩阵收集和分析一般客户对新产品特征的需求与该产品可能提供的各项功能，以供设计改良参考。在分析时不但要了解客户的需求，还要了解客户愿意为此支付的价格。

（2）竞争者分析法。许多公司将竞争者产品的资料收集在质量功能矩阵表中，然后将本公司产品资料与竞争者进行比较。如果竞争者产品的功能和质量较高，那么公司的目标售价就必须低于竞争者的售价；如果竞争者产品的功能和质量较低，那么公司的目标售价就可以等于或高于竞争者的价格。

2. 确定目标利润

目标利润是企业未来一段时间内，在现有的经营条件下应达到的最优目标战略。企业可以选择合理的利润率作为预测目标利润的依据。目标利润的设定应综合考虑利润预期、历史数据、竞争地位分析等因素。

3. 计算市场容许成本

市场容许成本一般指作为生产者管理对象的成本，是对制造成本而言允许的最大可能值，不应该将其扩大到消费者使用成本中去。就涉及范围来讲，以全生命周期成本的观点去看目标成本时，目标成本包括消费者使用成本。因而，市场容许成本是局部性的，目标成本是总体性的。本部分的案例中目标成本指的其实就是制造成本，即市场容许成本。计算公式如下。

市场容许成本=目标售价-目标利润

4. 确定可实现的目标成本

市场容许成本确定后，企业将容许成本与新产品设计成本或老产品当前成本进行比较，确定差异及成因，设定可实现的目标成本。企业主要可以通过改进产品设计、改进生产工艺、寻找替代材料、使用先进的生产设备、提高工人的劳动生产率、加强设备维修、减少闲置设备、组织好生产经营活动等，确定可以实现的目标成本。

企业一般采取价值工程、拆装分析、流程再造、全面质量管理、供应链全程成本管理等措施和手段，寻求消除当前成本或设计成本偏离市场容许成本的措施，使市场容许成本转化为可实现的目标成本。

5. 分解可实现的目标成本

企业应按主要功能对可实现的目标成本进行分解,确定产品所包含的每一零部件的目标成本。在分解时，首先应确定主要功能的目标成本，然后寻求实现这种功能的方法，并把主要功能级的目标成本分配给零部件，形成零部件的目标成本。同时，企业应将零部件的目标成本转化为供应商的目标售价，将压力传递到供应商那里。

（五）目标成本的管理和控制

企业应将设定的市场容许成本、可实现的目标成本、零部件的目标成本和供应商目标售价进一步量化为可控制的财务和非财务指标，落实到各责任中心，形成各责任中心的责任成本和成本控制标准，并辅之以相应的权限，将达成的可实现目标成本落到实处。

企业应依据各责任中心的责任成本和成本控制标准，按照业绩考核制度和办法，定期进行成本管理业绩的考核与评价，为激励各责任中心和人员奠定基础。

企业应定期将产品实际成本与设定的可实现目标成本进行对比，确定其差异及其性质，分析差异的成因，提出消除各种重要不利差异的可行途径和措施，进行可实现目标成本的重新设定、再达成，推动成本管理的持续优化。

【例 6-1】资料一：光学公司 2023 年计划生产新产品智能投影机，公司现有投影机的相关资料如表 6-1 所示。公司根据投影机行业的市场规律及多年的销售经验，将此款智能投影机定位为高端产品，市场批发价设为零售价的 88%，消费者对产品价格 20% 以内的差异并不敏感。

表 6-1 现有投影机的相关资料

项目	现有产品		
	短焦投影机（中低端）	微型投影机（中端）	长焦投影机（中高端）
市场零售价/（元/台）	2 200	2 500	3 000
市场批发价/（元/台）	1 936	2 200	2 640
平均利润率/%	11	7	9

资料二：生产智能投影机所需的前期投资为 850 万元，其中 560 万元为研发费用，290 万元为产品投产费用。预计未来 5 年智能投影机的总销量约为 10 万台。根据公司历史经验，在现存的生产线上，60% 的前期投资由新产品承担。

资料三：智能投影机可实现的目标成本是由原材料、生产工艺及生产过程决定的。其中，原材料的成本由采购价格决定，生产工艺及生产过程产生的成本由产品设计决定。智能投影机的单位制造成本如表 6-2 所示。

表 6-2 智能投影机的单位制造成本

单位：元

成本要素	成本
原材料成本（包括主板、光机、镜头、电池、风扇、面壳、底壳、中框、Wi-Fi 模块、天线、散热器、喇叭、触控按键板等配件）	2 680
加工成本（包括清洁元件、装配、调试、检验、包装等环节）	640
合计	3 320

要求：（1）根据资料一，分析确定智能投影机的市场零售价下限和批发价下限。

（2）根据资料二，分析智能投影机的目标利润率。

（3）假如光学公司将智能投影机的市场批发价确定为 3 422 元/台，试确定智能投影机的市场容许成本。

（4）根据资料三，判断智能投影机当前设计和生产技术的成本是否达到产品的可实现目标成本。

（5）如果需要降低智能投影机的成本，提出相应的措施。

【解析】

（1）根据投影机行业的市场规律及光学公司多年的销售经验，消费者对产品价格20%以内的差异并不敏感，中高端产品长焦投影机价格的120%为 3 600 元。如果智能投影机定价低于 3 600 元，它将把已有的长焦投影机挤出市场。而长焦投影机在现有三种产品中获利能力排第二位。如果将长焦投影机挤出中高端产品市场，可能导致公司的利润计划无法完成。考虑到研发新产品的投入及智能投影机性能的提升，经过综合评估，光学公司将智能投影机的市场零售价下限确定为 3 600 元/台，市场批发价下限确定为 3 168 元/台。

（2）生产智能投影机所需的前期投资为 850 万元，其中 560 万元为研发费用，290 万元为产品投产费用，分摊到未来 5 年的总销量 10 万台中，则平均每台分摊 85 元。根据公司历史经验，在现存的生产线上，60%的前期投资由新产品承担，所以智能投影机的利润率增加 1.5%(=85×60%÷3 422)才能弥补长期投资。也就是说，智能投影机必须能产生 12.5%（目前最高平均利润率11%+1.5%）的利润率才能满足企业的利润要求。

（3）根据确定出来的目标售价和目标利润率，智能投影机的市场容许成本可以确定为：

$$市场容许成本=目标市场批发价-目标利润$$
$$=3\ 422×（1-12.5\%）$$
$$=2\ 994.25（元/台）$$

（4）通过比较发现，使用当前设计和生产技术制造智能投影机的成本高于市场容许成本。为了使得产品的成本达到可实现目标成本，必须在市场容许成本的基础上降低 325.75（=3 320-2 994.25）元。

（5）第一，改进智能投影机在清洁元件和装配方面的功能，使每台产品的成本降低 112.34 元。

第二，电池供应商提出，如果智能投影机使用的电池与长焦投影机、短焦投影机的电池一样，公司扩大采购量，他们愿意降低电池价格。通过这种方式，智能投影机的成本每台可以降低 44.48 元。

第三，与外壳供应商建立战略伙伴关系，他们愿意降低外壳的出厂价，使得智能投影机的成本每台降低 20.18 元。

第四，进一步加强与喇叭供应商的合作关系，指定其为公司唯一的供应商，使得智能投影机的成本每台下降 148.75 元。

至此，智能投影机目标成本达到 2 994.25 元/台。

【任务实操】 根据企业资料，依次确定产品的目标售价、目标利润、市场容许成本、可实现的目标成本，并分解可实现的目标成本。

业务资料： 想念公司 2023 年计划生产新产品无盐挂面 E，公司现有挂面的相关资料如表 6-3 所示。根据挂面行业的市场规律及想念公司的经验，市场批发价约为零售价的 70%，公司将无盐挂面 E 定位为中低档产品，消费者对产品价格 18%以内的差异并不敏感。

表6-3　　　　　　　　　　　　现有挂面的相关资料

项目	现有产品		
	精制挂面（低档）	杂粮挂面（中档）	优质挂面D（高档）
市场零售价/（元/千克）	10	15	40
市场批发价/（元/千克）	7	10.5	28
平均利润率/%	24	28	30

新产品无盐挂面E所需的前期投资为81 000元，其中53 220元为研发费用，27 780元为产品投产费用。预计未来5年无盐挂面E的总销量约为180 000千克。根据企业历史经验，在现存的生产线上，60%的前期投资由新产品承担。

无盐挂面E可实现的目标成本是由构成产品的原材料、生产工艺及生产过程决定的。其中，构成产品的原材料的成本由采购价格决定，新产品的工艺及生产过程由产品设计决定。无盐挂面E的单位制造成本如表6-4所示。

表6-4　　　　　　　　　　　无盐挂面E的单位制造成本

单位：元

原材料	成本
小麦粉	3.72
鸡全蛋粉	1.06
水	0.71
包装袋	0.03
小计	5.52
加工过程	成本
和面	0.01
熟化	0.01
轧片	0.02
切条	0.06
烘干	0.6
截断	0.02
包装入库	0.03
小计	0.75
合计	6.27

要求：（1）确定无盐挂面E市场零售价的下限和批发价的下限。

（2）确定无盐挂面E的目标利润率。

（3）假如想念公司将无盐挂面E的市场批发价确定为8元/千克，试确定无盐挂面E的市场容许成本。

（4）对比无盐挂面E当前的成本和市场容许成本。

（5）提出降低当前成本的可行性措施。

任务二　标准成本法

【任务描述】根据背景案例，确定企业的标准成本。

一、标准成本法的概念

标准成本法，指企业以预先制订的标准成本为基础，通过比较标准成本与实际成本，计算和分析成本差异、揭示成本差异动因，进而实施成本控制、评价经营业绩的一种成本管理方法。

标准成本制度的关键是标准成本的制订。因为标准成本是日常成本控制的目标，是与实际成本相比较从而计算差异的依据，其合理与否直接影响到成本控制的效果分析，所以标准成本的制订要遵循科学性、客观性、正常性和稳定性等原则。所谓科学性和客观性，就是标准成本要根据客观实际，用科学的方法去制订。所谓正常性，就是标准成本要按正常条件去制订，不考虑不能预测的异常变动。所谓稳定性，就是标准成本一经制订，不能随意变动，应保持它的稳定性。管理人员在确定标准成本控制标准时，通常有以下几项标准可供选择。

（一）理想的标准成本

理想的标准成本指在最理想（最佳）的经营状态下的成本。它是在排除一些失误、浪费、低效率的情况下制订的。该类标准太完美，一般情况下，企业员工无论如何努力都达不到这个标准，这会严重挫伤员工的积极性，可能会促使他们采取降低产品质量等一些不合理的手段达到这一标准，最终影响到企业的经营效果。因此，这种标准成本在实际生活中较少采用。

（二）历史的标准成本

历史的标准成本是根据企业过去一段时间实际成本的平均值，剔除生产经营过程中的异常因素，并结合未来的变动趋势而制订的标准成本。在经济形势保持稳定的情况下，可以用历史的标准成本。但是随着科学技术的快速发展，劳动生产率的不断提高，原有的历史成本将逐渐过时，难以在成本管理中发挥应有的作用。

（三）现实的标准成本

现实的标准成本也是正常的标准成本，它是在现有的生产技术水平和正常生产经营能力的前提下应达到的标准。该标准包括了正常的原材料浪费、机器的偶然故障、人员闲置与失误等。因此它是一种经过努力可以达到的既先进合理，又切实可行的比较接近实际的成本，因而被广泛采用。

二、标准成本法的优缺点

（一）标准成本法的优点

（1）便于进行成本控制。标准成本是企业预先制订的在一定时期内应该达到的标准，每个月统计实际发生额从而计算差异，通过差异进行产品生产成本控制及整个生产运营控制。成本差异应按原因反映，并按责任中心归集，这样不但能说明成本升降的原因，还能说明成本升降是由哪些责任中心的工作质量造成的。这就为评价各个责任中心的经营业绩提供了可靠的依据，既加强了经济责任制，又有利于成本控制。

（2）为企业决策提供依据，如定价、竞标等。标准成本去除了不可避免的低效率和浪费因素，而实际成本可能包含过去一些不合理的因素，因此，竞标时，标准成本代表着一定产能下应该发生的成本，相对于实际成本而言更加真实、平稳，更有利于企业做出定价决策。

（3）可以简化成本计算。标准成本是提前制订好的，不用像实际成本法下那样每个月花大量的时间去计算存货和销售成本。标准成本系统可以结合会计电算化使绝大多数财务账目和明细账自动生成，如收到原材料、进行产品生产和产品销售，由于预先设置了材料和产成品的标准成本，

06

这样会节约大量会计核算资源，从而节省巨大的人工成本。

（4）便于制订计划和预算。标准成本可以作为预算的可靠的基础数据，如固定预算、弹性预算等。标准成本从某种程度上可以说是微型或精细化预算，因为它细致到每个产品、原材料、工序等。这样细致的标准成本能提高预算的准确性。

（5）可以激励和鼓舞员工。标准成本是具有挑战性的，一般需要经过努力才能达到。标准成本可以作为一个较高的合理标准来提高公司的效率和业绩，员工也会因此受到激励和鼓舞。

（6）有助于公司合理分配资源。标准成本法下会产生实际成本同标准成本的差异，制订标准成本有助于公司合理分配资源，从而缩小这个差异。

（7）方便产品成本的计算。从成本计算方法来讲，标准成本法能够辅助成本计算，如果把它与分步法结合来用，就可以省去每个成本项目的单位约当产量成本计算，可以直接用单位标准成本来计算。另外，采用标准成本法时，不适合再使用加权平均法计算发出材料的成本，一般采用先进先出法。

（二）标准成本法的缺点

标准成本制订比较复杂，需要组建跨部门团队认真地进行研究，还需要有强有力的制度措施及公司最高管理层强有力的支持，盲目采用该方法，在标准成本的制订上可能会出现简单应付的情况，这样会大大影响标准成本法的作用及企业生产运营控制，标准成本机制基本上只能流于形式。

三、标准成本的制订

产品成本一般由直接材料、直接人工和制造费用三大部分构成，标准成本也应由这三大部分构成。作为成本控制与考核依据的成本标准，标准成本既要切合实际，又要科学合理，通常按照现行成本标准和正常成本标准相结合的现行正常成本标准来制订。

企业在制订标准成本时应实事求是并考虑激励机制，标准太高会挫伤职工积极性，标准太低会缺乏激励作用，导致效率与效益的下降。因此，在制订标准成本时必须综合考虑并体现一定程度的先进性。标准成本制订应考虑科学性、适应性和人文性，需要成本制订者和执行者各方面的共同参与和支持，必须深入现场充分调研，获取各种相关信息和数据，通过反复协商，最后由管理层确定。由于企业生产过程比较复杂，任何单方面制订的标准成本都有失公正性和合理性，必要时可以成立由相关代表组成的"企业标准制订委员会"。

制订标准成本，通常首先确定直接材料和直接人工标准成本，其次确定制造费用的标准成本，最后汇总确定单位产品的标准成本。一般需要分别确定产品用量标准和价格标准，两者相乘后得出单位产品该成本项目的标准成本。标准成本的计算公式如下。

标准成本=用量标准×价格标准

因此，对于直接材料、直接人工和制造费用成本项目需要分别制订用量标准和价格标准。

用量标准包括单位产品材料消耗量、单位产品直接人工工时等，主要由生产技术部门主持制订，同时邀请执行标准的部门及职工参加。

价格标准包括标准的原材料单价、小时工资率、小时制造费用分配率等，由会计部门和其他有关部门共同研究确定。采购部门是材料价格的责任部门；劳资部门和生产部门对小时工资率负有责任；各生产车间对小时制造费用率承担责任，在制订有关价格标准时要与有关部门协商。无论是价格标准还是用量标准，都可以是理想状态下或正常状态下的标准，据此得出理想的标准成本或正常的标准成本。

06

（一）直接材料标准成本的制订

直接材料的标准成本，是指直接用于产品生产的材料成本标准，包括用量标准和价格标准两方面。当产品消耗多种材料时，产品的直接材料标准成本应等于各种材料标准成本之和。

（1）用量标准。首先，根据产品的图纸等技术文件进行产品研究，列出所需的各种材料及可能的代用材料，并说明这些材料的种类、质量及库存情况。其次，通过对过去用料的记录进行分析，采用其平均值，或最高值与最低值的平均数，或最节省的数量，或通过实际测定，或通过技术分析得到的数据，科学地制订用量标准。

某材料单位产品标准用量应根据产品的设计标准与生产设备的工艺性能，在确定产品生产所需消耗材料的种类、质量标准与数量的基础上，由熟练的生产工人进行工艺测试，综合考虑企业的管理水平、生产过程中的必要损耗和难以避免的废品消耗等加以确定。

（2）价格标准。直接材料的价格标准，是指在正常市场环境下，单位材料需要支付的采购成本，包括买价、运输费、整理费、保险费等采购费用。在制订价格标准时，必须由技术人员制订材料的各种质量标准，防止在实际工作中，采购部门为了迎合价格标准，而购买价格较低、质量低劣的原材料。价格标准一般由采购部门负责，会同财务、生产、信息、技术等部门，在考虑市场环境及其变化趋势、订货价格及最佳采购批量等因素的基础上综合确定。材料按计划成本核算的企业，材料的标准单价可以采用材料的计划单价。

确定材料的标准单价应以既定的质量标准为前提，在过去合同价格或供应商报价的基础上，充分考虑市场的变化趋势、最佳采购批量、运杂费、运输损耗等因素。

编制了用量标准和价格标准，就可以确定直接材料的标准成本。直接材料标准成本的计算公式如下。

$$直接材料标准成本 = \sum 某种材料的价格标准 \times 该材料单位产品标准用量$$

（二）直接人工标准成本的制订

直接人工标准成本是指生产单位产品所耗用的人工成本的标准数，包括数量标准和价格标准两部分。

（1）数量标准。直接人工的数量标准亦称为单位产品的标准工时，是指在现有技术条件下生产单位产品所需要的工作时间。直接人工的数量标准一般由生产部门负责，会同技术、信息、财务等部门制订。在对产品生产所需作业、工序、工时进行技术测定的基础上，考虑正常的工作间隙，并考虑生产条件的变化，生产工序、操作技术的改善，以及相关工作人员主观能动性充分发挥等因素，合理确定单位产品的工时标准。当然，也可以挑选若干技术熟练的工人进行现场测算。

（2）价格标准。直接人工的价格标准也称为标准工资率标准，是指单位工时应分配的工资额，包括职工基本工资、保险费、福利费等。如果产品生产过程中涉及不同工资标准的人员，应该事先确定人员结构并分项计算汇总。该标准通常由企业人力资源部门负责，根据企业的薪酬制度等确定。标准工资率的计算公式如下。

$$标准工资率 = \frac{预计直接人工工资总额}{标准总工时}$$

其中，标准总工时是指预计产量所需要直接人工的标准总工时，计算公式如下。

$$标准总工时 = 预计产量 \times 单位产品标准工时$$

根据数量标准和价格标准就可以确定直接人工标准成本，计算公式如下。

$$直接人工标准成本 = 单位产品标准工时 \times 标准工资率$$

（三）制造费用标准成本的制订

制造费用按成本性态分为变动制造费用和固定制造费用两部分，一般情况下应分别制订其标准成本。制造费用标准成本由数量（机器工时）和价格（费用分配率）两项标准组成。

1. 变动制造费用标准成本的制订

变动制造费用，通常指随产量变化而成正比例变化的制造费用。变动制造费用项目的标准成本根据数量标准和价格标准（费用分配率）确定。

（1）数量标准。变动制造费用的数量标准可以是单位产量的燃料、动力、辅助材料等标准用量，也可以是产品的直接人工标准工时，或者是单位产品的标准机器工时。数量标准的选择需考虑数量与成本的相关性，制订方法与直接材料的用量标准及直接人工的数量标准类似。

（2）价格标准。变动制造费用的价格标准是变动制造费用的标准分配率，即每一标准工时应负担的变动制造费用。变动制造费用标准分配率的计算公式如下。

$$变动制造费用标准分配率 = \frac{变动制造费用预算总额}{标准总工时（生产能量下）}$$

根据变动制造费用数量标准和价格标准，就可以确定变动制造费用标准成本。变动制造费用标准成本的计算公式如下。

$$变动制造费用标准成本 = 变动制造费用标准分配率 \times 单位产品标准工时$$

2. 固定制造费用标准成本的制订

固定制造费用，是指在一定产量范围内，其费用总额不随产量变化而变化，始终保持固定不变的制造费用。固定制造费用一般按照费用的构成项目实行总量控制；也可以根据需要，通过计算标准分配率，将固定制造费用分配至单位产品，形成固定制造费用标准成本。

固定制造费用标准成本，一般由财务部门负责，会同采购、生产、技术、营销、财务、人事、信息等有关部门，按照以下程序制订。

（1）依据固定制造费用的不同构成项目的特性，充分考虑产品的现有生产能力、管理部门的决策及费用预算等，测算确定各固定制造费用构成项目的标准成本。

（2）汇总各固定制造费用项目的标准成本，得到固定制造费用的标准总成本。

（3）确定固定制造费用的标准分配率，标准分配率可根据产品的单位工时与预算总工时的比率确定。其中，预算总工时是指由预算产量和单位工时标准确定的总工时。单位工时标准可以依据相关性原则在直接人工工时或者机器工时之间做出选择。

固定制造费用标准成本由固定制造费用项目预算确定。固定制造费用标准成本的计算公式如下。

$$固定制造费用标准分配率 = \frac{固定制造费用预算总额}{标准总工时（生产能量下）}$$

$$固定制造费用标准成本 = 固定制造费用标准分配率 \times 单位产品标准工时$$

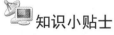

> **知识小贴士**
>
> 　　直接人工与制造费用的数量标准可以不一致，比如直接人工以人工工时作为数量标准，制造费用以机器工时作为数量标准。但变动制造费用与固定制造费用的数量标准要保持一致，比如同为人工工时或机器工时。

【例6-2】资料一：光学公司生产短焦投影机所使用的主要材料外壳的相关标准如表6-5所示。

资料二：光学公司生产短焦投影机预计每月支付的直接人工工资总额为 483 840 元，标准总工时为 40 320 小时，直接人工的工时标准如表6-6所示。

表6-5 主要材料外壳的相关标准

	项目	序号	消耗定额
用量标准	外壳/（克/台）	（1）	10
	正常损耗/（克/台）	（2）	0.8
	单位产品标准用量/（克/台）	（3）=（1）+（2）	10.8
	项目	序号	价格
价格标准	买价/（元/克）	（4）	5.00
	运输成本/（元/克）	（5）	1.10
	运输途中的合理损耗/（元/克）	（6）	0.2
	购货折扣/（元/克）	（7）	−0.05
	标准价格/（元/克）	（8）=（4）+（5）+（6）+（7）	6.25

表6-6 直接人工的工时标准

	项目	序号	工时
数量标准	单位产品基本工时/（时/台）	（1）	22
	机器停工、清理工时/（时/台）	（2）	0.4
	工人休息时间/（时/台）	（3）	1.6
	单位产品标准工时/（时/台）	（4）=（1）+（2）+（3）	24

资料三：光学公司 2022 年 12 月的变动制造费用总额为 185 472 元，固定制造费用总额为 205 632 元，变动制造费用和固定制造费用的数量标准可以直接借用单位产品直接人工工时标准。

要求：（1）根据资料一，计算短焦投影机的直接材料标准成本。

（2）根据资料二，计算短焦投影机的直接人工标准成本。

（3）根据资料三，计算短焦投影机的变动制造费用标准成本和固定制造费用标准成本。

【解析】

（1）直接材料标准成本=外壳材料的标准单价×该材料单位产品标准用量

$$=6.25×10.8=67.5（元/台）$$

（2）标准工资率=$\dfrac{预计直接人工工资总额}{标准总工时}=\dfrac{483\,840}{40\,320}=12（元/时）$

直接人工标准成本 = 单位产品标准工时×标准工资率

$$=24×12=288（元/台）$$

（3）变动制造费用标准分配率=$\dfrac{变动制造费用预算总额}{标准总工时（生产能量下）}=\dfrac{185\,472}{40\,320}=4.6（元/时）$

变动制造费用标准成本=变动制造费用标准分配率×单位产品标准工时

$$=4.6×24=110.4（元/台）$$

固定制造费用标准分配率=$\dfrac{固定制造费用预算总额}{标准总工时（生产能量下）}=\dfrac{205\,632}{40\,320}=5.1（元/时）$

固定制造费用标准成本=固定制造费用标准分配率×单位产品标准工时

$$=5.1×24=122.4（元/台）$$

【任务实操】 根据企业资料，制订产品的标准成本。

业务资料： 想念公司预计面粉月产量为 2 000 吨，标准总工时为 106 000 小时，预计每月

06

支付的直接人工工资总额为 1 197 800 元，变动制造费用总额为 339 200 元，固定制造费用总额为 371 000 元，变动制造费用和固定制造费用的数量标准可以直接借用单位产品直接人工工时标准。生产面粉所使用的主要材料小麦的相关标准及直接人工的工时标准如表 6-7 和表 6-8 所示。

操作视频

表 6-7 主要材料小麦的相关标准

	项目	序号	消耗定额
用量标准	小麦/（千克/袋）	（1）	6.4
	正常损耗/（千克/袋）	（2）	0.1
	小麦标准用量/（千克/袋）	（3）=（1）+（2）	6.5
	项目	序号	价格
价格标准	小麦买价/（元/千克）	（4）	1.57
	小麦运输成本/（元/千克）	（5）	0.05
	运输途中的合理损耗/（元/千克）	（6）	0.03
	购货折扣/（元/千克）	（7）	−0.05
	小麦标准价格/（元/千克）	（8）=（4）+（5）+（6）+（7）	1.60

表 6-8 直接人工的工时标准

	项目	序号	工时
数量标准	基本工时/（时/袋）	（1）	0.22
	机器停工、清理工时/（时/袋）	（2）	0.01
	工人休息时间/（时/袋）	（3）	0.02
	标准工时/（时/袋）	（4）=（1）+（2）+（3）	0.25

要求：分别计算面粉的直接材料标准成本、直接人工标准成本、变动制造费用标准成本和固定制造费用标准成本，并填入面粉的产品标准成本卡（见表 6-9）。

表 6-9 面粉的产品标准成本卡

成本项目	价格标准（或分配率标准）	数量标准（或工时标准）	标准成本
直接材料			
直接人工			
变动制造费用			
固定制造费用			
单位产品标准成本			

任务三 作业成本法

【任务描述】根据背景案例，计算产品的作业成本。

06

一、作业成本法的产生背景及其含义

（一）作业成本法的产生背景

随着"机器取代人"的自动化制造时代来临，企业的经营环境正在发生巨大改变。伴随这种改变，产品或劳务的成本结构亦发生重大改变，其特征就是直接人工成本比重大大下降，制造费用（主要是折旧费用等固定成本）比重大大增加，因此，制造费用分配的科学性将很大程度上决定产品成本计算的准确性和成本控制的有效性。

传统的成本计算方法存在两个重要缺陷。

一个缺陷是将固定成本分摊给不同种类的产品。按照这种做法，随着产量的增加，单位产品分摊的固定成本下降，即使单位变动成本不变，平均成本也会随产量增加而下降。在销售收入不变的情况下，增加产量可以使部分固定成本被存货吸收，减少当期销货成本，增加当期利润，从而刺激经理人员过度生产。变动成本法是为弥补这个缺陷提出来的。

另一个缺陷是产生误导决策的成本信息。在传统的成本计算方法下，制造费用通常按直接人工等产量基础分配。实际上，有许多制造费用项目不是产量的函数，而与生产批次等其他变量存在因果关系。全部按产量基础分配制造费用，会产生误导决策的成本信息。作业成本法是为弥补这个缺陷提出来的。

（二）作业成本法的含义

作业成本法是将间接成本和辅助费用更准确地分配到产品和服务的一种成本计算方法。依据作业成本法的观念，企业的全部经营活动是由一系列相互关联的作业组成的。企业每进行一项作业都要耗用一定的资源；与此同时，产品（包括提供的服务）被一系列的作业生产出来。作业成本法是以"作业消耗资源、产出消耗作业"为原则，按照资源动因将资源费用追溯或分配至各项作业，计算出作业成本，然后再根据作业动因，将作业成本追溯或分配至各成本对象，最终完成成本计算的成本管理方法。

在作业成本法下，直接成本可以直接计入有关产品，与传统的成本计算方法并无差异，只是直接成本的范围更大，凡是便于追溯到产品的材料、人工和其他成本都可以直接归属于特定产品，尽量减少不准确的分配。不能追溯到产品的成本，则先追溯到有关作业或分配到有关作业，计算作业成本，然后再将作业成本分配到有关产品。

作业成本法有助于改进成本控制，使管理人员知道成本是如何产生的，为战略管理提供信息支持。作业成本法一般适用于客户个性化需求较高、市场竞争激烈的企业，或产品的需求弹性较大、价格敏感度高的企业。

二、作业成本法的核心概念

（一）作业

作业是指企业中特定组织（成本中心、部门或产品线）基于一定的目的重复执行的任务或活动，是连接资源和产品的纽带。因为执行任何一项作业都需要耗费一定的资源，任何一项产品的形成都要消耗一定的作业，即作业在消耗资源的同时生产出产品。一项作业可能是一项非常具体的活动，如车工作业；也可能泛指一类活动，如机加工车间的车、铣、刨、磨等所有作业可以统称为机加工作业；甚至可以将机加工作业、产品组装作业等统称为生产作业（相对于产品研发、设计、销售等作业而言）。由若干个相互关联的具体作业组成的作业集合，被称为作业中心。

从不同的角度出发，作业有不同的分类。

1. 按消耗对象分类

按消耗对象，作业可分为主要作业和次要作业。主要作业是被产品、服务或客户等最终成本对象消耗的作业。次要作业是被原材料、主要作业等介于中间地位的成本对象消耗的作业。

2. 按受益对象、层次和重要性分类

按受益对象、层次和重要性，作业分为以下五类，并分别设计相应的作业中心。

（1）产量级作业，是指明确地为个别产品（或服务）实施的、使单个产品（或服务））受益的作业。该类作业的数量与产品（或服务）的数量成正比例变动。产量级作业包括产品加工、检验等。

（2）批别级作业，是指为一组（或一批）产品（或服务）实施的、使该组（或批）产品（或服务）受益的作业。该类作业的发生是由生产的批量数而不是单个产品（或服务）引起的，其数量与产品（或服务）的批量数成正比例变动。批别级作业包括设备调试、生产准备等。

（3）品种级作业，是指为生产和销售某种产品（或服务）实施的、使该种产品（或服务）的每个单位都受益的作业。该类作业用于产品（或服务）的生产或销售，但独立于实际产量或批量，其数量与品种的数量成正比例变动。品种级作业包括新产品设计、现有产品质量与功能改进、生产流程监控、工艺变换需要的流程设计、产品广告制作等。

（4）客户级作业，是指为服务特定客户所实施的作业。该类作业保证企业将产品（或服务）销售给个别客户，但作业本身与产品（或服务）数量独立。客户级作业包括向个别客户提供的技术支持活动、咨询活动、独特包装等。

（5）设施级作业，是指为提供生产产品（或服务）的基本能力而实施的作业。该类作业是开展业务的基本条件，其使所有产品（或服务）都受益，但与产量或销量无关。设施级作业包括管理作业、针对企业整体的广告活动等。

（二）资源费用

资源费用，是指企业在一定期间内开展经济活动所发生的各项资源耗费。资源费用既包括房屋及建筑物、设备、材料、商品等有形资源的耗费，也包括信息、知识产权、土地使用权等各种无形资源的耗费，还包括人力资源耗费及其他各种税费支出等。企业的资源既包括直接材料、直接人工、生产维持成本（如采购人员的工资），还包括制造费用及生产过程中的其他费用（如销售推广费用）。为便于将资源费用直接追溯或分配至各作业中心，企业还可以按照资源与不同层次作业的关系，将资源分为如下五类。

（1）产量级资源。其包括为单个产品（或服务）所取得的原材料、零部件、人工、能源等。

（2）批别级资源。其包括用于生产准备、机器调试的人工等。

（3）品种级资源。其包括为生产某一种产品（或服务）所需要的专用化设备、软件或人力等。

（4）客户级资源。其包括为服务特定客户所需要的专门化设备、软件和人力等。

（5）设施级资源。其包括土地使用权、房屋及建筑物，以及所保持的不受产量、批别、产品、服务和客户变化影响的人力资源等。

对产量级资源费用，应直接追溯至各作业中心的产品等成本对象。对其他级别的资源费用，应选择合理的资源动因，按照各作业中心的资源动因量比例，分配至各作业中心。企业为执行每一种作业所消耗的资源费用的总和，构成该种作业的总成本。

（三）成本动因

成本动因是指作业成本或产品成本的驱动因素。例如，产量增加时，直接材料成本就增加，

06

产量是直接材料成本的驱动因素，即直接材料的成本动因。又如，检验成本随着检验次数的增加而增加，检验次数就是检验成本的驱动因素，即检验成本的成本动因。在作业成本法中，成本动因分为资源动因和作业动因两类。

1. 资源动因

资源动因是引起作业成本增加的驱动因素，用来衡量一项作业的资源消耗量。依据资源动因可以将资源成本分配给各有关作业。例如，产品质量检验工作（作业）需要有检验人员、专用设备，并耗用一定的能源（电力）等。检验作业作为成本对象（亦称成本库），耗用的各项资源构成了检验作业的成本。其中，检验人员的工资、专用设备的折旧费等成本，一般可以直接归属于检验作业；而能源成本往往不能直接计入，需要根据设备额定功率（或根据历史资料统计的每小时平均耗电数量）和设备开动时间来分配。这里，"设备额定功率乘设备开动时间"就是能源成本的动因。设备开动使能源成本发生，设备额定功率乘设备开动时间的数值（即动因数量）越大，耗用的能源越多。将"设备额定功率乘设备开动时间"这一动因作为能源成本的分配基础，可以将检验专用设备耗用的能源成本分配到检验作业当中。这项作业的总成本就等于可直接追溯的资源成本与按资源动因分配的成本之和。

企业应识别当期发生的每一项资源消耗，分析资源耗用与作业中心作业量之间的因果关系，选择并计量资源动因；企业一般应选择那些与资源费用总额成正比例关系变动的资源动因作为资源费用分配的依据。

2. 作业动因

作业动因用于衡量一个成本对象（产品、服务或客户）需要的作业量，是产品成本增加的驱动因素，反映了作业耗用与最终产出的因果关系，是将作业成本分配到流程、产品、分销渠道、客户等成本对象的依据。例如作业动因"维修工作小时数"可被用来将"维修设备"作业的成本进一步分配至成本计算对象。

（1）当作业中心仅包含一种作业的情况下，所选择的作业动因应该是引起该作业耗用的成本动因；当作业中心由若干个作业集合而成的情况下，企业可采用回归分析法或分析判断法，比较各作业动因与该作业中心成本之间的相关关系，选择相关性最大的作业动因，即代表性作业动因，作为作业成本分配的基础。

（2）作业动因需要在业务动因、持续动因和强度动因间进行选择。其中，业务动因，是指用执行频率或次数计量的成本动因，包括接受或发出订单数、处理收据数等；持续动因，是指用执行时间计量的成本动因，包括产品安装工时、检查工时等；强度动因，是不易按照频率、次数或执行时间进行分配而需要直接衡量每次执行所需资源的成本动因，包括特别复杂产品的安装、质量检验等。企业如果每次执行作业所需要的资源数量相同或接近，应选择业务动因；如果每次执行作业所需要的时间存在显著的不同，应选择持续动因；如果作业的执行比较特殊或复杂，应选择强度动因。

对于选择的作业动因，企业应采用相应的方法和手段进行计量，以取得作业动因量的可靠数据。

三、作业成本法的基本原理

作业成本法下资源与产品成本（或劳务成本）的关系分为直接因果关系、间接因果关系和无因果关系三种管理。

（1）与产品成本等有直接因果关系的资源就是平时所说的"直接成本"，它是指产品生产过程中，直接用于产品生产的直接材料、直接人工等。直接成本可以直接计入产品的生产成本，也被为"直接追溯成本"。

（2）与产品生产有间接因果关系的成本称为"间接成本"，它是指生产企业各生产单位为组织和管理生产发生的各种费用，包括制造费用及间接的销售和管理费用。间接成本发生后，不能直接计入某一成本计算对象，在会计期间终了，按照一定的标准（比如各种产品所耗用的工时）将所归集的间接费用分配计入相关产品的生产成本。

不同于传统成本法的是：作业成本法先根据资源与作业的因果关系（也就是资源动因关系）将各作业所消耗的资源计入特定作业，然后再根据作业与产品（或劳务）的因果关系将各产品（或劳务）所消耗的作业计入特定产品（或服务）。这就是作业成本法中的"动因追溯法"。作业成本法的核心在于把"作业量"与传统成本法中的"数量"，即人工工时、机器工时区别开，并以作业量作为分配大多数间接成本的基础。

（3）与产品无因果关系的成本为不可追溯成本，这种成本与成本对象之间没有因果关系或追溯不具有经济可行性。把不可追溯成本分摊至各成本计算对象的过程称为分摊。由于不可追溯成本与成本对象不存在因果关系，所以分摊不可追溯成本往往建立在简便原则或者假定联系的基础上。例如一个公司生产六种产品，在分摊照明费和取暖费时，很难找到其中的因果关系，简便的做法就是按每种产品消耗的人工工时比例进行分摊。

作业成本法的成本框架如图 6-1 所示。

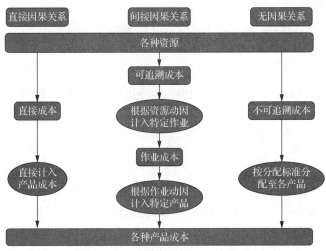

图 6-1 作业成本法的成本框架

从图 6-1 可以看出，作业成本法的核心是制造费用的分配问题。即作业消耗资源，资源消耗作业。

作业成本法的基本原理可以概括为：依据不同的成本动因分别设置作业中心，归集每一个作业中心的资源费用，再分别以每一种产品所耗费的作业量分配其在该作业中心的作业成本，最后汇总每一种产品的作业总成本，计算各种产品的总成本和单位成本。作业中心设计，是指企业将认定的所有作业按照一定的标准进行分类，形成不同的作业中心，作为资源费用追溯或分配对象的过程。作业中心可以是某一项具体的作业，也可以是由若干个相互联系的能够实现某种特定功能的作业集。

作业成本法对制造费用的分配做了根本性变革。一是将制造费用由全厂统一或按部门归集和分配，改为由若干个作业中心分别进行归集和分配。二是增加了分配标准，由单一分配标准改为按引起间接费用发生的多种产品动因进行分配。间接费用分配规律如图 6-2 所示。

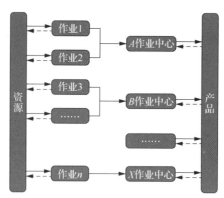

图 6-2　间接费用分配规律

四、作业成本法的核算步骤

（一）直接成本费用的归集与分配

直接成本包括直接材料、直接人工及其他直接费用，其计算方法与传统的成本计算方法一样。直接材料易于追溯到成本对象上，通常在生产成本中占有较大的比重，直接成本计算的正确性，对于产品成本的高低和成本计算的正确性有很大影响。为了加强控制、促进节约、保证费用归集的正确性，直接材料从数量到价格等各个方面，都必须按成本核算的原则和要求，认真对待。直接人工是直接用于产品生产而发生的人工费用。

（二）作业的认定

建立作业成本系统从作业认定开始，即确认每一项作业完成的工作及执行该作业耗用的资源成本。作业的认定需要对每项消耗资源的作业进行定义，识别每项作业在生产活动中的作用、与其他作业的区别，以及每项作业与耗用资源的联系。

作业认定有两种方式：一种是根据企业总的生产流程，自上而下进行分解；另一种是通过与员工和经理进行交谈，自下而上地确定他们所做的工作，并逐一认定各项作业。例如，根据生产流程分析和工厂的布局可知，由于原材料仓库与生产车间之间有 0.5 千米的距离，必然存在材料搬运作业，这项作业就是将生产用的原材料从仓库运送到生产车间。通过另一种形式，即与从事相关作业的员工或经理交谈，也可以识别和认定该项作业。比如与进行搬运作业的员工进行交谈，问"你是做什么的?"也很容易得出生产过程中有这样一项搬运作业，它的主要作用是把原材料从仓库运往生产车间。在实务中，自上而下和自下而上这两种作业认定方式往往需要结合起来运用。经过这样的程序，就可以把生产过程中的全部作业一一识别出来，并加以认定。为了对认定的作业进一步分析和归类，在作业认定后，需按顺序列出作业清单。表 6-10 是一个以变速箱制造企业为背景的作业清单示例。需要说明的是，这仅仅是一个示例，实际上对一个企业在产品生产过程中认定作业数量的多少，取决于该企业自身的产品生产特点。

表 6-10　　　　　　　　　某变速箱制造企业的作业清单示例

作业名称	作业说明
材料订购	包括选择供应商、签订合同、明确供应方式等
材料检验	对每批购入的材料进行质量、数量检验
生产准备	每批产品投产前，进行设备调整等准备工作
发放材料	每批产品投产前，将生产所需材料发往各生产车间

作业名称	作业说明
材料切割	将管材、圆钢切割成适于机加工的毛坯工件
车床加工	使用车床加工零件（轴和连杆）
铣床加工	使用铣床加工零件（齿轮）
刨床加工	使用刨床加工零件（变速箱外壳）
产品组装	人工装配变速箱
产品质量检验	人工检验产品质量
包装	用木箱包装产品
车间管理	组织和管理车间生产、提供维持生产的条件

（三）作业成本库的设计

作业认定后，接下来的工作是设计作业成本库，作业成本库包括如下四类。

1. 单位级作业成本库

单位级作业是指每一单位产品至少要执行一次的作业。例如，机器加工、组装。这类作业每个产品都必须执行。这类作业的成本包括直接材料、直接人工、机器成本和直接能源消耗等。

单位级作业成本是直接成本，可以追溯到单位产品上，即直接计入成本对象。

2. 批次级作业成本库

批次级作业是指同时服务于每批产品或许多产品的作业。例如生产前机器调试、成批产品转移至下一工序的运输、成批采购和检验等。它们的成本取决于批次，而不是每批中单位产品的数量。

批次级作业成本需要单独进行归集，计算每一批的成本，然后分配给不同批次（如某订单），最后根据每批次中产品的数量在单个产品之间进行分配。

3. 品种级（产品级）作业成本库

品种级作业是指服务于某种型号或样式产品的作业。例如，产品设计、确定产品生产工艺规程、工艺改造、产品更新等。这些作业的成本依赖于产品的品种数或规格型号数，而不是产品数量或生产批次。产品比品种更综合，一种产品可能包括多种规格型号的品种，但产品级作业与品种级作业具有相似特征。

品种级作业成本仅仅因为某个特定的产品品种存在而发生，随产品品种数而变化，不随产量、批次数而变化。例如，维护某一产品的工程师的数量取决于产品的复杂程度，而生产的复杂程度是产品零件多少的函数，因此可以以零件数量为基础分配品种级成本至每一种产品，然后再分配给不同的批次（如某订单），最后根据每批次中产品的数量在单个产品之间进行分配。

4. 生产维持级作业成本库

生产维持级作业，是指服务于整个工厂的作业。例如，工厂保安、维修、行政管理、保险、财产税等。它们是为了维持生产能力而进行的作业，不依赖于产品的数量、批次和种类。

无法追溯到单位产品，并且和产品批次、产品品种无明显关系的成本，都属于生产维持级成本。这些成本首先被分配到不同产品品种，然后再分配到成本对象（如某订单），最后分配给单位产品。这种分配顺序不是唯一选择，也可以直接依据直接人工或机器工时分配给成本对象。这是一种不准确的成本分摊，不同层级的作业成本如图6-3所示。

06

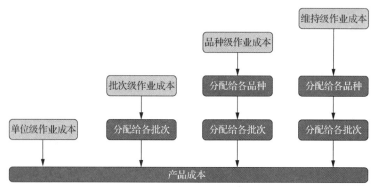

图 6-3　不同层级的作业成本

（四）确定成本动因

1. 资源动因的选择与计量

企业应识别当期发生的每一项资源消耗，分析资源耗用与作业中心作业量之间的因果关系，选择并计量资源动因。企业一般应选择那些与资源费用总额成正比例关系变动的资源动因作为资源费用分配的依据。典型的资源和资源动因如表 6-11 所示。

表 6-11　　　　　　　　　　　　　典型的资源和资源动因

资源	资源动因
职工医疗保险	职工人数
人力	消耗劳动时间
动力	消耗电力数
房屋租金	房屋面积
折旧	所用设备价值

2. 作业动因的选择与计量

对于选择的作业动因，企业应采用相应的方法和手段进行计量，以取得作业动因量的可靠数据。生产企业作业层级及作业动因如表 6-12 所示。

表 6-12　　　　　　　　　　　　生产企业作业层级及作业动因

作业类型	作业名称	作业动因
产量级作业	机器处理	机器工时
	直接人工操作	直接人工工时
	每件产品的质量检验	产品数量
批别级作业	处理采购订单	采购订单处理次数
	处理产品订单	产品订单处理次数
	机器安装	安装次数、安装工时
	处理材料	材料处理磅数、材料移动次数
品种级作业	测试新产品	测试工时
	管理零件存货	零件种类数
	设计产品	设计工时
设施级作业	厂房管理	直接人工工时
	厂房建筑和土地	直接人工工时

作业中心只包含一种作业的情况下，所选择的作业动因应该是引起该作业耗用的成本动因。

在作业中心由若干个作业集合而成的情况下，企业可以采用回归分析法或者判断法，分析比较各具体作业动因与该作业中心的相关关系，选择相关性最大的作业动因，即代表性作业动因，作为作业成本分配的基础。选择成本动因主要注意如下两方面的问题。

（1）成本动因的相关程度。一个成本库中可能有多个与产品相关的成本动因存在。选择成本动因时要考虑作业动因与作业中心的相关程度，按照相关程度对作业动因由高到低进行排列，选取相关度最大的一个或几个成本动因。

（2）不能盲目地将所有成本动因都计入。成本动因数量与成本结果的正确性成正相关，选择的成本动因越多，其准确性就越高。成本动因的数量与实施的净效益成线性相关。在一定的范围之内增加成本动因的数量会使净效益增加，但是，超过这个范围之后成本动因数量的增加则会造成净效益的降低。成本动因数量过多或者过少都会使得作业成本法的作用降低。

（五）资源成本分配到作业

将资源成本分配到作业中心，计算各作业成本。将资源成本分配至作业中心时，如果某项资源能直接分清是哪项作业所耗用，可将该资源成本直接分配至该作业中心，如某作业中心发生的办公费用。如果资源由几个作业中心共同耗用，必须采用一定的资源动因，将该资源成本分配至各个作业中心。常用的资源动因如表 6-13 所示。

表 6-13　　　　　　　　　　常用的资源动因

作业名称	资源动因
机器运行作业	机器工时
安装作业	安装工时
清洁作业	清洁面积
材料移动作业	搬运次数、搬运距离
人事管理作业	雇员人数、工作时间
制作订单作业	订单数量
顾客服务作业	服务电话次数、服务产品品种数、服务时间

（六）作业成本分配到成本对象

在确定了作业成本之后，应根据作业动因计算单位作业成本，再根据作业量计算成本对象应负担的作业成本。单位作业成本的计算公式如下。

$$单位作业成本 = \frac{本期作业成本库归集总成本}{作业量}$$

作业量的成本动因有三类：业务动因、持续动因和强度动因。

1. 业务动因

通常以执行的次数作为作业动因，并假定执行每次作业的成本（包括耗用的时间和单位时间耗用的资源）相等，如前面我们所说的检验完工产品质量作业的次数就属于业务动因的范畴。以业务动因为分配基础，分配不同产品应负担的作业成本，其计算公式如下。

$$作业成本分配率 = \frac{归集期内作业总成本}{归集期内总作业次数}$$

$$某产品应分配的作业成本 = 作业成本分配率 \times 该产品耗用的作业次数$$

2. 持续动因

持续动因是指执行一项作业所需的时间标准。在不同产品所需作业量差异较大的情况下，例如，如果检验不同产品所耗用的时间长短差别较大，则不宜采用业务动因作为分配成本的基础，而应改用持续动因作为分配的基础。否则，会直接影响作业成本分配的准确性。持续动因的假设前提是，执行作业单位时间内耗用的资源是相等的。以持续动因为分配基础，分配不同产品应负担的作业成本，其计算公式如下。

$$作业成本分配率=\frac{归集期内作业总成本}{归集期内总作业时间}$$

$$某产品应分配的作业成本=作业成本分配率×该产品耗用的作业时间$$

3. 强度动因

强度动因是在某些特殊情况下，将作业执行中实际耗用的全部资源单独归集，并将该项单独归集的作业成本直接计入某一特定的产品。强度动因一般适用于某一特殊订单或某种新产品试制等，用产品订单或工作单记录每次执行作业时耗用的所有资源及其成本，订单或工作单记录的全部作业成本也就是应计入该订单产品的成本。

在上述三类作业动因中，业务动因的精确度最差，但其执行成本最低；强度动因的精确度最高，但其执行成本最昂贵；而持续动因的精确度和成本则居中。

如同传统成本法一样，作业成本分配时可以采用实际分配率或者预算分配率。采用预算分配率时，发生的成本差异可以直接结转本期营业成本，也可以计算作业成本差异率并据以分配给有关产品。

（七）产品成本的计算

产品的总成本即生产产品所发生的直接成本与制造费用之和。产品总成本和产品单位成本的计算公式如下。

$$某产品总成本=直接材料成本+直接人工成本+制造费用$$

$$某产品单位成本=\frac{某产品总成本}{该产品的产量}$$

【例6-3】光学公司生产短焦投影机、微型投影机、长焦投影机3种产品，成本资料如表6-14所示。在传统成本法下，制造费用采用生产工时比例法进行分配。为简化核算，该企业没有期初、期末在产品。

表6-14　　　　　　　　　　　产品成本资料

项目	短焦投影机	微型投影机	长焦投影机
直接材料/元	18 000 000	29 700 000	21 600 000
直接人工/元	13 480 000	23 814 000	17 052 000
制造费用/元		12 324 000	
其中：装配		4 258 000	
质量控制		3 373 000	
产品包装		1 529 000	
车间管理		3 164 000	
产量/台	20 000	27 000	16 000
生产工时/时	120 000	216 000	74 800

作业成本法应用如下。

（1）划分作业中心。企业通过对作业的归并，一共划分了4个作业中心：装配、质量控制、产品包装、车间管理。

（2）确定作业成本分配方式。装配、质量控制、产品包装、车间管理4个作业中心分别以机器工时（时）、检验工时（时）、包装次数（次）、直接人工工时（时）为作业动因计算。

某成本对象总成本=直接追溯至该成本对象的资源费用+分配至该成本对象的作业成本

动因分析情况如表6-15所示。

表6-15　　　　　　　　　　　动因分析情况

作业中心	成本动因	作业量			
		短焦投影机	微型投影机	长焦投影机	合计
装配	机器工时/时	46 800	67 590	55 930	170 320
质量控制	检验工时/时	42 000	73 260	53 390	168 650
产品包装	包装次数/次	22 000	30 000	17 500	69 500
车间管理	直接人工工时/时	120 000	216 000	74 800	410 800

要求：分别采用传统成本法和作业成本法计算产品的单位成本，并对比两者是否存在差异。

【解析】

（1）用传统成本法计算短焦投影机、微型投影机和长焦投影机3种产品的单位成本（见表6-16）。

表6-16　　　　　　　　　　传统成本法下各产品单位成本

项目	短焦投影机	微型投影机	长焦投影机	合计
直接材料/元	18 000 000	29 700 000	21 600 000	69 300 000
直接人工/元	13 480 000	23 814 000	17 052 000	54 346 000
制造费用/元		12 324 000		
生产工时/时	120 000	216 000	74 800	410 800
制造费用分配率/（元/时）		30		30
分配制造费用/元	3 600 000	6 480 000	2 244 000	12 324 000
成本合计/元	35 080 000	59 994 000	40 896 000	135 970 000
产量/台	20 000	27 000	16 000	63 000
单位成本/（元/台）	1 754	2 222	2 556	—

（2）用作业成本法计算短焦投影机、微型投影机和长焦投影机3种产品的单位成本。

① 计算作业成本分配率（见表6-17）。

表6-17　　　　　　　　　　　作业成本分配率计算

作业中心	年制造费用/元	年作业量	作业成本分配率
装配	4 258 000	170 320 时	25/（元/时）
质量控制	3 373 000	168 650 时	20/（元/时）
产品包装	1 529 000	69 500 次	22/（元/次）
车间管理	3 164 000	410 800 时	7.70/（元/时）

② 把制造费用按作业成本分配率分配至各产品（见表6-18）。

表6-18　　　　　　　　　　　各产品制造费用分配

产品	作业成本	作业成本分配率	作业动因消耗量	作业成本/元
短焦投影机	装配	25/（元/时）	46 800 时	1 170 000
	质量控制	20/（元/时）	42 000 时	840 000
	产品包装	22/（元/次）	22 000 次	484 000
	车间管理	7.70/（元/时）	120 000 时	924 000
	小计			3 418 000

06

产品	作业成本	作业成本分配率	作业动因消耗量	作业成本/元
微型投影机	装配	25/（元/时）	67 590 时	1 689 750
	质量控制	20/（元/时）	73 260 时	1 465 200
	产品包装	22/（元/次）	30 000 次	660 000
	车间管理	7.70/（元/时）	216 000 时	1 663 200
	小计			5 478 150
长焦投影机	装配	25/（元/时）	55 930 时	1 398 250
	质量控制	20/（元/时）	53 390 时	1 067 800
	产品包装	22/（元/次）	17 500 次	385 000
	车间管理	7.70/（元/时）	74 800 时	576 800
	小计			3 427 850
总计				12 324 000

注：576 800 元是将结果倒挤至长焦投影机车间管理的作业成本。

③ 计算各产品的单位成本（见表 6-19）。

表 6-19　　　　　　　　　　各产品单位成本计算

项目	短焦投影机	微型投影机	长焦投影机
直接材料/元	18 000 000	29 700 000	21 600 000
直接人工/元	13 480 000	23 814 000	17 052 000
装配/元	1 170 000	1 689 750	1 398 250
质量控制/元	840 000	1 465 200	1 067 800
产品包装/元	484 000	660 000	385 000
车间管理/元	924 000	1 663 200	576 800
合计/元	34 898 000	58 992 150	42 079 850
产量/台	20 000	27 000	16 000
单位成本/（元/台）	1 744.90	2 184.89	2 629.99

（3）通过对比传统成本法和作业成本法下的单位产品成本我们发现：作业成本法下长焦投影机的单位成本较高，而短焦投影机和微型投影机在作业成本法下的单位成本较低。究其原因，在传统成本法下全部制造费用均按生产工时分配，但实际上并非所有制造费用的成本动因均为生产工时，而长焦投影机在装配和质量控制方面的成本较高，这就造成作业成本法下长焦投影机分配的制造费用提高。传统成本法下，应由长焦投影机分担的制造费用转移到了短焦投影机和微型投影机头上，从而导致出现大量生产的标准化产品补贴少量生产的定制产品的情况，这样可能对公司产生如下不利。

第一，对标准化产品而言，会使成本脱离实际而导致定价偏高，从而引发产品滞销，或者由于这些产品的成本偏高，公司认为这些产品的利润过低，做出停产或者减产的决定。

第二，对少量生产的定制产品而言，会使产品分配的制造费用过少而低估成本，如果定制产品在市场上没有同类产品的价格可参考，会使定制产品因定价过低而赚取不到相应的利润。

五、作业成本法的优缺点及适用条件

（一）作业成本法的优缺点

1. 优点

从上面的案例我们发现，如果间接费用分配不当，不但会影响期末存货成本的评估与销售价格的确定，还可能会导致决策错误，从而影响企业的利润。作业成本法相对于传统成本法而言，能更精确地把握成本与成本动因间的关系，提供更加准确的各维度成本信息，从而对间接费用做出较精确的分配；有助于企业强化成本意识，推进作业基础预算，提升作业、流程、作业链（或价值链）管理的水平。

2. 缺点

尽管与传统成本法相比，作业成本法有一定的优势，但是作业成本法也有一些弊端。首先，作业成本法的基础资料依然来自传统会计，而传统会计固有的随意性和可选择性（例如折旧方法的选择）所带来的会计处理结果不同，必然会影响到最终的结果；其次，作业成本法在确定作业动因和作业中心时，具有人为性；最后，实施作业成本法从长期来看会给企业带来较长时期的经济效益，但是短期实施效果不明显，并且实施成本较高。

（二）作业成本法的适用条件

作业成本法的适用条件如下。

1. 间接费用在产品成本中占的比重较大

间接费用在产品成本中占的比重越大，采用传统成本法分配的间接费用就越会使成本信息发生严重的扭曲，进而影响到成本决策。如果采用作业成本法，成本信息的准确性将会提高，成本决策也就更具有相关性。

2. 企业规模较大，产品种类繁多

如果企业产品种类比较多，就会存在间接费用在各种产品之间进行分配的问题。当与产出量相关的费用和与产出量不相关的费用不成同比例变动时，传统成本法笼统地将不同性质的生产费用以产出量为基础进行分配，会使成本信息不可靠。而作业成本法以作业为中心，区分不同性质的费用，采用不同性质的动因进行分配，能更准确地分配成本。

3. 产品工艺复杂，作业环节多且容易辨认

作业环节越多，发生的间接费用与产出量不相关的可能性就越大，采用单一的与产出量相关的分配方法进行成本分配对成本信息的扭曲也就越大。另外，随着作业环节的增多，不增值的作业也可能越多，采用作业成本法，对消除不增值作业、降低产品成本大有裨益。

4. 生产调整准备成本比较高，各批投产差异额大

生产调整准备成本通常与投产批次有关，与每批投产数量关系不大，若按与产出量相关的分配方法进行分配，将会导致分配结果不准确。作业成本法是按各产品对调整作业的消耗次数进行成本分配的，因此能提高分配的准确性。

5. 计算机技术较先进

先进的计算机技术能够帮助企业更轻松便捷地应用作业成本法进行复杂度高、对结果的准确性要求高的成本核算。

【任务实操】根据企业资料，计算产品的作业成本。

业务资料：想念公司 2022 年 9 月生产精制挂面、杂粮挂面、尊享定制产品 C 三种产品，产品成本资料如表 6-20 所示。在传统成本法下，制造费用采用生产工时比例法进行分配。在作业成

本法下，公司根据具体情况，将认定的所有作业进行归类，形成了七个作业中心，分别为生产中心、包装中心、质检中心、机修中心、销售中心、烘干中心、管理中心。作业动因情况分析如表 6-21 所示。为简化核算，该企业没有期初、期末在产品。

表 6-20　　　　　　　　　　产品成本资料

项目	精制挂面	杂粮挂面	尊享定制产品 C
直接材料/元	11 133 333.33	11 066 666.66	1 147 500
直接人工/元	1 000 000	700 000	135 000
制造费用/元		2 143 422.65	
其中：生产中心		205 536.25	
包装中心		316 061.64	
质检中心		47 447.21	
机修中心		59 904.50	
销售中心		257 693.99	
烘干中心		801 797.68	
管理中心		454 981.38	
产量/千克	2 000 000	1 000 000	100 000
生产工时/时	13 193	6 597	210

表 6-21　　　　　　　　　　作业动因情况分析

作业中心	成本动因	作业量			
		精制挂面	杂粮挂面	尊享定制产品 C	合计
生产中心	机器工时/时	13 193	6 597	210	20 000
包装中心	包装物/个	2 000 000	1 500 000	1 200 000	4 700 000
质检中心	生产批次/批	2 000	1 250	250	3 500
机修中心	机修工时/时	100	76	24	200
销售中心	销售订单/个	400	200	100	700
烘干中心	烘干批次/批	1 200	850	200	2 250
管理中心	产品产量/千克	2 000 000	1 000 000	100 000	3 100 000

要求：分别采用传统成本法（见表 6-22）和作业成本法（见表 6-23、表 6-24 和表 6-25）计算产品的单位成本，并对比两者是否存在差异。

表 6-22　　　　　　　　传统成本法下各产品单位成本

项目	精制挂面	杂粮挂面	尊享定制产品 C	合计
直接材料/元				
直接人工/元				
制造费用/元				
生产工时/时				
制造费用分配率/（元/时）				
分配制造费用/元				
成本合计/元				
产量/千克				
单位成本/（元/千克）				

表 6-23　　　　　　　　　　　　　作业成本分配率计算

金额单位：元

作业中心	年制造费用	年作业量	作业成本分配率
生产中心			
包装中心			
质检中心			
机修中心			
销售中心			
烘干中心			
管理中心			

表 6-24　　　　　　　　　　　　　各产品制造费用分配

产品	作业中心	作业成本分配率	作业动因消耗量	作业成本/元
精制挂面	生产中心			
	包装中心			
	质检中心			
	机修中心			
	销售中心			
	烘干中心			
	管理中心			
	小计			
杂粮挂面	生产中心			
	包装中心			
	质检中心			
	机修中心			
	销售中心			
	烘干中心			
	管理中心			
	小计			
尊享定制产品 C	生产中心			
	包装中心			
	质检中心			
	机修中心			
	销售中心			
	烘干中心			
	管理中心			
	小计			
总计				

06

表 6-25　　　　　　　　　　　　　各产品单位成本计算

项目	精制挂面	杂粮挂面	尊享定制产品 C
直接材料/元			
直接人工/元			
生产中心/元			
包装中心/元			

续表

项目	精制挂面	杂粮挂面	尊享定制产品 C
质检中心/元			
机修中心/元			
销售中心/元			
烘干中心/元			
管理中心/元			
合计/元			
产量/千克			
单位成本/（元/千克）			

技能训练

一、单项选择题

1. 在现有的生产技术水平和正常生产经营能力的前提下应达到的标准成本为（　　　）。

    A. 平均的标准成本　　　　　　　　　　B. 理想的标准成本

    C. 历史的标准成本　　　　　　　　　　D. 现实的标准成本

2. A 公司是制造企业，生产 W 产品，生产工人每月工作 22 天，每天工作 8 小时，平均月薪 14 200 元。该产品的直接加工必要时间为每件 6 小时，正常工作间休息和设备调整等非生产时间为每件 0.3 小时，正常的废品率为 8%。单位产品直接人工标准成本是（　　　）元/件。

    A. 552.49　　　　　　B. 480.97　　　　　　C. 467.63　　　　　　D. 405.16

3. 标准成本可以按成本项目分别反映，每个成本项目的标准成本可按（　　　）计算得到。

    A. 标准价格×实际用量　　　　　　　　B. 实际价格×标准用量

    C. 实际价格×实际用量　　　　　　　　D. 标准价格×标准用量

4. 运用标准成本核算的关键点是（　　　）。

    A. 日常控制　　　　　　　　　　　　　B. 成本差异账户的设置

    C. 标准成本的制订　　　　　　　　　　D. 差异的分析

5. 作业成本法下首先要确认作业中心，将（　　　）归集到各作业中心。

    A. 作业耗费的资源　　B. 直接材料　　　　C. 直接人工　　　　D. 价值管理工作

6. 如果制造费用在产品成本中占较大比重，比较适宜采用的成本计算法是（　　　）。

    A. 作业成本法　　B. 变动成本法　　　　C. 责任成本法　　　　D. 完全成本法

7. 按照作业的消耗对象不同，可将作业分为（　　　）。

    A. 主要作业和次要作业　　　　　　　　B. 产量级作业和批别级作业

    C. 重复作业和不重复作业　　　　　　　D. 后勤作业和质量作业

8. 下列项目中，不属于按受益对象分类的作业是（　　　）。

    A. 主要作业　　　　B. 批别级作业　　　C. 客户级作业　　　D. 设施级作业

9. 设备维修成本为 3 000 元，甲产品和乙产品设备维修时间分别为 20 小时和 10 小时，设备维修作业成本分配率为（　　　）元/时。

    A. 150　　　　　　　B. 300　　　　　　　C. 100　　　　　　　D. 250

10. 作业成本法所采用的成本动因（　　　）。

    A. 不考虑辅助作业　　　　　　　　　　B. 只考虑某些生产作业

C. 将作业与产品直接联系在一起　　　　D. 将作业与产品间接联系在一起

11. 作业成本法的缺点是（　　　）。

　　A. 实施成本较高

　　B. 实施效果较差

　　C. 成本决策相关性较弱

　　D. 间接费用的分配与产出量相关性较弱

二、多项选择题

1. 下列各项中，属于实施标准成本的步骤的有（　　　）。

　　A. 制订单位产品标准成本

　　B. 根据实际产量和成本标准计算产品的标准成本

　　C. 汇总计算实际成本

　　D. 计算标准成本与实际成本的差异

2. 下列各项中，不属于"直接人工标准工时"组成内容的有（　　　）。

　　A. 必要的间歇和停工工时

　　B. 由于更换产品产生的设备调整工时

　　C. 由于生产作业计划安排不当产生的停工工时

　　D. 由于外部供电系统故障产生的停工工时

3. 下列关于作业成本法的表述中，不正确的有（　　　）。

　　A. 作业成本法是将间接成本更准确地分配到产品和服务的一种成本计算方法

　　B. 作业成本法是将辅助费用更准确地分配到产品和服务的一种成本计算方法

　　C. 作业成本法是将间接成本和辅助费用更准确地分配到产品和服务的一种成本计算方法

　　D. 由于传统的成本计算方法需要将固定成本分摊给不同产品，从而会使平均成本随着产量的增加而下降，刺激经理人过度生产，因此提出了作业成本法

4. 下列各项中，属于直接成本的有（　　　）。

　　A. 构成产品实体的原材料　　　　B. 车间照明用电费

　　C. 车间生产工人工资　　　　　　D. 车间管理人员工资

5. 成本动因按其在资源流动中所处的位置和作用不同，可以分为（　　　）。

　　A. 资源动因　　　　B. 产品动因　　　　C. 作业动因　　　　D. 需求动因

6. 下列各项中，属于设施级作业的有（　　　）。

　　A. 产品设计　　　　B. 产品介绍　　　　C. 人事管理　　　　D. 一般管理

三、判断题

1. 标准成本可以单独作为一种成本计算方法来计算完工产品成本。（　　　）

2. 正常的标准成本应大于理想的标准成本。（　　　）

3. 企业的生产过程既是作业消耗资源又是产品消耗作业的过程。（　　　）

4. 成本动因是指诱导成本发生的原因，是成本对象与其直接关联的作业和最终关联的资源之间的中介。成本动因通常可分为资源动因和作业动因。（　　　）

5. 作业成本法是成本计算方法的一种，其特点是先按资源动因分配费用，计算各作业中心成本，再按作业动因分配作业成本，计算产品成本。（　　　）

6. 机器工时可以作为分配机器维护成本的合理动因。（　　　）

7. 作业成本管理涉及的仅是生产成本，而不包括期间费用。（　　　）

8. 作业成本法适用于制造费用在产品成本中所占比重较大的产品的核算。（　　　）

9. 使用作业成本法时，如果能分清楚某项资源是哪项作业所耗用，可将该资源直接分配至该作业中心。（　　　）

06

10. 作业成本法的着眼点从传统的"产品"转到了"作业"，以作业作为成本分配对象。(　　)

四、实务练习

20 号超市 4 个作业中心的作业中心资料如表 6-26 所示。

表 6-26　　　　　　　　　　20 号超市 4 个作业中心的作业中心资料

作业中心名称	作业内容	作业动因	人员配置
营运管理中心	超市营运管理，门店商品和货物的保管、日常维修等，区域环境卫生、用品管理等	工作时长/时	店长、保管员
信控中心	商品信息录入、价格调整、商品上下架等，区域环境卫生、用品管理等	商品品种/种	理货员
收银中心	服务咨询、购物结账、收银核算、寄存包裹管理等	收银次数/次	收银员
进购中心	商品订单汇总、采购等	商品品种/种	业务员

超市按照作业成本法对 2023 年的预测资源费用进行归集，营运管理中心归集的资源费用为 9 459 823.99 元，信控中心归集的资源费用为 5 842 964.05 元，收银中心归集的资源费用为 1 388 468.18 元，进购中心归集的资源费用为 3 070 987.95 元。2023 年，20 号超市 4 个作业中心的作业量预算如表 6-27 所示。

表 6-27　　　　　　　　　　20 号超市 4 个作业中心的作业量预算

作业中心	作业动因	作业量			
		生鲜	食品	日用	合计
营运管理中心	工作时长/时	30 240	24 192	6 048	60 480
信控中心	商品品种/种	9 300	9 284	1 416	20 000
收银中心	收银次数/次	1 339 200	1 336 896	203 904	2 880 000
进购中心	商品品种/种	9 300	9 284	1 416	20 000

要求：(1) 计算作业成本分配率 (见表 6-28)。

(2) 计算作业成本预算 (见表 6-29)。

表 6-28　　　　　　　　　　作业成本分配率

作业中心名称	作业量	资源费用/元	作业成本分配率
营运管理中心			
信控中心			
收银中心			
进购中心			

表 6-29　　　　　　　　　　作业成本预算

作业中心	作业动因	作业成本分配率	作业量				作业成本/元			
			生鲜	食品	日用	合计	生鲜	食品	日用	合计
营运管理中心	工作时长/时									
信控中心	商品品种/种									
收银中心	收银次数/次									
进购中心	商品品种/种									

项目七
成本分析

学习目标 ↓

【知识目标】

1. 理解成本分析的作用。
2. 掌握成本报表分析的基本方法。
3. 掌握标准成本法下成本差异分析的方法。

【能力目标】

1. 能使用比较分析法、比率分析法和因素分析法等方法进行简单的成本报表分析。
2. 能按产品类别和成本项目分析产品总成本和单位成本。
3. 能运用标准成本法进行成本差异分析。

【素养目标】

1. 通过成本报表分析，增强成本观念，提升管理能力。
2. 通过标准成本差异分析，增强节约意识，提升成本控制能力。

引例

第二次世界大战后，日本的汽车产业远远不及美国的汽车产业繁荣发达，美国福特汽车公司更是令众多日本汽车公司难以企及。

丰田公司作为日本最大的汽车生产商，经过复杂的产品成本分析，认为产量低、成本高的主要原因是公司的生产方式不合理。于是丰田开始着力研究生产管理方式，最终成功研发出准时制生产方式（Just In Time，JIT），即企业在装配产品的时候，必须根据后一道工序需要包装多少产品进行安排。企业的生产线流动不再是"按供定产"，而是"按需定产"。这种拉动的方式是按照消费者的需要安排生产数量的，可以有效避免产品生产过剩。

丰田以低库存备料进行生产的模式促使其生产效率大大提升，单位成本迅速降低，获得巨大的规模效应。

模块一 成本报表分析

任务一 成本报表分析的方法

【任务描述】 根据背景案例，运用成本报表分析方法分析各因素变动对成本、费用的影响程度。

一、成本分析的含义及作用

（一）成本分析的含义

成本分析是以成本核算资料为基础，结合其他有关核算、计划和统计资料，采用一定的方法剖析成本变动原因、经营管理缺陷及业绩的管理活动。成本分析是成本核算工作的继续，可以满足企业管理层了解成本状况及进行经营决策的需要。

（二）成本分析的作用

成本分析的主要作用表现在以下三个方面。

1. 查明成本计划完成情况

进行成本分析可以查明企业成本计划的完成情况，找出影响计划完成的原因，分析影响成本计划完成的各种因素的影响程度和影响方向，评价企业成本计划的先进性和可行性，总结成本管理工作中的经验教训，发现成本管理工作中的问题。

2. 落实成本管理责任制

进行成本分析，可以明确企业内部各个部门和单位及责任人在成本管理方面的责任，有利于考核和评估成本管理工作的业绩，落实成本管理责任制。

3. 挖掘内部增产节支潜力

进行成本分析可以挖掘企业内部增加生产、节约费用、降低成本的潜力，促使企业改进生产经营管理，提高经济效益。

二、成本报表分析的基本方法

进行成本分析，可以采用的方法有很多，应根据分析的目的和掌握的数据资料等具体情况而定。常用的分析方法有对比分析法、比率分析法、趋势分析法和因素分析法。

（一）对比分析法

对比分析法，又叫指标对比法或比较法，它是将两个以上的同类经济指标进行数量对比，借以揭示指标之间差距及其程度的一种分析方法。对比分析法是最基本的分析方法，其他各种分析方法都是在其基础上进行的。

采用对比分析法时，由于分析的目的不同，对比的基期数也有所不同。常用的对比指标主要有以下几种。

（1）实际指标与计划指标或定额指标相比较，用于确定企业计划指标或定额指标的完成情况，为进一步分析指明方向。差异额和差异率的计算公式如下。

$$差异额=实际数-计划数$$

$$差异率=\frac{实际数-计划数}{计划数}$$

（2）本期实际数与上期实际数（上月、上季或上年同期）或历史先进水平（历史最高水平等）比较，可以考察企业成本的发展变化趋势及经营管理工作的改进情况。

（3）本企业指标与同类型企业指标相比较，用于体现企业的先进（落后）程度，借以判断本企业的成本管理水平，在更大的范围内寻找差距，推动企业改进经营管理，向更高的目标努力。

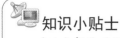

知识小贴士

　　对比分析法只适用于同质指标的数量对比，因此，在运用这种方法时，要注意对比指标的可比性，即对比指标的计算口径、计价基础、时间单位等应当保持一致，这是正确运用对比分析法的重要条件。

（二）比率分析法

　　比率分析法是通过计算指标之间的比率，来考察企业经济活动相对效益的一种分析方法。比率分析法主要有相关指标比率分析法和构成比率分析法。

1. 相关指标比率分析法

　　相关指标比率分析法是对两个性质不同但相关的指标的比率进行数量分析的方法。在实际工作中由于企业规模不同等原因，单纯地对比产值、销售收入或利润等绝对数的多少，不足以说明各个企业经济效益的好坏，可以通过计算成本与产值、销售收入或利润的相对数进行说明。如将利润项目同成本项目相比较，求出成本利润率，用以比较企业的成本效益情况。典型的相关比率分析指标计算公式如下。

$$成本利润率 = \frac{利润}{成本费用} \times 100\%$$

$$销售利润率 = \frac{利润}{销售收入} \times 100\%$$

2. 构成比率分析法

　　构成比率又称结构比率，是指某项指标的各个组成部分占总体的比重，故构成比率分析法也称为比重分析法。典型的构成比率分析指标计算公式如下。

$$直接材料成本比率 = \frac{直接材料成本}{产品成本} \times 100\%$$

$$直接人工成本比率 = \frac{直接人工成本}{产品成本} \times 100\%$$

$$某成本项目比率 = \frac{该成本项目金额}{产品成本} \times 100\%$$

（三）趋势分析法

　　趋势分析法也叫动态比率分析法，是通过对连续若干期相同指标（可以是绝对数指标，如成本、利润等，也可以是相对数指标，如产值成本率、成本利润率等）数值的动态比较，来分析该指标的增减速度及发展变化趋势，从而发现企业在生产经营方面取得的成绩或存在的不足的一种分析方法。趋势分析法常用的指标有定基动态比率和环比动态比率。

1. 定基动态比率

　　当前时期的实际指标与固定不变的某期的基期指标进行对比，称为定比，求得的指标就是定基动态比率，其计算公式如下。

$$定基动态比率 = \frac{当期的实际指标}{固定基期指标} \times 100\%$$

2. 环比动态比率

　　当前时期的实际指标与上一期的指标对比，称为环比，求得的指标就是环比动态比率，其计算公式如下。

07

$$环比动态比率=\frac{当期的实际指标}{上一期指标}\times100\%$$

【例 7-1】光学公司生产短焦投影机，2017—2022 年短焦投影机单位成本如表 7-1 所示。

表 7-1   光学公司 2017—2022 年短焦投影机单位成本

项目	2017 年	2018 年	2019 年	2020 年	2021 年	2022 年
单位成本/（元/台）	1 800	1 782	1 761	1 753	1 760	1 754

要求：计算短焦投影机单位成本的定基动态比率和环比动态比率（见表 7-2）。

【解析】

表 7-2   短焦投影机单位成本的定基动态比率和环比动态比率

年份	2017 年	2018 年	2019 年	2020 年	2021 年	2022 年
定基动态比率	$\frac{1\,800}{1\,800}\times100\%$ $=1$	$\frac{1\,782}{1\,800}\times100\%=$ 99%	$\frac{1\,761}{1\,800}\times100\%=$ 97.83%	$\frac{1\,753}{1\,800}\times100\%=$ 97.39%	$\frac{1\,760}{1\,800}\times100\%=$ 97.78%	$\frac{1\,754}{1\,800}\times100\%=$ 97.44%
环比动态比率	—	$\frac{1\,782}{1\,800}\times100\%$ $=99\%$	$\frac{1\,761}{1\,782}\times100\%=$ 98.82%	$\frac{1\,753}{1\,761}\times100\%=$ 99.55%	$\frac{1\,760}{1\,753}\times100\%=$ 100.40%	$\frac{1\,754}{1\,760}\times100\%=$ 99.66%

（四）因素分析法

所谓因素分析法，是指将一个需要分析的综合指标分解成若干个相互联系的构成因素（即建立起各个因素与该综合指标之间的函数关系），通过一定的计算程序和方法，定量地确定各个因素对分析指标差异的影响程度的一种分析方法。该方法是各项因素替换结果的对比，所以实质上也是一种对比分析法。因素分析法具体表现为连环替代法和差额分析法。

1. 连环替代法

连环替代法是用来计算几个相互联系的因素对综合指标的变动影响程度的一种分析方法。

（1）连环替代法的运用程序

① 确定分析指标与其影响因素之间的关系。将分析指标在计算公式的基础上进行分解或扩展，从而得出各影响因素与分析指标之间的关系式。例如，影响产品成本材料消耗的因素有产品产量、材料价格和单位产品材料消耗量等。

② 根据因素的依存关系，按一定顺序排列因素。采用连环替代法时，若改变因素的排列顺序，则计算结果会有所不同。在实际工作中，一般将反映数量的因素排在前，反映质量的因素排在后；反映实物量和劳动量的因素排在前，反映价值量的因素排在后。例如，影响产品材料消耗的因素，一般按产品产量、单位产品材料消耗量、材料单价的顺序排列。

③ 根据分析指标的报告期数值与基期数值列出两个关系式或指标体系，确定分析对象。

④ 连环替代，计算替代结果。所谓连环替代，是以基期指标体系为计算基础，用实际指标体系中的每个因素的实际数按顺序替代其相应的基期数，每次替代一个因素，替代后的因素被保留下来。计算替代结果，就是在每次替代后，按关系式计算其结果。有几个因素就替代几次，并相应确定计算结果。

确定替代顺序的一般原则是：先数量，后质量；先分子，后分母。替代顺序一经确定，不得随意变更。

⑤ 计算替代后的差额，确定各因素对分析指标的影响程度。比较替代结果是连环进行的，即将每次替代所计算的结果与这一因素被替代前的结果进行对比，两者的差额就是替代因素对分析

对象的影响程度。

⑥ 检验分析结果。将各因素对分析指标的影响额相加，其和应等于分析对象。如果两者相等，说明分析结果可能是正确的；如果两者不相等，则说明分析结果一定是错误的。

（2）连环替代法的计算原理

假设成本指标 C 由相互联系的 X、Y、Z 三个因素组成，关系式为：$C=X\times Y\times Z$。其计划指标 C_0 是 X_0、Y_0、Z_0 三个因素综合影响的结果，其实际指标 C_1 是 X_1、Y_1、Z_1 三个因素综合影响的结果。

$$计划指标 C_0 = X_0\times Y_0\times Z_0$$
$$实际指标 C_1 = X_1\times Y_1\times Z_1$$
$$差异总额 H = C_1 - C_0$$

两个时期指标的差异总额 $H(C_1-C_0)$ 即为分析对象。在分析各因素的变动对指标的影响时：首先，确定三个因素的替代顺序依次为 X、Y、Z；其次，假定在 Y、Z 这两个因素不变的条件下，计算第一个因素 X 变动对指标的影响；再次，在第一个因素已经替代的基础上，计算第二个因素 Y 变动对指标的影响，依此类推，直到各个因素变动的影响都计算出来为止；最后，计算各因素对指标影响值的代数和，以验证分析结果的正确性。三个因素变动对指标 C 变动的影响计算过程如下。

$$C_0 = X_0\times Y_0\times Z_0 \tag{1}$$

第一次替代，假定 X 变化，Y、Z 保持不变。

$$C_1 = X_1\times Y_0\times Z_0 \tag{2}$$

第二次替代，在 X 因素变动的基础上再变动 Y 因素。

$$C_2 = X_1\times Y_1\times Z_0 \tag{3}$$

第三次替代，在 X、Y 因素变动的基础上再变动 Z 因素。

$$C_3 = X_1\times Y_1\times Z_1 \tag{4}$$

则有：

$$H_1 = （2）-（1）= C_1 - C_0 （表示 X 因素变动的影响）$$
$$H_2 = （3）-（2）= C_2 - C_1 （表示 Y 因素变动的影响）$$
$$H_3 = （4）-（3）= C_3 - C_2 （表示 Z 因素变动的影响）$$

最后将 X、Y、Z 因素变动的影响程度相加，得：

$$H = (C_1-C_0)+(C_2-C_1)+(C_3-C_2) = C_3 - C_0$$

【例 7-2】光学公司 2022 年 8 月和 9 月生产红外光学元件，有关资料如表 7-3 所示。

表 7-3　　　　　　　　　　红外光学元件有关资料

指标	2022 年 8 月	2022 年 9 月
产量/件	1 600	1 800
单位产品材料消耗量/（克/件）	4.2	4
材料单价/（元/克）	25.6	25

要求：按照产量、单位产品材料消耗量和材料单价的顺序，使用连环替代法分析各因素变动对材料费用的影响程度。

【解析】

9 月材料费用（实际指标体系）：1 800×4×25=180 000（元）

8 月材料费用（基期指标体系）：1 600×4.2×25.6=172 032（元）

分析对象：180 000-172 032=7 968（元）

进行连环顺序替代，并计算每次替代后的结果。

基期指标体系：1 600×4.2×25.6=172 032（元）

替代第一因素产量：1 800×4.2×25.6=193 536（元）

替代第二因素单位产品材料消耗量：1 800×4×25.6=184 320（元）

替代第三因素材料单价：1 800×4×25=180 000（元）

确定各因素对材料费用的影响程度。

产量的影响：193 536-172 032=21 504（元）

单位产品材料消耗量的影响：184 320-193 536=-9 216（元）

材料单价的影响：180 000-184 320=-4 320（元）

最后检验分析结果：21 504-9 216-4 320=7 968（元）

从以上分析计算可以看出，红外光学元件所耗材料费用超支 7 968 元，主要是由于产量增加而引起的材料费用超支 21 504 元。如果红外光学元件适销对路，则增加产量是允许的，否则将会由于产品积压而形成浪费。从计算结果可以看出，单位产品材料消耗量不仅没有超支，而且还节约了 9 216 元，材料单价也节约了 4 320 元。公司应该在以上分析计算的基础上，进一步查明产量增加、材料价格略降及单位产品材料消耗量节约的具体原因，以便总结经验、加强管理，节约产品的材料费用。

 知识小贴士

应用连环替代法时应注意以下两个问题：一是分析某一因素变动对经济指标差异的影响程度时，必须假定其他因素不变；二是因素分析的顺序不能改变，如果顺序改变了，则各个因素对分析指标的影响程度也将改变。

2. 差额分析法

差额分析法是连环替代法的一种简化形式，即利用各个因素的实际数与基期数之间的差额，直接计算各个因素对分析指标差异的影响程度。应用这种方法与应用连环替代法的要求相同，只是在计算上简化了一些，所以实际中应用得比较广泛。

使用上述案例提供的分析资料，改用差额分析法，可以得到同样的结果。

产量变动的影响=（1 800-1 600）×4.2×25.6=21 504（元）

单位产品材料消耗量变动的影响=1 800×（4-4.2）×25.6=-9 216（元）

材料单价变动的影响=1 800×4×（25-25.6）=-4 320（元）

差异总额=21 504-9 216-4 320=7 968（元）

【任务实操】根据企业资料，使用连环替代法分析各因素变动的影响程度。

业务资料：想念公司 2022 年 5 月和 6 月生产面粉的直接人工费用资料如表 7-4 所示。

操作视频

表 7-4　　　　　　　　　　生产面粉的直接人工费用资料

指标	2022 年 5 月	2022 年 6 月
产量/袋	280 000	300 000
单位产品工时/（时/袋）	0.28	0.25
小时工资率/（元/时）	12.8	11.3

要求：按照产量、单位产品工时和小时工资率的顺序，使用连环替代法分析各因素变动对直接人工费用的影响程度（见表 7-5）。

表 7–5 各因素变动对直接人工费用的影响程度

影响因素	产品产量	单位产品工时	小时工资率	直接人工费用	影响量
基期水平					—
第一次替代					
第二次替代					
第三次替代（实际水平）					

任务二　成本报表分析的应用

【任务描述】 根据企业的成本报表数据，对成本报表进行分析，为企业管理部门提供成本管理相关意见和建议。

一、全部产品生产成本表分析

对全部产品生产成本表进行分析时，要揭示全部产品总成本计划的完成情况，以便找出影响成本升降的因素，确定各个因素对成本计划完成情况的影响程度，以便进一步挖掘降低成本的潜力，为降低产品成本指明方向。

具体来说，全部产品生产成本表的分析主要体现在两个方面：一是查明全部产品的成本计划完成情况，包括可比产品和不可比产品；二是对于可比产品，还要与上年的实际平均成本进行比较，以分析报告期实际成本比上年成本的降低幅度和降低数额，从而对企业在报告期内生产组织和经营管理工作的改进情况进行比较。

（一）全部产品成本计划完成情况分析

全部产品成本计划完成情况分析，主要分析本期全部产品的实际总成本较计划总成本的升降情况，分析和研究升降的原因，为进一步寻求降低成本的途径和措施提供线索。在实际工作中，分析全部产品成本计划完成情况，可以从产品类别和成本项目两个方面进行。

1. 按产品类别分析全部产品成本计划完成情况

按产品类别分析全部产品成本计划完成情况，可以确定全部产品的实际总成本脱离计划总成本的差异，查明差异是什么产品造成的，以便分产品采取措施，挖掘降低成本的潜力。

（1）将全部产品的实际总成本与计划总成本进行对比，确定实际总成本的成本降低额与成本降低率。计算公式如下。

$$实际总成本 = \sum（各种产品实际产量 \times 各种产品实际单位成本）$$

$$计划总成本 = \sum（各种产品实际产量 \times 各种产品计划单位成本）$$

$$成本降低额 = 计划总成本 - 实际总成本$$

$$= \sum 实际产量 \times（计划单位成本 - 实际单位成本）$$

$$全部产品成本降低率 = \frac{全部产品成本降低额}{全部产品计划总成本} \times 100\%$$

（2）按产品类别分析可比产品和不可比产品成本计划完成情况，分别计算可比产品和不可比产品的成本降低额和成本降低率。计算公式如下。

$$可比产品成本降低额 = 可比产品计划总成本 - 可比产品实际总成本$$

$$可比产品成本降低率 = \frac{可比产品成本降低额}{可比产品计划总成本} \times 100\%$$

07

$$不可比产品成本降低额=不可比产品计划总成本-不可比产品实际总成本$$

$$不可比产品成本降低率=\frac{不可比产品成本降低额}{不可比产品计划总成本}\times100\%$$

（3）按产品品种分析其成本计划的完成情况，计算每种产品的成本降低额和成本降低率。计算公式如下。

$$某种产品成本降低额=该种产品计划总成本-该种产品实际总成本$$

$$某种产品成本降低率=\frac{该种产品成本降低额}{该种产品计划总成本}\times100\%$$

【例7-3】光学公司2022年12月全部产品成本计划完成情况如表7-6所示。

表7-6　　　　　　　　全部产品成本计划完成情况（按产品类别分析）

产品名称	实际产量/台	计划总成本/元	实际总成本/元
可比产品：			
短焦投影机	20 000	35 000 000	35 080 000
微型投影机	27 000	59 805 000	59 994 000
长焦投影机	16 000	40 800 000	40 896 000
不可比产品：			
红外光学元件	15 900	2 738 080	2 830 200
产品成本合计		138 343 080	138 800 200

要求：按产品类别分析全部产品成本计划完成情况（见表7-7）。

表7-7　　　　　　　　全部产品成本计划完成情况（按产品类别分析）

2022年12月

产品名称	实际产量/台	计划总成本/元	实际总成本/元	降低额/元	降低率
可比产品：		135 605 000	135 970 000	-365 000	-0.27%
短焦投影机	20 000	35 000 000	35 080 000	-80 000	-0.23%
微型投影机	27 000	59 805 000	59 994 000	-189 000	-0.32%
长焦投影机	16 000	40 800 000	40 896 000	-96 000	-0.24%
不可比产品：		2 738 080	2 830 200	-92 120	-3.36%
红外光学元件	15 900	2 738 080	2 830 200	-92 120	-3.36%
产品成本合计		138 343 080	138 800 200	-457 120	-0.33%

【解析】

（1）全部产品的实际总成本与计划总成本对比。

全部产品总成本降低额=计划总成本-实际总成本

=138 343 080-138 800 200=-457 120（元）

$$全部产品成本降低率=\frac{-457 120}{138 343 080}\times100\%=-0.33\%$$

（2）可比产品和不可比产品成本计划完成情况。

可比产品总成本降低额=可比产品计划总成本-可比产品实际总成本

=135 605 000-135 970 000=-365 000（元）

$$可比产品成本降低率=\frac{-365\,000}{135\,605\,000}\times100\%=-0.27\%$$

不可比产品总成本降低额=不可比产品计划总成本-不可比产品实际总成本

$$=2\,738\,080-2\,830\,200=-92\,120（元）$$

$$不可比产品成本降低率=\frac{-92\,120}{2\,738\,080}\times100\%=-3.36\%$$

（3）每种产品成本计划的完成情况。

短焦投影机成本降低额=35 000 000-35 080 000=-80 000（元）

微型投影机成本降低额=59 805 000-59 994 000=-189 000（元）

长焦投影机成本降低额=40 800 000-40 896 000=-96 000（元）

红外光学元件成本降低额=2 738 080-2 830 200=-92 120（元）

$$短焦投影机成本降低率=\frac{-80\,000}{35\,000\,000}\times100\%=-0.23\%$$

$$微型投影机成本降低率=\frac{-189\,000}{59\,805\,000}\times100\%=-0.32\%$$

$$长焦投影机成本降低率=\frac{-96\,000}{40\,800\,000}\times100\%=-0.24\%$$

$$红外光学元件成本降低率=\frac{-92\,120}{2\,738\,080}\times100\%=-3.36\%$$

（4）通过计算分析可以看出，该企业四种产品均未完成计划，实际总成本比计划总成本高457 120 元，成本降低率为-0.33%。在全部产品中，短焦投影机成本计划完成得较好，实际成本较计划成本高了0.23%，实际成本比计划成本高80 000 元，企业应分析其原因，有针对性地提出改进措施。

2. 按成本项目分析全部产品成本计划完成情况

按产品类别分析产品成本，虽然可以了解每种产品成本的升降情况，但是不能具体了解哪些成本项目发生了升降。这时，可以根据企业需要按成本项目进行成本分析。按成本项目分析全部产品成本计划完成情况，将全部产品的总成本按成本项目汇总，以实际总成本的成本项目构成与计划总成本的成本项目构成进行对比，确定每个成本项目的降低额和降低率，以此分析成本计划的完成情况。

【例7-4】根据光学公司产品成本计算单和成本计划等相关资料，按成本项目编制的全部产品成本计划完成情况如表7-8所示。

表7-8　　　　　　　全部产品成本计划完成情况（按成本项目分析）

成本项目	计划成本/元	累计实际成本/元
直接材料	94 073 294	95 772 138
直接人工	19 368 031	19 432 028
制造费用	24 901 755	23 596 034
生产成本	138 343 080	138 800 200

要求：按成本项目分析全部产品成本计划完成情况（见表7-9）。

【解析】

表 7-9　　　　　　　全部产品成本计划完成情况（按成本项目分析）

2022 年 12 月

成本项目	全部产品成本		降低指标	
	计划成本/元	累计实际成本/元	降低额/元	降低率
直接材料	94 073 294	95 772 138	-1 698 844	-1.81%
直接人工	19 368 031	19 432 028	-63 997	-0.33%
制造费用	24 901 754	23 596 034	1 305 720	5.24%
生产成本	138 343 080	138 800 200	-457 120	-0.33%

　　从表 7-9 可以看出，企业全部产品总成本实际与计划相比一共增加了 457 120 元，其中直接材料成本相对增加 1.81%，完成情况最差；制造费用成本相对减少 5.24%，完成情况较好。企业应检查成本计划是否合理，在此基础上进一步对成本项目进行分析，挖掘使总成本进一步降低的潜力。

（二）可比产品成本降低计划完成情况分析

　　可比产品成本降低计划是以上年实际平均单位成本为依据确定的，具体包括降低额和降低率两个指标。可比产品成本降低计划完成情况分析，就是将可比产品的成本实际降低额（按实际产量计算）和降低率与成本计划降低额（按计划产量计算）和降低率进行比较，来检查是否完成成本降低的任务。当实际的成本降低额和降低率等于或大于计划的成本降低额和降低率，说明完成或超额完成了任务；反之，则说明没有完成任务。要进行可比产品成本降低计划完成情况分析，就必须取得可比产品成本降低计划指标计划完成情况的资料。

　　具体的分析步骤如下。

1. 检查可比产品成本降低任务的完成情况

　　确定可比产品的计划成本降低额和降低率、实际成本降低额和降低率，计算公式如下。

$$可比产品计划成本降低额=\sum\left[本年计划产量\times(上年实际单位成本-本年计划单位成本)\right]$$

$$可比产品计划成本降低率=\frac{可比产品计划成本降低额}{\sum(本年计划产量\times上年实际单位成本)}\times100\%$$

$$可比产品实际成本降低额=\sum\left[本年实际产量\times(上年实际单位成本-本年实际单位成本)\right]$$

$$可比产品实际成本降低率=\frac{可比产品实际成本降低额}{\sum(本年实际产量\times上年实际单位成本)}\times100\%$$

　　通过将实际成本降低额与计划成本降低额、实际成本降低率与计划成本降低率进行对比，确定实际成本降低额和降低率脱离计划成本降低额和降低率的差异，明确计划完成情况。

2. 进行因素分析

　　影响可比产品成本计划完成情况的因素主要有产品的产量、品种结构和单位成本。

（1）可比产品的产量变动

　　产品的产量变动必然会直接影响成本降低额。但当产品的品种结构和单位成本不变时，产量变动不会影响成本降低率，因为产品品种结构不变，说明各种产品的产量计划完成率都相同，在计算成本降低率时，因分子、分母都具有相同的产量增减比例，因此成本降低率不变。

　　产量变动对成本降低额的影响的计算公式如下。

$$产量变动对成本降低额的影响=\left[\sum(实际产量\times上年单位成本)-\right.$$

$$\left.\sum(计划产量\times上年单位成本)\right]\times计划降低率$$

（2）可比产品的品种结构变动

由于各种产品的成本降低率不同，当产量不是同比例增长时，就会使降低额和降低率同时发生变动。如果提高成本降低率大的产品在全部可比产品中的比重，就会使成本降低额增大，并使成本降低率增大；相反，则会减小成本降低额和降低率。品种结构变动对成本降低额的影响的计算公式如下。

$$品种结构变动对成本降低额的影响=\sum\Big[按上年实际单位成本计算的实际总成本\times$$
$$（某产品实际产品结构-该产品计划产品结构）\times该产品的计划成本降低率\Big]$$

$$某产品的产品结构=\frac{该产品产量\times该产品上年实际单位成本}{\sum该产品产量\times该产品上年实际单位成本}\times100\%$$

（3）可比产品单位成本变动

可比产品成本降低计划和实际完成情况，都是以上年单位成本为基础计算的。这样，各种产品单位成本实际比计划降低或升高，必然引起成本降低额和降低率实际比计划相应地升高或降低。产品单位成本的变动与成本降低额和降低率的变动成反方向。单位成本变动对成本降低额和降低率的影响的计算公式如下。

$$单位成本变动对成本降低额的影响=\Big[\sum（某产品的实际产量\times该产品计划单位成本）-$$
$$\sum（该产品的实际产量\times该产品实际单位成本）\Big]$$

$$单位成本变动对成本降低率的影响=\frac{单位成本变动对成本降低额的影响}{\sum（某产品实际产量\times该产品上年实际单位成本）}\times100\%$$

【例 7-5】根据光学公司 2022 年 12 月产品成本表（按产品类别反映）编制的可比产品降低任务情况如表 7-10 所示。

表 7-10 可比产品降低任务情况

可比产品名称	产量/台		单位成本/（元/台）		
	计划产量	实际产量	上年实际	本年计划	本年实际
短焦投影机	18 000	20 000	1 760	1 750	1 754
微型投影机	27 000	27 000	2 220	2 215	2 222
长焦投影机	15 000	16 000	2 560	2 550	2 556

要求：（1）编制可比产品计划成本和实际成本降低任务完成情况分析表（见表 7-11、表 7-12）。

（2）完成产品的产量、品种结构和单位成本的因素分析。

（3）对光学公司 2022 年度可比产品成本降低任务完成情况做出评价。

【解析】

（1）

表 7-11 可比产品计划成本降低任务完成情况分析表

可比产品名称	计划产量/台	单位成本/（元/台）		总成本/元		计划成本降低任务	
		上年实际	本年计划	上年实际	本年计划	降低额/元	降低率
短焦投影机	18 000	1 760	1 750	31 680 000	31 500 000	180 000	0.57%
微型投影机	27 000	2 220	2 215	59 940 000	59 805 000	135 000	0.23%
长焦投影机	15 000	2 560	2 550	38 400 000	38 250 000	150 000	0.39%
合计				130 020 000	129 555 000	465 000	0.36%

07

表7-12　　　　　　　　　　　可比产品实际成本降低任务完成情况分析表

可比产品名称	实际产量/台	单位成本/（元/台）			总成本/元			实际成本降低任务	
		上年实际	本年计划	本年实际	上年实际	本年计划	本年实际	降低额/元	降低率
短焦投影机	20 000	1 760	1 750	1 754	35 200 000	35 000 000	35 080 000	120 000	0.34%
微型投影机	27 000	2 220	2 215	2 222	59 940 000	59 805 000	59 994 000	-54 000	-0.09%
长焦投影机	16 000	2 560	2 550	2 556	40 960 000	40 800 000	40 896 000	64 000	0.16%
合计					136 100 000	135 605 000	135 970 000	130 000	0.10%

从表7-11和表7-12可知，该公司可比产品计划成本降低额为465 000元，计划降低率为0.36%；可比产品实际成本降低额为130 000元，降低率为0.10%。从总体上分析，该公司的可比产品成本的降低额计划和成本降低率计划均未完成。

计算实际脱离计划的差异如下。

降低额差异=130 000-465 000=-335 000（元）

降低率差异=0.10%-0.36%=-2.60%

（2）根据表7-11、表7-12的资料计算产量、品种结构和单位成本对成本降低额和成本降低率的影响（见表7-13）。

表7-13　　　　　　产量、品种结构和单位成本对成本降低额和成本降低率的影响

影响因素	影响程度	
	降低额	降低率
产量变动	(136 100 000-130 020 000)×0.36%=21 888（元）	0 （由于产量变动使实际成本降低额比计划多21 888元，因此产量变动不影响成本降低率）
品种结构变动	①可比产品的计划品种结构 短焦投影机比重=$\frac{31\,680\,000}{130\,020\,000}$×100%=24.37% 微型投影机比重=$\frac{59\,940\,000}{130\,020\,000}$×100%=46.10% 长焦投影机比重=$\frac{38\,400\,000}{130\,020\,000}$×100%=29.53% ②可比产品的实际品种结构 短焦投影机比重=$\frac{35\,200\,000}{136\,100\,000}$×100%=25.86% 微型投影机比重=$\frac{59\,940\,000}{136\,100\,000}$×100%=44.04% 长焦投影机比重=$\frac{40\,960\,000}{136\,100\,000}$×100%=30.10% ③可比产品品种结构变动对成本降低额的影响 短焦投影机结构变动影响 =136 100 000×(25.86%-24.37%)×0.57%=11 582.83（元） 微型投影机结构变动影响 =136 100 000×(44.04%-46.10%)×0.23%=-6 312.87（元） 长焦投影机结构变动影响 =136 100 000×(30.10%-29.53%)×0.39%=2 985.69（元） 合计影响=11 582.83-6 312.87+2 985.69=8 255.65（元）	$\frac{8\,255.65}{136\,100\,000}$×100%=0.006%
单位成本变动	135 605 000-135 970 000=-365 000（元）	$\frac{-365\,000}{136\,100\,000}$×100%=-0.268%

（3）通过以上计算分析可以对光学公司 2022 年度可比产品成本降低任务完成情况做出评价。该企业的可比产品成本降低任务未能完成，计划成本降低额为 465 000 元，实际成本降低额仅为 130 000 元，未完成成本降低额 335 000 元；实际成本降低率为 0.10%，脱离计划 2.60%。

针对具体的可比产品，短焦投影机计划成本降低额为 180 000 元，实际成本降低额为 120 000 元；计划成本降低率为 0.57%，实际成本降低率为 0.34%。长焦投影机计划成本降低额为 150 000 元，实际成本降低额为 64 000 元；计划成本降低率为 0.39%，实际成本降低率为 0.16%。由此可见，短焦投影机和长焦投影机的成本降低额和降低率计划均未完成。而微型投影机的计划成本降低额和降低率分别为 135 000 元和 0.23%，执行的结果不但没有降低，反而超支了 54 000 元，使成本降低率为-0.09%。

从具体影响因素分析，造成实际成本超支的根本原因是产品单位成本提高，尤其是微型投影机和长焦投影机，实际单位成本较计划单位成本分别提高了 7 元和 6 元，应进一步查明原因；产量变动使产品成本降低了 21 888 元；品种结构变动使产品成本降低了 8 255.65 元。这说明该企业在成本管理方面取得了一定成绩，但仍需要继续加强成本管理。

二、主要产品单位成本报表分析

全部产品成本计划完成情况分析，可以总括地评价企业全部可比产品和不可比产品成本计划执行情况。为了揭示成本升降的途径和方法，还应对企业主要产品单位成本进行具体分析。一般来说，制造企业生产产品的种类较多，如果对所有产品单位成本不加选择就进行详细深入的分析，既是一种浪费，也会使成本分析工作缺乏重点。所以，产品单位成本分析应该抓住重点，着重对企业经常生产、产量较大、能代表企业生产经营基本面貌的主要产品进行分析。

分析所依据的资料主要是产品单位成本表、成本计划表、各项消耗定额及反映各项技术经济指标的业务资料等。分析的方法是在全部产品成本计划完成情况分析的基础上，采用因素替换法，进一步分析各项因素的变化对各项成本项目的影响。

主要产品单位成本分析包括主要产品单位成本计划完成情况分析和产品单位成本项目因素分析；另外，还可进行制造费用明细分析和期间明细分析。

（一）主要产品单位成本计划完成情况分析

主要产品单位成本计划完成情况分析，主要采用比较分析法，计算实际单位成本比计划、上期、历史先进水平的升降情况，计算差异，在此基础上再按成本项目进行逐项分析，以进一步了解各成本项目升降的情况。

【例 7-6】光学公司短焦投影机单位成本对比如表 7-14 所示。

表 7-14　　　　　　　　　　光学公司短焦投影机单位成本对比

单位：元

成本项目	历史最高水平	上年实际	本年计划	本年实际
直接材料	1 210.95	1 232.00	1 190.00	1 210.26
直接人工	245.70	228.80	245.00	245.56
制造费用	298.35	299.20	315.00	298.18
合计	1 755.00	1 760.00	1 750.00	1 754.00

要求：计算本年实际单位成本与计划、上年、历史最高水平的差异，编制短焦投影机单位成本分析表（见表 7-15）。

表 7-15 短焦投影机单位成本分析表

成本项目	历史最高水平	上年实际	本年计划	本年实际	差异		
					比历史最高水平	比上年实际	比本年计划
直接材料/元	1 210.95	1 232.00	1 190.00	1 210.26	-0.69	-21.74	20.26
直接人工/元	245.70	228.80	245.00	245.56	-0.14	16.76	0.56
制造费用/元	298.35	299.20	315.00	298.18	-0.17	-1.02	-16.82
产品单位成本/（元/台）	1 755.00	1 760.00	1 750.00	1 754.00	-1.00	-6.00	4.00

从表 7-15 可知，短焦投影机本年实际单位成本比历史最高水平、上年实际的单位成本都降低了，虽然没有达到本年计划水平，但总体情况还算不错。接下来企业需要审视一下计划成本是否合理。从成本项目对比中可以看出，与上年实际成本进行比较，直接材料和制造费用均有一定程度的节约，但是成本的降低主要来自直接材料的节约，说明企业在降低短焦投影机直接材料方面采取了措施，取得了成绩。

（二）产品单位成本项目因素分析

1. 直接材料费用的分析

降低材料成本是降低产品成本的重要途径，特别是直接材料费用占产品成本比重较大的产品，直接材料项目更应作为产品单位成本分析的重点。影响直接材料费用变动的因素主要有材料耗用量和材料单价两个因素。分析这两个因素变动对材料成本的影响程度，根据连环替代法的原理，可以按下列公式计算。

材料耗用量变动的影响=（实际单位耗用量-计划单位耗用量）×材料计划单价

材料单价变动的影响=（材料实际单价-材料计划单价）×实际单位耗用量

【例 7-7】光学公司生产的红外光学元件，最主要的原材料红外光学晶体的成本资料如表 7-16 所示。

表 7-16 红外光学晶体的成本资料

材料名称	计划			实际		
	单位产品耗用量/（克/个）	材料单价/（元/克）	单位产品材料成本/（元/个）	单位产品耗用量/（克/个）	材料单价/（元/克）	单位产品材料成本/（元/个）
红外光学晶体	4	25	100	4.02	24.95	100.30

要求：编制红外光学元件直接材料费用分析表（见表 7-17）。

【解析】

表 7-17 红外光学元件直接材料费用分析表

材料名称	计划			实际			差异		
	单位产品耗用量/（克/个）	材料单价/（元/克）	单位产品材料成本/（元/个）	单位产品耗用量/（克/个）	材料单价/（元/克）	单位产品材料成本/（元/个）	单位产品耗用量/（克/个）	材料单价/（元/克）	单位产品材料成本/（元/个）
红外光学晶体	4	25	100	4.02	24.95	100.30	0.02	-0.05	0.30

单位产品材料成本变动额=100.30-100=0.30（元/个）

单位产品耗用量变动对单位材料成本的影响=（4.02-4）×25=0.5（元）

材料单价变动对单位材料成本的影响=4.02×（24.95-25）=-0.20（元）

上述分析说明，红外光学晶体单位产品耗用量的变动使红外光学元件单位生产成本比计划增加 0.50 元，红外光学晶体单价的变动使红外光学元件单位生产成本比计划减少 0.20 元，两者的共同影响，使红外光学元件单位成本相比计划成本增加 0.30 元/个。

2. 直接人工费用的分析

直接人工费用是企业产品成本的重要组成部分，它直接反映了企业的生产组织是否合理、工时利用是否充分和劳动生产率是否提高等。直接人工费用受工人劳动生产率和工人平均工资两个因素影响。这两个因素也可以用单位产品生产工时消耗和小时工资率来表示。根据连环替代法的原理，分析单位产品生产工时消耗和小时工资率变动对成本的影响，计算公式如下。

单位产品生产工时消耗变动的影响=（单位产品实际工时-单位产品计划工时）×计划小时工资率

小时工资率变动的影响=（实际小时工资率-计划小时工资率）×单位产品实际工时

3. 制造费用的分析

制造费用是企业为生产产品和提供劳务所发生的各项间接费用，通常应当按照工时标准分配到各种产品成本之中。影响制造费用的是单位产品工时和小时费用率两个因素。

单位产品工时变动的影响=（单位产品实际工时-单位产品计划工时）×计划小时费用率

小时费用率变动的影响=（实际小时费用率-计划小时费用率）×单位产品实际工时

（三）制造费用明细分析

制造费用明细分析主要是通过实际与计划的对比，分析各种制造费用计划的执行情况。对制造费用的分析，要从各个费用项目着手进行，而不能仅关注总额的计划执行情况，应注意分析重点费用项目、费用项目的构成比例，以及固定费用和变动费用。

（四）期间费用明细分析

期间费用明细分析主要是通过实际与计划的对比，分析各种期间费用计划的执行情况。分析过程中，既要从各个费用项目角度进行分析，防止各项目间互相抵补、掩盖实际问题的现象；也要从总体上把握，综合各项目支出的特点，对某些费用项目支出增加或减少的合理性进行具体分析，不能搞一刀切。

【任务实操】根据企业资料，对可比产品成本降低任务完成情况进行分析并做出评价。

业务资料：按想念公司 2022 年 12 月产品成本表（按产品类别反映）编制的可比产品降低任务情况如表 7-18 所示。

表 7-18　　　　　　　　　　可比产品降低任务情况

可比产品名称	产量/千克		单位成本/（元/千克）		
	计划产量	实际产量	上年实际	本年计划	本年实际
精制挂面	24 000 000	24 000 000	8.50	8.00	8.15
杂粮挂面	12 000 000	12 050 000	13.10	12.54	12.60

要求：（1）编制可比产品计划成本和实际成本降低任务完成情况分析表（见表 7-19、表 7-20）。

（2）完成产品的产量、品种结构和单位成本的因素分析（见表 7-21）。

（3）对想念公司 2022 年度可比产品成本降低任务完成情况做出评价。

07

表 7-19　　　　　　　　　可比产品计划成本降低任务完成情况分析表

可比产品名称	计划产量/千克	单位成本/（元/千克）		总成本/元		计划成本降低任务	
		上年实际	本年计划	上年实际	本年计划	降低额/元	降低率
精制挂面							
杂粮挂面							
合计							

表 7-20　　　　　　　　　可比产品实际成本降低任务完成情况分析表

可比产品名称	实际产量/千克	单位成本/（元/千克）			总成本/元			实际成本降低任务	
		上年实际	本年计划	本年实际	上年实际	本年计划	本年实际	降低额/元	降低率
精制挂面									
杂粮挂面									
合计									

表 7-21　　　　　　产量、品种结构和单位成本对成本降低额和成本降低率的影响

影响因素	影响程度	
	降低额	降低率
产量变动		
品种结构变动		
单位成本变动		

【任务实操】根据企业资料，分析计算产品单位成本项目的变动情况。

业务资料：想念公司面粉的单位产品成本项目资料如表 7-22 所示。

表 7-22　　　　　　　　　面粉的单位产品成本项目资料

成本项目	内容	计划	实际
直接材料	材料耗用量/（千克/袋）	6.5	6.56
	材料单价/（元/千克）	1.6	1.55
	单位产品材料费用/（元/袋）	10.4	10.168
直接人工	单位产品工时/（时/袋）	0.25	0.27
	小时工资率/（元/时）	11.3	11
	单位产品人工费用/（元/袋）	2.825	2.97
制造费用	单位产品工时/（时/袋）	0.25	0.27
	小时费用率/（元/时）	6.7	6.55
	单位产品制造费用/（元/袋）	1.675	1.768 5

要求：（1）编制面粉单位产品成本项目变动分析表（见表7-23）。

（2）运用因素分析法计算面粉单位材料成本、单位人工成本、单位制造费用的变动情况（见表7-24）。

表7-23　　　　　　　　　　面粉单位产品成本项目变动分析表

成本项目	内容	计划	实际	差异
直接材料	材料耗用量/（千克/袋）	6.5	6.56	
	材料单价/（元/千克）	1.6	1.55	
	单位产品材料费用/（元/袋）	10.4	10.168	
直接人工	单位产品工时/（时/袋）	0.25	0.27	
	小时工资率/（元/时）	11.3	11	
	单位产品人工费用/（元/袋）	2.825	2.97	
制造费用	单位产品工时/（时/袋）	0.25	0.27	
	小时费用率/（元/时）	6.7	6.55	
	单位产品制造费用/（元/袋）	1.675	1.768 5	

表7-24　　　　　　　　　面粉单位产品成本项目各因素变动的影响程度分析

序号	成本项目	影响因素	基期水平	第一次替代	第二次替代
（1）	直接材料	材料耗用量/（千克/袋）			
		材料单价/（元/千克）			
		单位产品材料费用/（元/袋）			
		单位产品材料费用影响量/元	—		
（2）	直接人工	单位产品工时/（时/袋）			
		小时工资率/（元/时）			
		单位产品人工费用/（元/袋）			
		单位产品人工费用影响量/元	—		
（3）	制造费用	单位产品工时/（时/袋）			
		小时费用率/（元/时）			
		单位产品制造费用/（元/袋）			
		单位产品制造费用影响量/元	—		

07

模块二　成本差异计算与分析

【任务描述】根据企业资料，将实际成本与标准成本进行比较和分析，确定差异数额及性质，揭示差异形成的动因。

所谓成本差异，指产品的实际成本与标准成本之间的差额。如果实际成本小于标准成本，两者所形成的差异称为有利差异，亦称为顺差；如果实际成本大于标准成本，两者所形成的差异称为不利差异，亦称为逆差。成本差异反映了实际成本脱离预定目标程度的信息，对成本管理部门而言，这是一种重要的信号，可以据此发现问题，具体分析差异形成的原因，采取相应的措施，消除不利差异，发展有利差异，从而实现对成本的有效控制。为了控制乃至消除不利差异，需要对成本差异产生的原因进行分析，找出对策，以便采取措施加以修正。

一、成本差异分析的通用模型

由于标准成本是根据标准用量和标准价格计算的，而实际成本是根据实际用量和实际价格计算的，因此，尽管形成差异的原因有很多，但归纳起来不外乎用量因素和价格因素。由用量因素所形成的差异称为用量差异，由价格因素所形成的差异称为价格差异。成本差异分析的通用模型计算公式如下。

成本差异=实际成本-标准成本

　　　　=实际用量×实际价格-标准用量×标准价格

　　　　=实际用量×实际价格-实际用量×标准价格+实际用量×标准价格-标准用量×标准价格

　　　　=实际用量×（实际价格-标准价格）+（实际用量-标准用量）×标准价格

　　　　=价格差异+用量差异

计算公式中各变量之间的关系如图 7-1 所示。

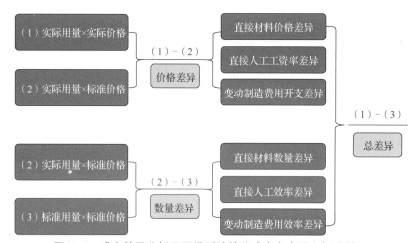

图 7-1　成本差异分析通用模型计算公式中各变量之间的关系

二、直接材料差异的计算与分析

（一）直接材料差异计算

1. 直接材料成本差异

直接材料成本差异是指直接材料实际成本与标准成本之间的差额。一般来说，造成直接材料成本差异的原因有两个：一是价格脱离标准形成的差异；二是用量脱离标准形成的差异。前者按实际用量计算，称为价格差异（价差）；后者按标准价格计算，称为数量差异（量差）。

直接材料成本差异的计算公式如下。

直接材料成本差异=直接材料实际成本-直接材料标准成本

　　　　　　　　=实际材料总耗用量×实际单价-标准用量×标准单价

　　　　　　　　=实际材料总耗用量×实际单价-实际产量×单位产品标准材料耗用量×标准单价

2. 直接材料价格差异

直接材料价格差异是指在采购过程中，直接材料实际价格偏离标准价格所形成的差异。直接材料价格差异的计算公式如下。

$$直接材料价格差异=实际材料总耗用量×（实际单价-标准单价）$$
$$=实际材料总耗用量×实际单价-实际材料总耗用量×标准单价$$

3. 直接材料数量差异

直接材料数量差异是指在产品生产过程中，直接材料实际耗用量偏离标准耗用量所形成的差异。直接材料数量差异的计算公式如下。

$$直接材料数量差异=（实际材料总耗用量-实际产量下标准耗用量）×标准单价$$
$$=实际材料总耗用量×标准单价-实际产量下标准耗用量×标准单价$$
$$=实际材料总耗用量×标准单价-实际产量×单位产品标准材料耗用量×标准单价$$

（二）直接材料差异分析

直接材料差异可以从价格差异和数量差异分析。

1. 直接材料价格差异分析

直接材料价格差异是直接材料实际价格脱离标准价格产生的，所以材料价格差异通常由采购部门负责。正常情况下，材料价格属于采购部门可控范围，如批量采购、供应商的选择、交货方式、材料的质量和运输工具等通常由采购部门控制并受采购部门决策的影响。但是有的材料价格影响因素是采购部门不可控的，例如宏观经济等不可控因素引起的原材料普遍涨价、临时订单增加导致紧急供货引起的差异等。因此，对于材料的不利价格差异一定要做进一步的深入分析，查明产生差异的真正原因。

2. 直接材料数量差异分析

直接材料数量差异是直接材料实际耗用量和标准耗用量出现脱离导致的，因为材料的耗用是在生产部门，所以直接材料数量差异分析主要由生产部门负责。正常情况下，直接材料耗用量在生产部门的可控范围内，耗用量的多少受到很多因素的影响，如工人技术不熟练和工人不负责任、生产事故、生产过程中的浪费及下料不科学、废品率大幅上升、原来制订的标准成本不科学等。不过，对于产生差异的特殊情况应具体问题具体分析，如因采购环节采购了低质量的原材料、仓储过程中原材料的变质、机器没有得到及时的维护和维修造成材料浪费等，就不能由生产部门负责，而应由采购、保管及设备管理部门负责。

【例7-8】光学公司2022年9月实际耗用外壳材料35 230克，生产短焦投影机3 250台，外壳材料采购单价为6.30元/克。根据企业的标准成本卡可知，外壳材料的标准用量为10.8克/台，标准材料单价为6.25元/克。

要求：对外壳材料进行差异分析。

【解析】

（1）直接材料成本差异=实际材料总耗用量×实际单价-实际产量×单位产品标准材料耗用量×标准单价

$$=35\ 230×6.30-3\ 250×10.8×6.25=2\ 574（元）\qquad（不利差异）$$

（2）直接材料价格差异=实际材料总耗用量×（实际单价-标准单价）

$$=35\ 230×（6.30-6.25）=1\ 761.50（元）\qquad（不利差异）$$

（3）直接材料数量差异=（实际材料总耗用量-实际产量×单位产品标准材料耗用量）×标准单价

$$=（35\ 230-3\ 250×10.8）×6.25=812.50（元）\qquad（不利差异）$$

从上面的计算可以看出，材料价格上升使得材料成本上升了1 761.50元，而材料用量增加使得材料成本上升了 812.50 元。价格和材料用量的共同影响，使直接材料成本一共上升了 2 574 元。

三、直接人工差异的计算与分析

（一）直接人工差异计算

1. 直接人工成本差异

直接人工成本差异，是指直接人工实际成本与标准成本之间的差额，该差异可分解为工资率差异和效率差异。直接人工成本差异的计算公式如下。

$$直接人工成本差异=实际成本-实际产量下标准成本$$
$$=实际总工时×实际工资率-实际产量×单位产品标准工时×标准工资率$$
$$=直接人工工资率差异+直接人工效率差异$$

2. 直接人工工资率差异

直接人工工资率差异类似直接材料价格差异，是指实际工资率偏离标准工资率形成的差异，按实际工时计算确定。直接人工工资率差异的计算公式如下。

$$直接人工工资率差异=实际总工时×（实际工资率-标准工资率）$$
$$=实际总工时×实际工资率-实际总工时×标准工资率$$

3. 直接人工效率差异

直接人工效率差异类似直接材料数量差异，是指实际工时偏离标准工时形成的差异，按标准工资率计算确定。直接人工效率差异的计算公式如下。

$$直接人工效率差异=（实际总工时-实际产量下标准工时）×标准工资率$$
$$=实际总工时×标准工资率-实际产量×单位产品标准工时×标准工资率$$

（二）直接人工差异分析

1. 直接人工工资率差异分析

直接人工工资率差异是实际工资率和标准工资率脱离导致的。一般来说，直接人工工资率差异较少发生，这是因为工资率是按照事先制定好的劳动合同支付的。当遇到实际安排的人员结构发生变化，没有合理安排生产计划导致加班加点等情况，直接人工工资率会出现差异，这种差异应该由人力资源管理部门和生产部门负责。政策性调整也会影响直接人工工资，但政策性调整引起的差异属于不可控差异。

2. 直接人工效率差异分析

直接人工效率差异是实际工时和标准工时出现脱离导致的，反映劳动生产率的高低，这类差异通常属于可控差异。如果直接人工效率差异是由以下情况导致的，应由生产部门负责：生产部门没有及时地培训员工，或者生产部门没有很好地监督员工造成员工效率低下；机器没有及时维护、维修，造成效率低而多用工人；生产工艺发生改变。如果直接人工效率差异是由招聘的工人技能差导致的，人事部门和生产部门都有责任。如果低质量的原材料造成很多返工或者低效率而多用工人，应由采购部经理负责。特别注意的是，有时有利差异可能带来其他方面的不利差异，如新进较多的非熟练工人，带来工资率降低的同时也会导致整体人工效率降低。

【例 7-9】光学公司 2022 年 9 月生产短焦投影机 3 250 台，实际耗用人工工时 76 050 小时，实际工资率为 12.6 元/时。根据企业的标准成本卡可知，单位产品标准工时为 24 时/台，标准工资率为 12 元/时。

要求：对直接人工费用进行差异分析。

【解析】

（1）直接人工成本差异=实际总工时×实际工资率-实际产量×单位产品标准工时×标准工资率

=76 050×12.6-3 250×24×12=22 230（元）　　　　　　　　（不利差异）

（2）直接人工工资率差异=实际总工时×（实际工资率-标准工资率）

=76 050×（12.6-12）=45 630（元）　　　　　　　　（不利差异）

（3）直接人工效率差异=（实际总工时-实际产量×单位产品标准工时）×标准工资率

=（76 050-3 250×24）×12=-23 400（元）　　　　　　　　（有利差异）

从上面计算的结果可知，实际工资率大于标准工资率使直接人工成本上升45 630元，产生了不利差异；实际工时低于标准工时，使直接人工效率差异降低23 400元，产生了有利差异。受工资率和人工工时的共同影响，直接人工总成本一共上升了22 230元。

四、制造费用差异的计算与分析

（一）变动制造费用差异的计算与分析

变动制造费用差异，是指变动制造费用的实际发生额与变动制造费用的标准成本之间的差额。该差异可分解为变动制造费用的价格差异和数量差异。当变动制造费用的标准用量为标准人工工时，变动制造费用的标准价格为变动制造费用分配率时，变动制造费用差异的计算公式如下。

变动制造费用差异=实际成本-实际产量下的标准成本

=实际工时×变动制造费用实际分配率-实际产量×单位产品标准工时×变动制造费用标准分配率

=变动制造费用耗费差异+变动制造费用效率差异

变动制造费用耗费差异，是指燃料、动力和辅助材料等变动制造费的实际价格偏离标准价格的差异，也称为价格差异。计算公式如下。

变动制造费用耗费差异=实际工时×（变动制造费用实际分配率-变动制造费用标准分配率）

=实际工时×变动制造费用实际分配率-实际工时×变动制造费用标准分配率

变动制造费用效率差异，是指燃料、动力和辅助材料等变动制造费用的实际数量偏离标准数量的差异，也称为数量差异。计算公式如下。

变动制造费用效率差异=变动制造费用标准分配率×（实际工时-实际产量下标准工时）

=变动制造费用标准分配率×（实际工时-实际产量×单位产品标准工时）

变动制造费用属于生产过程中间接费用的部分，其构成内容可能有间接人工、间接材料、其他制造费用等，其差异的产生原因可归结为每一项费用的变动，如间接材料中的燃料、机物料等成本项目的变动，所以实际生活中要根据变动制造费用各明细项目的弹性预算和实际发生额进行对比分析，并追究相关责任部门的责任。

变动制造费用耗费差异是实际分配率和标准分配率出现脱离导致的，其实也是一种价格差异，但该项差异的产生既有效率的因素也有价格的因素，它和实际动力、物料耗用量及劳动生产效率等因素相关。直接人工效率差异和变动制造费用效率差异的性质是一样的，都是由于所耗工时的延长或缩短引起的费用变化。实际工作中，在分析耗费差异时可分项计算，而在分析效率差异时可按总额计算，这样一来计算就可既简化又不失针对性。变动制造费用的发生地点是生产部门，一般来说，变动制造费用耗费差异和变动制造费用效率差异均属可控范围，应由生产部门负责；但如果差异是动力和物料价格上涨导致的，这种差异就不能由生产部门负责而

07

应由采购部门负责。

【例7-10】光学公司2022年9月生产短焦投影机3 250台，实际耗用工时76 050小时，变动制造费用实际分配率为4.65元/时。根据企业的标准成本卡可知，单位产品标准工时为24时/台，变动制造费用标准分配率为4.6元/时。

要求：对变动制造费用进行差异分析。

【解析】

（1）变动制造费用差异的计算结果如下。

变动制造费用差异=实际工时×变动制造费用实际分配率-实际产量×单位产品标准工时×变动制造费用标准分配率

$$=76\ 050×4.65-3\ 250×24×4.6=-5\ 167.50（元）\qquad（有利差异）$$

（2）变动制造费用耗费差异的计算结果如下。

变动制造费用耗费差异=实际工时×（变动制造费用实际分配率-变动制造费用标准分配率）

$$=76\ 050×（4.65-4.60）=3\ 802.50（元）\qquad（不利差异）$$

（3）变动制造费用效率差异的计算结果如下。

变动制造费用效率差异=变动制造费用标准分配率×（实际工时-实际产量×单位产品标准工时）

$$=4.6×（76\ 050-3\ 250×24）=-8\ 970（元）\qquad（有利差异）$$

计算结果表明，变动制造费用差异为有利差异5 167.50元，是由变动制造费用效率差异和变动制造费用耗费差异共同引起的。变动制造费用实际分配率大于标准分配率，使变动制造费用上升了3 802.50元；变动制造费用实际工时小于标准工时，使变动制造费用的实际执行结果下降了8 970元。受两者的共同影响，实际变动制造费用与标准变动制造费用相比一共下降了5 167.50元。

（二）固定制造费用差异的计算与分析

固定制造费用差异，是指固定制造费用实际成本与标准成本之间的差额。计算公式如下。

固定制造费用差异=固定制造费用实际成本-固定制造费用标准成本

企业应根据固定制造费用项目的性质，分析差异的形成原因，并将之追溯至相关责任中心。

实际工作中许多企业并没有将制造费用细分为变动制造费用和固定制造费用，而是只保留一个总的制造费用，原因在于过于细分，会使工作量增加及成本上升。

【任务实操】根据企业资料，完成产品标准成本法下的差异分析。

业务资料：想念公司2022年9月生产面粉400 000袋，面粉的标准成本及实际成本资料如表7-25所示。

表7-25　　　　　　面粉的标准成本及实际成本资料

成本项目	标准				实际			
	单价	工资率	单位产品耗用量	单位产品工时	单价	工资率	总耗用量	总工时
直接材料	1.6元/千克	—	6.5千克/袋	—	1.55元/千克	—	2 624 000千克	—
直接人工	—	11.3元/时	—	0.25时/袋	—	11元/时	—	108 000时
变动制造费用	—	6.7元/时	—	0.25时/袋	—	6.55元/时	—	108 000时
固定制造费用	570 000元				571 200元			

要求：编制面粉的标准成本差异分析表（见表7-26）。

表 7-26　　　　　　　　　　　　　面粉的标准成本差异分析表

成本项目	差异类型	差异数额计算	差异性质（有利差异或不利差异）
直接材料	直接材料价格差异		
	直接材料数量差异		
	直接材料成本差异		
直接人工	直接人工工资率差异		
	直接人工效率差异		
	直接人工成本差异		
变动制造费用	变动制造费用耗费差异		
	变动制造费用效率差异		
	变动制造费用差异		
固定制造费用	固定制造费用差异		

技能训练

一、单项选择题

1. 根据实际指标与不同时期的指标对比来揭示差异、分析差异产生原因的分析方法称为（　　）。

　　A. 因素分析法　　　B. 差量分析法　　　C. 对比分析法　　　D. 相关分析法

2. 在进行全部商品产品成本分析时，计算成本降低率时，是用成本降低除以（　　）。

　　A. 按计划产量计算的计划总成本　　　　B. 按计划产量计算的实际总成本

　　C. 按实际产量计算的计划总成本　　　　D. 按实际产量计算的实际总成本

3. 对可比产品成本降低率不产生影响的因素是（　　）。

　　A. 产品品种结构　　B. 产品产量　　　C. 产品单位成本　　　D. 产品总成本

4. 采用连环替代法，可以揭示（　　）。

    A. 产生差异的因素和各因素的影响程度　　　B. 产生差异的因素

    C. 产生差异的因素和各因素的变动原因　　　D. 实际数与计划数之间的差异

5. 对比分析法只适用于（　　）。

    A. 同质指标的质量对比　　　　　　　　　　B. 同质指标的数量对比

    C. 不同质指标的质量对比　　　　　　　　　D. 不同质指标的数量对比

6. 因素分析法各因素的排列顺序一般是（　　）。

    A. 数量指标在前，质量指标在后

    B. 质量指标在前，数量指标在后

    C. 数量指标可以在前，也可以在后

    D. 质量指标可以在前，也可以在后

7. 可比产品成本降低额=（　　）-可比产品本年累计实际总成本。

    A. 全部产品按上年实际平均单位成本计算的本年累计总成本

    B. 可比产品按上年实际平均单位成本计算的本年累计总成本

    C. 全部产品按本年计划平均单位成本计算的本年累计总成本

    D. 可比产品按本年计划平均单位成本计算的本年累计总成本

8. 计算价格差异要以（　　）为基础。

    A. 标准用量　　　　B. 标准价格　　　　C. 实际用量　　　　D. 实际价格

9. 下列不属于直接人工效率差异形成原因的是（　　）。

    A. 工作环境不良　　　B. 工人经验不足　　　C. 出勤率变化　　　D. 新工人上岗太多

二、多项选择题

1. 生产多品种产品的情况下，影响可比产品成本降低额的因素有（　　）。

    A. 产量　　　　　　　B. 单位成本　　　　　C. 价格　　　　　　D. 品种结构

2. 某生产车间是一个标准成本中心。下列各项标准成本差异中，通常不应由该生产车间负责的有（　　）。

    A. 直接材料数量差异　　　　　　　　　　　B. 直接材料价格差异

    C. 直接人工工资率差异　　　　　　　　　　D. 直接人工效率差异

3. 直接人工成本差异的计算包括（　　）。

    A.（实际工资率-标准工资率）×实际工时

    B.（实际工资率-标准工资率）×标准工时

    C.（实际工时-标准工时）×实际工资率

    D.（实际工时-标准工时）×标准工资率

4. 造成直接材料成本差异的原因中，应由采购部门负责的有（　　）。

    A. 材料质量　　　　B. 材料价格　　　　C. 生产设备状况　　　D. 供应商选择

5. 在直接材料成本差异分析中，（　　）。

    A. 价格差异的大小是由价格脱离标准的程度及实际采购量高低决定的

    B. 价格差异的大小是由价格脱离标准的程度及标准用量高低决定的

    C. 数量差异的大小是由用量脱离标准的程度及标准价格高低决定的

    D. 数量差异的大小是由用量脱离标准的程度及实际价格高低决定的

三、判断题

1. 在分析某个指标时，将与该指标相关但又不同的指标加以对比，分析其相互关系的方法称

为对比分析法。（　　　）

2. 采用因素分析法进行成本分析时，各因素变动对经济指标影响程度的数额相加，应与该项经济指标实际数与基期数的差额相等。（　　　）

3. 采用因素分析法，在测定某一因素变动的影响时，是以假定其他因素不变为条件的，即在其他因素均为计划数时，确定某一因素变动的影响程度。（　　　）

4. 影响可比产品成本降低额指标变动的因素有产量、品种结构和单位成本。（　　　）

5. 影响可比产品成本降低率指标变动的因素有品种结构和单位成本。（　　　）

6. 标准成本法下，如果出现不利差异，企业必须采取措施降低不利差异。（　　　）

四、实务练习

20 号超市内有一个小型面包房，只生产吐司面包和牛角面包两种产品。两种面包的生产工艺比较成熟，因此超市对面包房使用标准成本法进行成本核算，对其定期进行标准成本差异分析。面包生产实际消耗资料如表 7-27 所示，面包生产标准成本资料如表 7-28 所示。

表 7-27　　　　　　　　　　　　面包生产实际消耗资料

项目	实际用量		单价/工资率/分配率
	吐司面包	牛角面包	
直接材料	—	—	—
其中：面粉	28 520.00 千克	14 480.00 千克	2.50 元/千克
酵母	280.00 千克	300.00 千克	30.00 元/千克
砂糖	1 710.00 千克	1 220.00 千克	6.50 元/千克
黄油	1 600.00 千克	8 380.00 千克	12.50 元/千克
鸡蛋	4 470.00 千克	5 550.00 千克	0.45 元/千克
牛奶	7 820.00 千克	4 230.00 千克	7.00 元/千克
直接人工	75 分/屉	85 分/屉	18.00 元/时
变动制造费用	20 分/屉	28 分/屉	14.00 元/时
固定制造费用	20 分/屉	28 分/屉	8.00 元/时

表 7-28　　　　　　　　　　　　面包生产标准成本资料

项目	标准用量		单价/工资率/分配率
	吐司面包	牛角面包	
直接材料	—	—	—
其中：面粉	280.00 克/个	120.00 克/个	3.00 元/千克
酵母	3.00 克/个	3.00 克/个	35.00 元/千克
砂糖	17.00 克/个	12.00 克/个	8.00 元/千克
黄油	17.00 克/个	74.50 克/个	14.00 元/千克
鸡蛋	50.00 克/个	50.00 克/个	0.50 元/千克
牛奶	90.00 克/个	40.00 克/个	9.00 元/千克
直接人工	70 分/屉	80 分/屉	16.00 元/时
变动制造费用	20 分/屉	30 分/屉	12.00 元/时
固定制造费用	18 分/屉	28 分/屉	10.00 元/时

① 产能：该面包房年产能 216 000 个面包（吐司面包每日产量 280 个，牛角面包每日产量 320 个），2022 年实际生产 205 200 个面包（吐司面包每日产量 260 个，牛角面包每日产量 310

个），一年按照 360 天计算。

② 蒸屉标准：吐司面包 30 个/屉；牛角面包 50 个/屉。

③ 面包房的生产成本中直接材料按照原材料用量分配，直接人工按照人工工时分配，变动制造费用按照机器工时分配。

④ 吐司面包销售单价为 8 元/个，牛角面包销售单价为 6 元/个。按面包房实际成本计算产品的单位成本。

要求：进行面包的直接材料成本差异分析、直接人工成本差异分析和制造费用差异分析（见表 7-29）。

表 7-29 面包的成本差异分析

单位：元

项目	吐司面包	牛角面包	合计
直接材料价格差异			
直接材料数量差异			
直接人工工资率差异			
直接人工效率差异			
变动制造费用耗费差异			
变动制造费用效率差异			
固定制造费用差异			

项目八

成本考核

学习目标 ↓

【知识目标】

1. 理解成本责任中心的含义。
2. 理解责任成本与产品成本的区别。

【能力目标】

1. 能进行责任成本的分类和计算。
2. 能对成本中心进行成本考核。

【素养目标】

1. 通过对成本责任中心的理解，增强责任意识，激发担当精神。
2. 通过成本考核程序，提升管理能力。

引例

娃哈哈是我国饮料行业的领军企业。众所周知，饮料行业竞争非常激烈，娃哈哈身边不仅有"康师傅"和"统一"这样的强大对手，还有来自国外的"可口可乐""百事""雀巢"等知名跨国公司。娃哈哈的经营理念是："实现全员持股，提倡无负债经营。"不难看出娃哈哈经营理念的精妙之处，其"全员持股"是让员工都参与公司经营，把成本控制和收益的积累巧妙地分摊到每一个员工头上，从点滴、每时和每人做起。这种管理思维不是一般民营企业能做到的。

娃哈哈将员工的业绩考核与公司整体利益有机结合起来，避免了人为分割经营业绩和成果的不恰当，成功地将员工的工作热情融入公司的整体发展中。公司的业绩成为个体员工的业绩，这种"员工持股"的模式促进了业绩激励机制效用的最大化。

模块一 成本考核认知

【任务描述】掌握常用的成本考核指标。

一、成本考核的概念及意义

（一）成本考核的概念

成本考核是以会计报告期实际成本资料为对象，结合成本计划的要求及成本分析的其他有关资料，评价和考核成本管理成绩和水平的一项重要工作，是检验成本管理目标是否实现的一个重要的步骤。成本考核能促使各责任中心对所控制的成本承担责任，并借以控制和降低各种产品的生产成本。

（二）成本考核的意义

企业的成本考核一般以责任单位（个人）为对象，以责任成本为内容来综合核算和评价责任单位（个人）的工作业绩。成本考核一般起到如下作用。

1. 能较好地贯彻、落实经济责任制

成本考核的内容是责任者可以控制的成本，在其权限范围内，成本的发生、计量都是责任者可以控制的，同时也是责任者有能力左右的。所以，成本的考核过程也是更好地落实责任制的过程。

2. 能提高管理水平和生产效益

成本考核的结果，能为企业的奖惩制度提供有效的依据。划分责任权限后，企业通过考核、检查和评价计划完成情况，奖励计划执行得好的责任单位（个人），惩罚执行得不好的责任单位（个人），使成本管理工作落到实处，责任落到实处。企业把成本考核与奖惩制度结合起来，根据工作业绩来决定奖惩，能充分调动各个责任者的积极性，提高生产效益。

3. 有利于产品成本的分析

通过成本考核，企业能够发现计划数与实际数的差异，查明原因，分清责任，为下一年度制订新的预算目标和成本计划提供参考。

二、成本考核的分类与指标

（一）成本考核的分类

1. 按考核与评价的内容分类

（1）实物指标和价值指标。实物指标是指从产品使用价值的角度出发，按照它的自然计量单位来表示的指标；价值指标是指以货币为统一尺度表现的指标，生产费用、产品成本、办公费等都属于成本考核所采用的价值指标。在成本考核中，实物指标是基础，价值指标是综合反映。成本指标的完成情况需要把实物指标和价值指标结合起来才能全面地反映。

（2）数量指标和质量指标。数量指标是指可以以定量的形式表达的，对某一方面的工作在指定范围和指定时间内应达到的标准指标；质量指标是反映一定时期工作质量和成本控制水平的指标。在成本考核中，有意识地将成本考核项目的数量指标和质量指标结合在一起，能帮助人们全面、准确地认识和掌握成本变化的规律。

（3）单项指标和综合指标。单项指标是反映成本变化中单个事项变动情况的指标；综合指标是概括反映某类成本事项的总体指标。单项指标是基础，综合指标一方面是对单项指标的概括和总结，另一方面是对事物更全面的总体表示。

2. 按考核与评价的对象分类

（1）商品产品计划总成本。商品产品包括可比产品和不可比产品，其成本控制标准都要编入成本计划。该指标要通过实际执行结果与计划比较进行考核。

（2）可比产品成本降低额和降低率。在编制成本计划时，要规定可比产品的计划成本降低额和降低率，因此，在成本考核中，也要将可比产品成本降低额、降低率列为考核内容，为其确定成本指标，并通过实际执行结果与计划比较进行考核。

（二）成本考核的指标

随着市场经济的建立和完善，虽然国家不再直接考核企业的成本水平，但行业之间的成本考核评比还是必要的。成本考核指标包括以下几项。

$$成本降低率 = \frac{标准总成本 - 实际总成本}{标准总成本}$$

$$标准总成本 = 报告期产品产量 \times 标准单位成本$$

$$实际总成本 = 报告期产品产量 \times 报告期实际单位成本$$

$$销售收入成本率 = \frac{报告期销售成本总额}{报告期销售收入总额} \times 100\%$$

企业内部责任成本考核的指标包括以下几项。

$$责任成本差异率 = \frac{责任成本差异额}{标准责任成本总额} \times 100\%$$

$$责任成本差异额 = 实际责任成本 - 标准责任成本$$

$$责任成本降低率 = \frac{本期责任成本降低额}{上期责任成本总额} \times 100\%$$

模块二　成本考核业绩评价

【任务描述】根据背景案例，对成本责任中心进行考核评价。

一、成本责任中心

企业内部的成本考核，可以根据企业下达的分级、分工、分人的成本计划指标进行。企业应按照分级、分工、分人建立成本责任中心，并计算责任中心的责任成本。

（一）责任中心

责任中心是指承担一定经济责任，拥有相应的管理权限，享有相应的权利的企业内部责任单位的统称。责任中心是为了实施有效的控制而设定的，其基本特征是责、权、利相结合。

（二）成本中心

成本中心是指对其成本或费用承担经济责任并负责控制和报告成本或费用的责任中心。成本中心往往没有收入，或者有少量收入，但不作为主要考核内容。任何发生成本的责任领域，都可以确定为成本中心，甚至一个人都可以成为一个成本中心。

成本中心有两种类型：标准成本中心和费用中心，如表 8-1 所示。

表 8-1　　　　　　　　　　成本中心类型

项目	标准成本中心	费用中心
产出物的特点	所生产的产品稳定且明确，产出物能用财务指标来衡量	产出物不能用财务指标来衡量
投入和产出的关系	投入和产出之间有密切关系	投入和产出之间没有密切关系
适用情况	各行业都可能建立标准成本中心。所生产的产品稳定且明确，已经知道单位产品所需要的投入量	费用中心包括财务、会计、人事、劳资、计划等行政管理部门，以及研发部门、销售部门等
考核指标	既定产品质量和数量条件下可控的标准成本	通常用可控费用预算来评价

08

（1）标准成本中心。标准成本中心必须是所生产的产品稳定且明确，已经知道单位产品所需要的投入量的责任中心。通常，标准成本中心的典型代表是制造业工厂。

（2）费用中心。对于那些产出不能用财务指标来衡量，或者投入和产出之间没有密切关系的部门或单位，适于划分为费用中心。

二、责任成本

（一）责任成本的含义

责任成本是指由特定的责任中心所发生的耗费。当将企业的经营责任层层落实到各责任中心后，就需对各责任中心发生的耗费进行核算，以正确反映各责任中心的经营业绩，这种以责任中心为对象进行归集的成本叫责任成本。

（二）责任成本的特点

可控是责任成本的显著特点。要达到可控，必须同时具备以下四个条件：一是可以预计，即责任中心能够事先知道将发生哪些成本，以及在何时发生；二是可以计量，即责任中心能够对发生的成本进行计量；三是可以施加影响，即责任中心能够通过自身的行为来调节成本；四是可以落实责任，即责任中心能够将有关成本的控制责任分解落实，并进行考核评价。

（三）责任成本与产品成本的区别与联系

责任成本与产品成本之间的区别与联系如图 8-1 所示。责任成本的计算与产品成本的计算属于两种不同的核算体系。产品成本以产品品种为归集对象，将各种产品在各责任中心中所发生的料、工、费加总起来，就是生产该产品的生产成本。而责任成本则以各责任中心为归集对象，将各责任中心为生产各种产品所发生的料、工、费加总起来，就构成责任成本。责任成本和产品成本两者的总额是相等的。

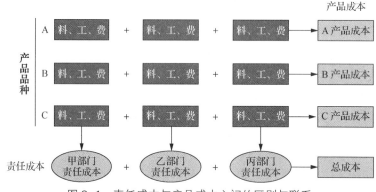

图 8-1　责任成本与产品成本之间的区别与联系

（四）责任中心制造费用的归属与分摊

计算责任成本的关键是判别每一项成本费用支出的责任归属，将发生的直接材料和直接人工归属于不同的责任中心通常比较容易，而制造费用的归属比较难。为此，需要仔细研究各项消耗和责任中心的因果关系，采用不同的分配方法，一般依次按下述五个步骤来处理。

（1）直接计入责任中心。将可以直接判别责任归属的费用项目，直接列入应负责的责任中心。例如，机物料消耗、低值易耗品的领用等，在发生时可判别耗用的责任中心，不需要采用其他标准进行分配。

（2）按责任基础分配。对不能直接归属于个别责任中心的费用，优先采用责任基础分配。有些费用虽然不能直接归属于特定责任中心，但它们的数额受成本中心控制，能找到合理依据来分配，如动力费、维修费等。如果责任中心能自己控制使用量，可以根据其使用量来分配，分配时要使用固定的内部结算价格，防止供应部门的责任向使用部门转嫁。

（3）按受益基础分配。有些费用不是专门属于某个责任中心的，也不宜按责任基础分配，但与各责任中心的受益情况有关，可按受益基础分配，如按照装机功率分配电费等。

（4）归入某一个特定的责任中心。有些费用既不能按责任基础分配，也不能按受益基础分配，则考虑有无可能将其归属于一个特定的责任中心。例如，车间的运输费用和试验检验费用，难以分配到生产班组，不如建立专门的责任中心，由其控制此项成本，不向各班组分配。

（5）不能归属于任何责任中心的固定成本，不进行分摊。例如，车间厂房的折旧是以前决策的结果，短期内无法改变，可暂时不控制，作为不可控费用。

三、成本考核的程序

（一）编制和修订责任成本预算

责任成本预算是根据预定的生产量、生产消耗标准和成本标准，运用弹性预算方法编制的各责任中心的预计责任成本。责任成本预算是各责任中心业绩控制和考核的重要依据。在编制责任成本预算时，应注意两个方面：一是当实际的业务量与预计业务量不一致时，责任成本预算应按实际业务量予以调整，以正确评价经营业绩；二是当企业和市场环境发生变化时，应不断修订产品生产消耗的标准成本，以不断适应环境的变化，并正确评价责任中心的经营业绩。

（二）确定成本考核指标

成本考核指标主要集中于目标成本完成情况，包括目标成本节约额和目标成本节约率两个指标。

（1）目标成本节约额。目标成本节约额是一个绝对数指标，它以绝对数形式反映目标成本的完成情况。这一指标的计算公式如下。

$$目标成本节约额=预算成本-实际成本$$

（2）目标成本节约率。目标成本节约率是一个相对数指标，它以相对数形式反映目标成本的完成情况。这一指标的计算公式如下。

$$目标成本节约率=\frac{目标成本节约额}{预算成本}\times100\%$$

（三）成本考核的综合评价

成本考核的评价包括成本管理岗位工作考核、成本否决制与成本考核、业绩评价。

（1）成本管理岗位工作考核。成本管理岗位工作考核是会计工作达标考核标准的一部分，是对成本核算与管理人员的工作内容、工作状况、工作方式、工作态度及其工作业绩的综合评价。该项制度采取考核评分的形式，每个岗位以100分为满分，60分以上为及格，不足60分为不及格。

（2）成本否决制与成本考核。成本否决制是企业为了求得自身的不断发展而采取的一种旨在制约、促进生产经营管理，提高经济效益的手段。其主要内容和特点表现在以下几方面。一是成本否决存在于生产经营的全过程，贯穿成本预测、决策、计划、核算、分析中，涉及产品的设计、决策、生产、销售等各个环节，具有时间上、空间上的前馈控制、过程控制、反馈控制。二是成本否决是一个动态循环过程，否决了生产成本，涉及原材料成本；否决了原材料成本；涉及原材料的采购成本，否决了原材料的采购成本，涉及采购计划及其实施等。从再生产过程来看，否决

08

了销售，涉及生产；否决了生产，涉及供货等。成本否决制从企业各个部门及有关人员的职责的完成情况上考核其工作业绩，从供、产、销的衔接及其制约上评价成本的升降情况，促使企业走上良性循环的轨道。三是成本否决是一个自我调节的过程。在产品决策阶段，通过认真、科学地论证，选择具有竞争力的产品，使其机会成本最低；在产品设计阶段，利用价值工程等理论和方法，使产品的功能与其价值相匹配，使其达到优化，消除成本管理的先天不足问题；在材料采购阶段，除控制采购费用外，尽量选择功能相当、价格较低的代用材料，控制材料采购成本；在生产阶段，通过生产工艺过程和产品结构的分析，严格定额管理，运用价值工程进行进一步管理控制；在销售阶段，加强包装、运输、销售费用管理；在售后服务阶段，加强产品服务管理，提升售后服务队伍的职业道德和业务素质，降低外部故障成本，改善企业形象。

（3）业绩评价。目标成本节约额和目标成本节约率两个指标相辅相成，因此评价一个责任中心的经营业绩时必须综合考核两个指标的结果。但在实际工作中，还应考虑一些具体情况。例如，几种产品耗用的材料是否相同；标准成本修订间隔时间的长短，因为如果标准成本很久没修订，就很难适应环境的变化，以过时的标准来衡量现在的工作业绩，就会有所偏颇；有无特殊情况、不可预计或不可控情况的发生。只有综合考核了各个方面因素的影响，业绩评价才能做到公正、合理，才能收到良好的效果。

【例8-1】光学公司把生产红外光学元件的生产线确定为责任中心，红外光学元件的预算产量为15 900个，实际产量为21 800个，红外光学元件的标准成本和实际成本资料如表8-2所示。

表8-2 红外光学元件的标准成本和实际成本资料

成本项目	标准单价/（元/克）	标准用量/（克/个）	标准单位成本/（元/个）	实际单价/（元/克）	实际用量/（克/个）	实际单位成本/（元/个）
直接材料	25.00	4.00	100.00	24.95	4.02	100.30
直接人工	12.00	4.00	48.00	12.50	3.96	49.50
制造费用	9.87	4.00	39.48	10.00	3.96	39.60
合计	—		187.48	—	—	189.40

要求：（1）计算目标成本节约额。

（2）对于公司而言，材料单价和人工单价是不可控的成本，因而按标准单价和实际用量计算该责任中心的责任成本，并将其作为考核业绩的依据。试计算调整责任成本后的目标成本节约额和目标成本节约率。

【解析】

（1）预算总成本=187.48×15 900=2 980 932（元）

实际总成本=189.40×21 800=4 128 920（元）

目标成本节约额=2 980 932-4 128 920=-1 147 988（元）[负数为超支]

（2）对公司而言，材料单价和人工单价是不可控的成本，因而按标准单价和实际用量计算确定公司的责任成本，并将其作为考核业绩的依据。因此，应当调整生产线的责任成本。

调整后该生产线的责任成本=（25×4.02+12×3.96+9.87×3.96）×21 800

=4 078 998（元）

调整后的预算成本=187.48×21 800=4 087 064（元）

目标成本节约额=4 087 064-4 078 998=8 066（元）[正数为节约]

目标成本节约率8 066÷4 087 064×100%=0.20%

从计算结果可以看出，调整责任成本之前，该责任中心的目标成本节约额为-1 147 988元，说明未完成责任中心的预算任务。但是考虑到材料单价和人工单价是责任中心的不可控成本，因此调整责任中心的责任成本之后，其目标成本节约额为 8 066 元，即与预算相比节约了 8 066 元，目标成本节约率为 0.20%，说明该责任中心目标成本完成情况较好，成本控制是有效的。

【任务实操】 根据企业资料，对责任中心进行考核评价。

操作视频

业务资料：想念公司把专门生产加工面粉的生产线确定为一个责任中心，2022 年 9 月面粉的预算产量为 390 000 袋，实际产量为 400 000 袋，面粉的标准成本和实际成本资料如表8-3所示。

表 8–3　　　　　　　　　　　面粉的标准成本和实际成本资料

成本项目	标准单价 /（元/千克）	标准用量 /（千克/袋）	标准单位成本 /（元/袋）	实际单价 /（元/千克）	实际用量 /（千克/袋）	实际单位成本 /（元/袋）
直接材料	1.60	6.50	10.40	1.55	6.56	10.168
直接人工	11.30	0.25	2.825	11.00	0.27	2.97
制造费用	6.70	0.25	1.675	6.55	0.27	1.7 685
合计	—	—	14.90	—	—	14.9 065

要求：（1）计算目标成本节约额。

（2）对公司而言，材料单价和人工单价是不可控的成本，因而按标准单价和实际用量计算确定该责任中心的责任成本，并将其作为考核业绩的依据。试计算调整责任成本后的目标成本节约额和目标成本节约率。

技能训练

一、单项选择题

1. 以下表述中不属于责任成本所具备的特点的是（　　　）。
   A. 计算责任成本的目的是评价成本控制业绩
   B. 责任成本的计算范围是各责任中心的可控成本
   C. 责任成本的计算对象是各责任中心
   D. 共同费用的分摊原则是谁受益谁承担

2. 下列选项中，不属于责任中心判断成本是否可控的条件的是（　　　）。
   A. 可计量性　　　　　B. 可预知性　　　　　C. 可追溯性　　　　　D. 可调控性

3. 下列各项中不属于判别一项成本是否归属责任中心的原则的是（　　　）。
   A. 责任中心是否使用了引起该成本发生的资产或劳务
   B. 责任中心能否通过行动有效影响该项成本的数额
   C. 责任中心是否有权决定使用引起该项成本发生的资产或劳务
   D. 责任中心能否参与决策并对该项成本的发生施加重大影响

二、多项选择题

1. 甲生产车间是一个标准成本中心，下列考核指标中应由甲生产车间负责的有（　　　）。
   A. 设备利用程度　　　　　　　　　　B. 计划产量完成情况
   C. 生产工艺标准的执行情况　　　　　D. 产品工时标准的执行情况

2. 甲车间为标准成本中心，按完全成本法进行产品成本计算，乙部门为费用中心，下列表述正确的有（　　）。

A. 甲车间超产或提前产出，要受到批评甚至惩罚
B. 甲车间不对固定制造费用耗费差异负责
C. 甲车间不对固定制造费用闲置能力差异负责
D. 乙部门的支出没有超过预算，说明该中心业绩良好

3. 下列选项中，适合于建立费用中心进行成本控制的有（　　）。

A. 生产企业的车间　　　　　　　　B. 医院的放射治疗室
C. 行政管理部门　　　　　　　　　D. 研究开发部门

4. 甲公司将某生产车间设为成本责任中心，该车间领用型号为 GB007 的材料，另外还发生机器维修费、试验检验费及车间折旧费。下列关于成本费用责任归属的表述中，正确的有（　　）。

A. 型号为 GB007 的材料费直接计入该成本责任中心
B. 车间折旧费按照受益基础分配计入该成本责任中心
C. 机器维修费按照责任基础分配计入该成本责任中心
D. 试验检验费归入另一个特定的成本中心

三、判断题

1. 狭义的成本中心包括生产性的以控制经营管理费用为主的责任中心。（　　）
2. 责任成本与产品成本是两个完全相同的概念。（　　）

08